JN034228

東アジアの家族企業と事業承継

――その共通性と多様性――

竇 少杰・河口充勇・洪 性奉
［著］

文眞堂

まえがき

周知の通り，2015年の国連サミットにおいて加盟国の全会一致で「持続可能な開発目標」（SDGs）が採択され，2030年までに持続可能でより良い世界を目指すという国際目標が設定された。しかし，世界中の国・地域がSDGsの実現を目指して様々な努力を行なっている最中，新型コロナウイルスによるパンデミックが発生した。経済活動が大きく制約されるなか，世界各地で多くの企業が経営破綻に陥った。

このように世界中の企業が深刻な危機に直面するなか，一部の企業が改めて脚光を浴びている。それは日本国内に数多く存在する老舗企業（長寿企業）に他ならない。これまでにも日本の老舗企業は事業承継や人材育成，ブランド価値創造，ソーシャルビジネスなどの文脈で度々注目されてきたが，昨今のコロナ禍がもたらした危機的状況のなかで特に注目を集めるポイントは，やはり長期にわたって様々な危機を乗り越えてきた老舗企業ならではの危機対応力，ひいては持続可能な経営のあり方にあるといえよう。

筆者ら3名（竇，河口，洪）は，共同研究プロジェクトの前提として「持続可能な経営はいかにして可能か」という大命題を共有しており，その一環として，この10年あまり，東アジア諸社会（具体的には日本・中国本土・台湾・香港・韓国）の家族企業と事業承継にかかわる調査活動に従事してきた。なぜ東アジアに強くこだわるのか。それは，単に筆者らが東アジア出身であるからというだけでなく，このエリアにおいて事業承継問題が近年世界で最も喫緊の社会的課題になっているからである（その社会背景について詳しくは序章〜第1章を参照されたい）。

家族企業の事業承継という研究対象は複雑構造を呈している。筆者らは，経営学的視点から事業承継そのものの内部構造にアプローチし，「企業経営」・「家族財産」・「財産経営」という3つの経営に分解したうえで，それらのダイナミズムをシームレスにとらえようと努めてきた。それと同時に，社会学的視点から事業承継を取り巻く社会構造（文化的被拘束性，流動的社会環境など）にもアプローチし，事業承継をめぐる思考・行動様式を，それが埋め込まれている社会的コンテキストのなかで読み解こうと努めてきた（詳しくは序章～第2章を参照されたい）。

本書では，これまでに筆者ら3名が日本・中国本土・台湾・香港・韓国で調査してきた何十社もの家族企業のなかから8社を取り上げ，ケーススタディを行なっている。すなわち，株式会社松栄堂（日本），生田産機工業株式会社（日本），方太グループ（中国本土），黛瑪詩時尚服装有限公司（中国本土），大甲化工実業有限公司（台湾），海天堂有限公司（香港），株式会社コメクス（韓国），三海商事株式会社（韓国）の8社である。

家族企業の事業承継に関する調査活動では，創業家の人間関係や財産に関する項目に踏み込む必要があるが，あまりにも「生々しい」話題ゆえ，調査対象者から情報提供を拒絶されることも珍しくない。首尾良く有益な情報を得られたとしても，調査対象者による原稿チェックのプロセスで割愛を余儀なくされることもある。本書はこのような制約条件のなかで生み出されたものであるということ，そして，8つのケーススタディにおいては「厚み」の差があるということをあらかじめご理解いただきたい。

改めて筆者ら3名の研究体制がどのようにして成立したのか，その経緯について軽くふれる。竇（中国本土出身）と河口は，ともにポストドクター研究員（PD）として在籍した同志社大学技術・企業・国際競争力研究センター（ITEC）で出会い，そこで2008年度より実施された事業承継研究プロジェクトに参加した。このプロジェクトは，地元京都の老舗企業に関する調査を皮切りに，その後，国内他地域，さらには，中国本土や台湾，香港へとフィールドを広げていった（河口・竇 2013；竇・河口 2014）。2017年度には，すでに立命館大学に籍を移していた竇が代表者となってサントリー文化財団の研究助成プログラムに応募し（研究課題：「日本の老舗企業の事業承継とその特徴—東アジアの共通性と特殊性」），採択された。その際，もともと竇と面識のあった洪（韓国出身）が合流したことにより，それまでの日本と中華圏諸社会（中国本土・台湾・香港）にくわえて，韓国をもカバーする研究体制が整った。

筆者ら3名は様々な共通点（ほぼ同世代，同志社大学出身，留学経験など）

を有するとともに，研究者として「三者三様」の道程を歩んできた。竇は経営学・産業関係学を専門とし，事業承継研究に携わる前は，主に中国本土企業を対象に人的資源管理や労使関係に関する調査に従事した。河口は社会学を専門とし，事業承継研究に携わる前は，主に香港や台湾をフィールドとして高度人材の越境移動，産業遺産の保存・活用といったテーマに関する調査に従事した。洪は国際経営学を専門とし，事業承継研究に携わる前は，主にインド家電市場に展開する韓国企業を対象に本社と子会社間の集権化と分権化に関する調査に従事した。このような「似て非なる」3名のバックグランドとそれぞれに備わる研究資源は，本研究プロジェクトの構想とその後の展開において大きな意味をもつことになった。

本研究プロジェクトでは，研究体制のアドバンテージを活かすべく，これまでに多言語（日本語・中国語・韓国語）による研究成果のアウトプットに努めてきた。なかでも竇は中国本土の専門誌『家族企業』（月刊）で長期にわたり連載を担当し，日本の老舗企業を中心に多くの企業ケースを中国語で発表してきた。3名それぞれの研究アウトプットに関しては，研究者情報データベース「researchmap」（https://researchmap.jp/）を参照されたい。本書も近い将来における中国語版・韓国語版の出版を視野に入れている。

これまでに日本・中国本土・台湾・香港・韓国においてフィールドワークや学術交流に従事するなかで，それぞれの国・地域において多くの研究協力者を得てきた。まず，日本においては，同志社大学ITECの事業承継研究プロジェクトへの参加を通して，京都を中心に，家族企業の経営者（事業承継の当事者），事業承継支援にかかわる士業専門家・金融機関などとの人脈を構築することができた。また，筆者ら3名の現在の本務校である立命館大学・帝塚山大学・就実大学においても事業承継研究に資する資源が多く備わっており，筆者らはその恩恵を受けてきた。海外に目を向けると，中国本土では浙江大学や寧波家業長青接班人学院（事業承継当事者を対象とした研修機関），『家族企業』雑誌社，台湾では東海大学，香港では香港伝承学院（事業承継当事者を対象とした研修機関），韓国では延世大学校や韓国中小企業学会といったように，それぞれの国・地域において家族企業の事業承継とかかわりの深い諸機関と強固な協力関係を築き，それを通して多くの有効な調査対象企業を得てきた。1人ずつお名前をあげることはできないが，筆者らの調査活動にご支援・ご協力いただいた皆様に心から感謝を申し上げたい。

また，ご多忙のなか筆者らの調査活動にご協力いただいた多くの企業関係者の皆様，特に本書で取り上げた株式会社松栄堂，生田産機工業株式会社，方太グループ，黛瑪詩時尚服裝有限公司，大甲化工実業有限公司，海天堂有限公司，株式会社コメクス，三海商事株式会社の皆様に対して，衷心より謝意を表したい。

本書は，主として以下の研究助成によって可能となった調査活動の成果の一部である。

・サントリー文化財団　人文科学社会科学に関する学際的グループ研究助成
　研究課題：「日本の老舗企業の事業承継とその特徴―東アジアの共通性と特殊性」
　研究代表者：竇少杰　研究期間：2017年8月～2019年7月
・日本学術振興会　科学研究費助成事業　基盤研究（C）
　研究課題：「家族企業の事業承継問題に関する日中台の国際比較研究」
　研究代表者：竇少杰　研究期間：2017年4月～2023年3月
・日本学術振興会　科学研究費助成事業　基盤研究（C）
　研究課題：「家族企業の持続可能な経営の実現に関する国際比較研究―東アジアの共通性と多様性」
　研究代表者：竇少杰　研究期間：2022年4月～2026年3月

また，本書の出版にあたって，立命館大学2022年度学術図書出版推進プログラムの支援を受けた。ここに記して感謝の意を表したい。

最後に，本書の出版に際してご尽力をいただいた株式会社文眞堂の前野眞司様と山崎勝徳様に深く御礼申し上げたい。

2023年2月
著者一同

目　　次

序章
東アジアの家族企業と事業承継
──共通性と多様性──

本章では，本研究プロジェクトの研究背景，研究目的と研究枠組み，本書の構成と位置づけについて記述する。

1　研究背景

1-1　家族企業と事業承継

家族企業とは，創業家メンバーが経営や所有に携わる企業のことを意味している。ファミリー企業，オーナー企業，同族企業などと呼ばれることも多い。家族企業特有の経営のあり方を指す語としては，家族経営，ファミリービジネス，オーナー経営，同族経営など様々な類義語がみられる。

一昔前まで，家族企業といえば，ワンマン経営や合理性の欠如といったネガティブなイメージを彷彿させる存在であったが，1990 年代以降，まず欧米でその再評価（各国経済への貢献度の大きさ，経営者の事業への長期コミットメント，意思決定の迅速性などへの積極的な評価）がはじまり，関係する学会や専門誌，研究機関，大学院専門コースが多く設置されるようになった。こうした欧米で先行した再評価を受けて，日本でも 2000 年代以降に家族企業への関心が高まり，経営学分野を中心に関連の学術書・論文が急増した（たとえば，倉科編 2008；ファミリービジネス学会編 2016）。その際には，従来一般的に用いられてきた同族企業／同族経営の語（ネガティブなイメージを彷彿させがち）に代わって，家族企業／家族経営，ファミリー企業／ファミリービジネス，オーナー企業／オーナー経営の語が多用されるようになった。

このように世界的に家族企業への再評価が進むなかで，家族企業の持続的成長にとって極めて重要な意味をもつ事業承継への関心も大いに高まりをみせるようになった。事業承継とは，経営者が経営権および有形無形の財産を後継者に引き継ぐことを意味しており，家族企業の経営者交代とのかかわりで論じられるのが一般的である。非家族企業においても経営者交代が社内外のステークホルダーに及ぼす影響は小さくないだろうが，家族企業にあっては，事業，家族，所有といった諸要素が複雑に絡み合っているため，経営者交代のもつ「意味」が非家族企業のそれとは大きく異なっているといえよう。

家族企業の事業承継においては，その複雑構造に起因して様々な問題が起きがちであり，たとえば，財産をめぐる骨肉の争い，世代間コミュニケーションや後継者育成の困難，経営者急逝などの不測の事態による経営混乱，先代経営者の「引き際」演出の困難，古参幹部の処遇の困難，ネポティズム（縁者贔屓）の弊害など枚挙に暇がない。このような諸問題に備えて，できるかぎり早期から計画的に対策を講じることが当事者に求められるが，実際には，十分に対策されない，あるいは，対策してもうまく機能しないという場合が少なくない。

古今東西を問わず，経営体（営利組織に限らず）のあるところには必ず事業承継問題があり，世界中に事業承継に関する顕在的・潜在的な研究素材が備わっているといえよう。その意味で，事業承継は古くて新しい課題なのである。

1-2　なぜ東アジアなのか

近年，家族企業の事業承継問題は世界中の多くの国・地域に共有される重要課題となっているが，なかでも特に喫緊の社会的課題となっているのが日本を含む東アジアに他ならず，本研究プロジェクトがこのエリアにフォーカスする最大の理由はここにある。

本研究プロジェクトの研究対象である東アジア諸社会（具体的には日本・中国本土・台湾・香港・韓国の５つ）に共通するのは，高度経済成長期（「企業のベビーブーム期」）に産声を上げた企業の創業者が近年大挙して引退の時を迎えており，事業承継問題が大量かつ急激に発生している，ということである。戦後の東アジア諸社会の発展プロセスは，先行した欧米に比べてはるかに急激な展開をみせ，「圧縮型」と形容されるが，このような構造的特徴は事業承継問題の起こり方（極めて大量かつ急激）にも顕著に表れているといえよう。

ここでは日本・中国本土・台湾・香港・韓国それぞれの事業承継問題の現状を示す数字に軽くふれておこう。

まずは，日本の現状である。政府刊行物『2017 年版中小企業白書』によれば，2017 年時点で日本には約 382 万の中小企業・小規模事業者が存在しているが，今後 10 年間に 70 歳（平均引退年齢）を超える経営者の人数が約 245 万人となり，うち約半数の 127 万社が後継者未定となっている。このまま事業承継問題を放置すれば，中小企業の廃業が急増し，2025 年頃までに累計で約 650 万人の雇用，約 22 兆円の GDP が失われる可能性があるという。

次に，中国本土に目を向けよう。2018 年に中国社会科学院が主催した「改革・開放 40 周年記念シンポジウム」において，中国全国政協経済委員会の劉世錦副主任は，「2700 万社以上といわれる中国の民営企業[1]には『五六七八九』の特徴がある。…　民営経済は，50％以上の税収，60％以上の GDP，70％以上の技術革新，80％以上の雇用創出，そして，90％以上の企業数という形で中国の経済社会に貢献している」と述べた。このように中国本土経済にあって重要な意味をなす民営企業が今まさに深刻な事業承継問題に直面している。中国企業発展研究院の余明陽副院長が 2014 年に発表した調査報告「6 割の民営企業が事業承継危機に直面する」によれば，経営者の平均年齢の上昇にともない，これからの 10 年間に約 8 割の民営企業が事業承継の時期に入るが，そのうち約 8 割の企業において 2 代目たちが先代の事業を受け継ぐ意思をもっていないという。つまり，単純計算をするなら，民営企業のなかの約 6 割がこれからの事業承継において大きな問題に直面する，ということである。いかにして事業承継問題を解決し，持続可能な経営を実現できるのかが，今日，中国本土の民営企業においても大きな課題となっている。

中国本土と同じ中華圏（中国語圏）に属しながら政治経済的体制を異にしてきた台湾・香港にあっても事業承継問題が起きている。台湾政府の刊行物『2018 年度中小企業白皮書』によれば，台湾の中小企業総数は約 140 万社（企業全体の 98％）であり，そのうち半数以上で経営者の年齢が 50 歳を超えているという。雑誌記事によれば，74％の中小企業がすでに事業承継問題に直面しているが，明確な承継計画をもつ企業は全体の6％にすぎないという（『今週刊』（ウェブ版，中国語）2019年1月11日付）。上場企業にあってもその7割が家族企業であるとされ，そのなかで明確な承継計画をもつ企業はわずか9％程度にとどまっているという（『風傳媒：新新聞』（ウェブ版，中国語）2017年12月5日付）。香港では家族企業の事業承継問題を具体的に示す統計データがみられないが，家族企業の「お家騒動」が各種メディアによって頻繁に報道されており，事業承継問題への社会的関心はここでも高いといえよう[2]。

韓国でも近年，家族企業の事業承継問題が世の注目を集めている。韓国中小企業中央会（KBIZ）の報告書「中小企業家業承継実態報告書」(2020年）によれば，韓国の中小企業総数は360万社で，企業全体の99.9％を占めている。調査対象となった中小企業のなかの76.2％が事業の永続性および持続的経営をめぐって事業承継が「重要である」と答えており，過去の事業承継において実際に経験した問題，または今後の事業承継において予想される問題として，94.5％が「税負担の不安」，55.3％が「事業承継に関する政策の不足」，15.1％が「後継者に関する適切な経営教育の不在」と回答している（韓国中小企業中央会編 2020: 7–9）。

このように今日の日本・中国本土・台湾・香港・韓国では共通して事業承継問題の大量発生が起きており，表面的には同じような発生メカニズムを示しているが，より詳細にみると，各社会の事業承継問題の実態は「似て非なる」ものであり，それぞれの文化的背景（特に伝統的家族制度とそれに付随する社会規範）や近代化経験の違い（時期，速度，初期条件，社会主義化の有無など）を考慮しない議論は避けるべきである。事業承継問題の起こり方と対策のあり方，さらには，事業承継をめぐる当事者の思考・行動様式は，それらを取り巻く社会構造のなかに埋め込まれているのではいか，と筆者らは考えている（第1～2章で詳述)。

1-3　東アジア諸社会の共通性と多様性

本研究プロジェクトの背景として，東アジア諸社会の共通性と多様性のあり方について手短にふれておきたい。

ある百科事典を引いてみると，「東アジア」という語に関して次のような定義がされている。

「東アジアは一つの文化圏であり，また，一つの政治的な地域である。東アジア文化圏は，四大文明発祥地の一つである中国北部を中心に形成され，近代に入る以前に独特の文化を発展させていた。東アジアに独自の文化が発達したのは，この地域が他の文化圏から地形的に隔絶しており，近代以前の交通手段ではこの距離と自然の障壁を越えることが容易でなかったために相対的に孤立していたからであり，他方，地域内部では交通が比較的発達し，文化の交流が盛んに行われたからである」(『世界大百科事典』平凡社)。

改めていうまでもなく，東アジア文化圏は古代中国文明が伝播したエリアに該当しており，そのなかには３つの大きな下位文化圏（中国・韓国・日本）が存在する。これら３つの下位文化圏の間では，もともと古代中国文明に由来する様々な共通点がみられるとともに，文明の伝播（それにともなって生じる現地化）に起因する様々な差異もみられてきた。さらに，これら３つの下位文化圏における近代化の「似て非なる」経験は，三者間の共通性ならびに多様性をいっそう複雑なものにしてきた。つまり，三者間にあっては，伝統的に受け継がれてきた文化にせよ，近代化によって得られた文化にせよ，いずれにおいても「似て非なる」ものであるといえよう。

日中・日韓・中韓の二者間ではなく，日本・中国・韓国という三者間で文化的な共通性と多様性を比較してみると，複雑な「線引き」が導かれることになる。各下位文化圏内の多様性についてはしばらく議論の俎上から外し，三者の共通性と多様性を整理してみると，①三者とも同じ，②三者とも異なる，③中国だけが異なる，④韓国だけが異なる，⑤日本だけが異なる，という５パターンに区分することができる。

ここでは三者に共通する伝統的な生活文化である箸食を例に考えてみよう。箸を上記５パターンにあてはめてみるなら，三者とも食事に箸を使うという点ではパターン①に該当する。しかし，細かくみると，様々な「線引き」が発生する。たとえば，それぞれの箸の形状や材質は三者三様である（パターン②に

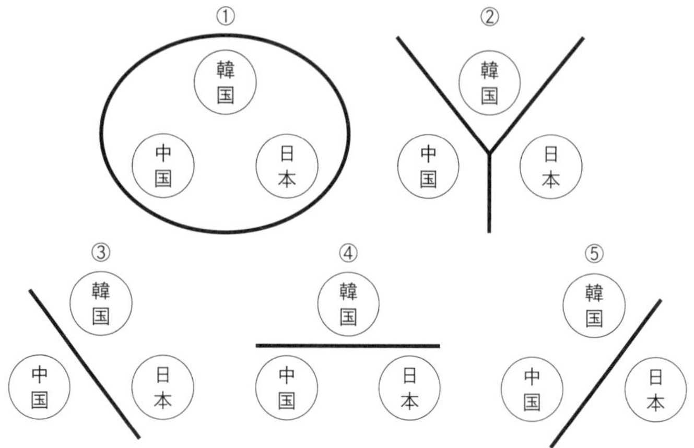

図序-1　日本・中国・韓国の文化的な共通性と多様性

出所：筆者ら作成

該当)。箸の統一的な長さ（7寸6分）にこだわるのは中国だけである（パターン③に該当)。椀に盛られた白飯を食べるのに箸を使わない（匙を使う）のは韓国だけである（パターン④に該当)。そして，箸が「個人所有」である（誰がどの箸を使うかが決まっており，家族内であっても他者の箸を使うことに心理的な抵抗感が生じがちである）のは日本だけである（パターン⑤に該当)。

このように，箸の形状や使い方は三者間において「似て非なる」ものであり，その「線引き」は非常に複雑な様相を呈している。同様のことは箸食以外の様々な文化項目にもあてはまるだろう。

また，それは，伝統的なものだけでなく，近代的なものにも該当するであろう。近代化（西洋以外の国・地域にあっては近代化のはじまりは総じて西洋化）を経るなかで三者間の関係図式がどうなっていくかというと，要は，パターン①（三者とも同じ）が大幅に増える，ということに他ならない。たとえば，東京，ソウル，上海といった東アジアを代表する「世界都市」を比べてみると，それぞれにみられる生活様式のあり方は，それほど大きな違いをみせるわけではないだろう（ニューヨーク，ロンドン，パリ，シンガポールと比べても同様であろう)。とはいえ，それによってパターン②〜⑤が意味をなくしてしまうかというと，決してそうではなく，実際には三者間での「線引き」がいっそう複雑化することになる。

さらにいえば，しばらく議論の俎上から外していた各下位文化圏内の多様性（たとえば，中国本土と台湾，香港の違い）に改めて注目するなら，「線引き」はさらに複雑なものとなるだろう。本研究プロジェクトは，日本・中国本土・台湾・香港・韓国を対象としており，前掲5パターンではとらえきれない，いっそう複雑な「似て非なる」，すなわち共通性と多様性をとらえようとするものである。

1-4　事業承継経験をめぐる日本の相対的優位性

本研究プロジェクトの背景として，事業承継経験をめぐる日本の相対的優位性にもふれておく。端的にいえば，それは，日本においては老舗企業（一般的には創業から100年以上続く企業）が世界的にみて突出して多い，ということである。老舗企業（その圧倒的多数が家族企業）は，幾度となく遭遇したであろう存亡の危機（経済不況，天変地異，戦災，経営トップの急逝，後継者不在など）を乗り越え，長期にわたって事業を継続させており，家族企業にとって事業承継の「お手本」というべき存在である。老舗企業が多いということは，それだけ事業承継の「お手本」が多いということを意味しており，この点において日本の家族企業経営者は相対的に優位な立場にあるといえよう。日本国内において事業承継問題への社会的関心が高まる2000年代以降，国内に多数存在する老舗企業への関心も大いに高まりをみせ，多くの研究がなされるようになった（たとえば，横澤編 2000；後藤 2009；前川・末包編 2011）。

2009年に帝国データバンクが刊行した『百年続く企業の条件―老舗は変化を恐れない』によれば，同社のデータベース「COSMOS2」に収録されている約125万社（非営利法人を除くと約119万社）のうち創業より100年以上続く企業の総数は約1万9,581社に上り，このうち200年以上が938社，300年以上が435社を数えた（帝国データバンク史料館・産業調査部編 2009: 50）。この数字は，あくまでも帝国データバンクのデータベースに登録されるような一定規模以上の企業に限定されたものであり，小規模経営体を含めたところの老舗企業の実数はさらに大きな数であるようだ。

2008年に韓国銀行が発表した報告書『日本企業の長寿要因および示唆点』

によれば，全世界において200年以上続く企業の総数は5,586社（合計41ヵ国）に上り，そのうち日本が3,146社で，過半数（約56%）を占めた。日本に次いで多いのはドイツ（837社），オランダ（222社），フランス（196社）といった西欧諸国であった。それに対して，本研究プロジェクトの研究対象に含まれる中国本土（9社），台湾（7社），韓国（0社）といった東アジア諸国は，日本とは対照的に極めて少なかった。この統計データの正確性に関しては議論の余地もあるだろうが，ここで明言し得るのは，東アジアのなかで日本が唯一無二の「老舗大国」である，ということである。この状況を前掲5パターンにあてはめるなら，パターン⑤（日本だけが異なる）に該当するといえるだろう。

このような企業の長期持続性をめぐる社会間の違いは何に起因しているのだろうか。比較的容易に想像がつくのは政治経済的な要素（たとえば，戦争，体制転換，経済的混乱など）であるが，それだけで説明が付くわけではなく，やはり社会文化的な要素にも目を向ける必要があるだろう，と筆者らは考える。

東アジア諸社会の家族企業の事業承継をめぐる共通性と多様性のあり方を検討する作業は，なぜ日本では老舗企業が突出して多いのか（翻っていえば，なぜ日本以外の東アジアでは老舗企業が極めて少ないのか）という大きな問いへと自ずからつながっていくことになる。

2　研究目的と研究枠組み

2-1　研究目的

本研究プロジェクトは大きく3つの研究目的を掲げている。第1の目的は新たな研究ニッチの開拓である。近年，東アジア諸社会において事業承継問題への社会的関心が高まっているが，それに関する学術研究（特に国際比較研究）は依然として発展途上段階にある。本研究プロジェクトが目指すのは，東アジア諸社会を網羅する形で，事業承継をめぐる様々なリサーチ・クエスチョンを抽出し，調査データをもとに解明することである。

第2の目的は事業承継をめぐる国際プラットフォームの構築である。そもそも事業承継問題に対する普遍的な処方箋など存在せず，別の社会で構築された事業承継モデルを表面的に模倣してもうまくいくとは限らない。本研究プロジェクトが目指すのは，事業承継をめぐる政治的・文化的境界を越えた交流，相互理解，内省，「脱常識」的発想を可能にするオープンなプラットフォームの構築に他ならない。

第3の目的は事業承継当事者のための教材（企業ケース，多言語対応）の提供である。各社会において事業承継対策に関する「ハウツー本」が多く出版されているが（特に日本で顕著），本研究プロジェクトが目指すのは，こうした事業承継現場の個別課題に対する処方箋の提供ではなく，事業承継という複雑構造について「考える力」の醸成につながるような教材の提供に他ならない[3]。

2-2　研究枠組み

このような研究目的を定めたうえで，本研究プロジェクトは，フィールドワークの実施にあたり，以下のような研究枠組みを採用することにした。

家族企業に関する研究領域では，「スリーサークルモデル」と称される図式が広く知られている。1982年にアメリカの経営学者・R. タギウリとJ. A. デイビスが提起したものであり，家族企業におけるステークホルダーの複雑な立ち位置をわかりやすく示すものである。

このモデルは事業（business）・家族（family）・所有（ownership）の3つの視点から家族企業のあり方をとらえようとするものである。図序-2が示すように，3つのサークルで区分された7つの領域に属するステークホルダーの立場の違いによって様々なコンフリクトが生じがちであり，特に複数のサークルが重なる部分において家族企業特有の課題が生じやすいとされる。このモデルは家族企業の複雑構造をクリアに整理するものであり，家族企業の事業承継問題（複雑構造の「縮図」）を考察する際にもよく用いられている。

複雑な内部構造を示す家族企業の問題点と課題を整理・分析する際，このモデルはたしかに有用であるが，家族企業における事業承継のダイナミズムをとらえようとする際には内部の整理や課題の明確化だけでは不十分であり，「企業経営」・「家族経営」・「財産経営」という3つの経営から家族企業を考察する必要があるのではないか，と筆者らは考えている（図序-3）。

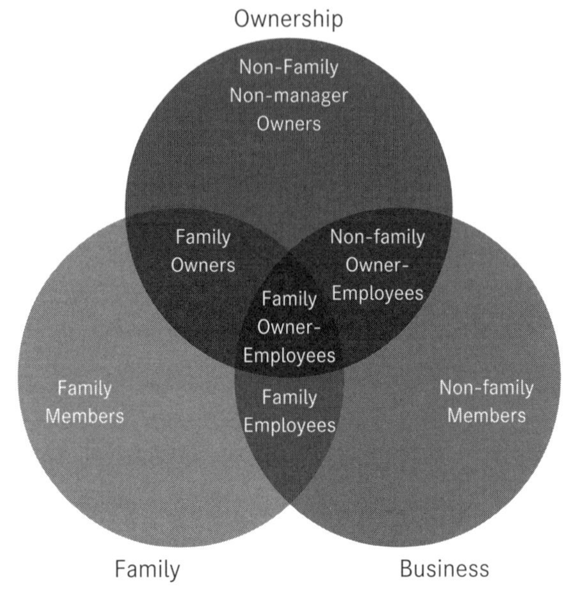

図序-2 「スリーサークルモデル」

出所：https://johndavis.com/three-circle-model-familybusiness-system/

まず，健全な企業経営は，家族企業の長期継続と円滑な事業承継の大前提である。そもそも企業経営が傾いてしまうと（企業理念の不備・機能不全，経営管理の非合理性，危機対応の失敗など），事業承継の物理的対象が失われ，元も子もない状態になってしまう。

次に，協調的・安定的な家族経営は，家族企業の長期継続と円滑な事業承継の必要条件である。創業家がその企業を所有・支配している家族企業にあっては，家族経営が傾くと（創業家メンバー間のコンフリクト，後継者教育の失敗など），事業承継に支障をきたし，さらには企業経営にも甚大なマイナス影響を及ぼすことになってしまう。

そして，合理的な財産経営は，家族企業の長期継続と円滑な事業承継の保障である。家族企業では財産（特に自社株式）の所有権をめぐって骨肉の争いが起きることが多く，社会によっては相続税の負担が事業承継の大きな足かせになることもある[4]。やはり財産経営が傾くと，創業家メンバー間に歪みが生まれ，さらには企業経営が脅かされることになってしまう。

・企業理念の構築
・経営管理の方法
・危機対応
・イノベーション創出の仕組み

・家族精神の継承
・承継計画と後継者教育
・家族内のコミュニケーション

・財産（特に自社株式）の分散リスク対策
・相続税対策
・親族内承継以外の選択肢

図序-3　家族企業における3つの経営

出所：筆者ら作成

それゆえ，企業経営・家族経営・財産経営の3領域における様々な課題をいかに解決し，シームレスに全体最適を図るのか，その困難な判断と行動が当事者たちに求められているのではないか，と筆者らは考えている。本研究プロジェクトは，家族企業の事業承継をめぐる3つの経営のダイナミズムに着目しつつ，日本・中国本土・台湾・香港・韓国においてインタビューや観察を中心としたフィールドワークを精力的に行ない，ケースデータの蓄積に努めてきた。

さらに，本研究プロジェクトは，以上のような事業承継そのものの内部構造だけでなく，それを取り巻く社会構造（文化的被拘束性，流動的社会環境など）にも着目している。事業承継をめぐる当事者の思考・行動様式を論ずるには，それが埋め込まれている社会的コンテキストを十分に読み解く必要があるだろう。

社会学者・服部民夫は，韓国企業（特に財閥企業）の経営メカニズムを社会学的視点から論じた著書『韓国の経営発展』のなかで次のように述べている。

> 「企業や組織を構成するヒトはその社会における社会関係のあり方，価値意識，行動原理や，より大きくは歴史と文化を引きずったままで組織のなかで働くのだという意味で社会的存在である」（服部 1988: 6）。

このような視点は，東アジア諸社会の家族企業の事業承継をめぐる当事者たちの思考・行動様式について比較検討する際にも有効である，と筆者らは考えている。この点については第2章で詳述する。

3　本書の構成と位置づけ

本書は第Ⅰ部（総論）と第Ⅱ部（ケーススタディ編）の2部構成をとっている。

第Ⅰ部は2つの章で構成されている。第1章（東アジア諸社会の事業承継問題と事業承継支援政策）では，日本・中国本土・台湾・香港・韓国の各社会における事業承継問題と事業承継支援政策の特徴について概観する。続く第2章（東アジア諸社会の事業承継を取り巻く社会構造）では，日本・中国本土・台湾・香港・韓国の各社会における事業承継のあり方が当地の伝統文化（特に家族をめぐる制度や規範）によっていかに拘束されているのか，また，同時代の流動的な社会環境（特に個人化，グローバル化に着目）からどのような影響を受けているのかについて考察する。

第Ⅱ部（ケーススタディ編）は8つの章で構成されており，各章が個別企業の事業承継経験に関するケーススタディとなっている。ラインナップは以下の通りである。

第3章　株式会社松栄堂（日本）のケース
第4章　生田産機工業株式会社（日本）のケース
第5章　方太グループ（中国本土）のケース
第6章　黛瑪詩時尚服裝有限公司（中国本土）のケース
第7章　大甲化工実業有限公司（台湾）のケース
第8章　海天堂有限公司（香港）のケース
第9章　株式会社コメクス（韓国）のケース
第10章　三海商事株式会社（韓国）のケース

これら8つのケースは，それぞれの社会の家族企業全体に対して，ある程度の代表性・普遍性をもつとともに，企業規模や業種，所在地域，社歴など様々な面において「偏り」がある。それゆえ，安易な比較検討（「一足飛び」の一般化・抽象化）は避けるべきであり，そもそも本書の主眼点はそこにはない。

筆者らは本書を本研究プロジェクトの集大成と位置づけておらず，むしろ今後のさらなる研究展開（深掘り）に向けたリサーチ・クエスチョンの発見・整理に主眼点を置いている。この点については，第Ⅰ部（総論）と第Ⅱ部（ケーススタディ編）の内容を踏まえながら，終章（総括と展望）で改めて論じることにする。

注

1　1978年，中国本土において「改革・開放」政策が打ち出され，1980年代以降，多くの民営企業が誕生した。それから約40年間，民営企業は成長を続け，今や中国本土の経済・社会において必要不可欠な存在となっている。

2　たとえば，『日本経済新聞』2014年1月28日付には，「香港不動産最大手の『お家騒動』に終止符　株保有問題」という記事が掲載され，2008年に発生した新鴻基地産発展の創業家における自社株をめぐる骨肉の争いがようやく収束したと報じられた。また，『香港経済新聞』（ウェブ版，日本語）2015年11月19日付には，「香港らしい鏞記酒家のお家騒動　最高裁判所は原告の兄に軍配」という記事が掲載され，70年以上の歴史をもつ老舗レストラン・鏞記酒家の創業家における第2世代の兄弟間の争いが，長男側の勝訴で収束したと報じられた。

3　立命館大学経営学部・経営学研究科では，2019年に筆者（竇）を含む専任教員有志が学部生・大学院生を対象に「事業継承塾」を立ち上げ，ゲストスピーカーを招いての講義や学生参加型プロジェクト（社史づくり）などを実施してきた。本研究プロジェクトの成果物は，こうした事業承継教育の教材として積極的に活用される予定である。立命館大学事業継承塾の取り組みについて詳しくは守屋（2019）を参照されたい。

4　相続税とは，個人が被相続人から相続によって財産を取得した場合に，その取得した財産に課される税金を指している。家族企業では企業の財産と家族の財産の境界線が曖昧であるため，経営者が死亡する際に発生する相続税が家族だけでなく，企業にも多大な影響を及ぼすことになる。被相続人が個人として所有する自社株式や法人成りしていない場合の事業用資産は相続対象となり，納税の義務が生じる。しかし，自社株式や事業用資産は換金性の低い場合が多いため，納税用資金を確保しなければ，事業の存続が危うくなる。したがって，事業承継の当事者は相続税の仕組みを理解し，事前に対策しておく必要がある。相続税制をめぐる東アジア諸社会の現状については，第1章で言及する。

第 I 部

総　　論

第1章
東アジア諸社会の事業承継問題と事業承継支援政策

本章では，日本・中国本土・台湾・香港・韓国の各社会における事業承継問題と事業承継支援政策の特徴について概観する。

1　各社会における事業承継問題の特徴

本節では，日本・中国本土・台湾・香港・韓国の各社会において事業承継問題の大量発生がいつ頃，どのように顕在化したのか，それぞれの社会においてどのような特徴がみられるのかについて概観する。

東アジア諸社会のなかで事業承継問題の大量発生が最初に顕在化したのは日本であることに異論の余地はないだろう。日本は東アジアで最初に高度経済成長を達成しており，それに連動して事業承継問題の大量発生（高度経済成長期に創業した世代の大挙引退）も早かった。

早くも1980年代には中小家族企業の事業承継問題が相続税との関係で注目されるようになっていた。日本の相続税[1]は世界的にみて非常に高い水準にあり，1980年代当時は最高税率が70%に設定されていた。相続税問題は家族企業の事業承継にとって大きな障害となっており，この問題を重くみた政府は相続税制にかかわる大幅な改正を行なった（新しい株式評価方式の導入，基礎控除額の大幅な引き上げなど）。この時期には，相続税対策に関する士業実務家や経営コンサルタントによる「ハウツー本」の出版も多くみられるようになった。

また，この頃から，中小家族企業の後継者問題（後継者候補に承継の意思がない，後継者候補に能力が備わっていない，そもそも後継者候補がいない…）が徐々に顕在化するなかで，当該問題に関する政府系シンクタンクの調査報告書が多く出版されるようにもなった[2]。

このように実態としての事業承継問題（相続税問題，後継者問題）はすでに1990年代以前にみられるようになっていたが，事業承継という概念（本来は法律用語）が社会に広く認知されるようになるのは2000年代に入ってからである。それは，経済産業省中小企業庁が毎年発行する『中小企業白書』において中小企業の事業承継問題がたびたび大きく取り上げられ[3]，中央・地方双方において事業承継支援政策が整備されるようになったことに少なからず起因しているといえよう。2000年代には政府系シンクタンクや金融機関，コンサルティング会社などが中小家族企業の事業承継問題について大規模調査を実施し，それをもとに様々な政策提言を行なうようになった（中小企業研究センター編 2008；中小企業金融公庫総合研究所編 2008など）。

2000年代には家族企業の相続税負担軽減を目的として，さらなる相続税制の改正が継続的に進められ，その一環で2003年に相続税の最高税率が50％に引き下げられた[4]。また，この時期には中央・地方行政による後継者育成支援政策（当事者を対象とする研修セミナーなど）が積極的に展開されるようになった。

このように日本において中小家族企業の事業承継問題への社会的関心が高まった2000年代は，国内に多数存在する老舗企業（その大半が中小家族企業）が長期持続的な企業経営の成功モデルとして注目を集めることになった時期でもあり，老舗企業の家訓・企業理念，人材育成法，革新的経営といったテーマに関する書籍・論文が大量に出版されるようになった（横澤編 2000；後藤 2009；前川・末包編 2011）。また，時を同じくして，欧米で先行したファミリービジネス研究が日本にも導入され，家族企業ならではの強み（経営者の事業への長期コミットメント，意思決定の迅速性など）を積極的に評価する動きが顕著にみられるようにもなった（倉科編 2008；ファミリービジネス学会編 2016）。これら老舗企業研究ならびにファミリービジネス研究の進展は，2000年代以降の日本における事業承継研究の展開にも大きな影響を及ぼすことになった。

日本以外の東アジア諸社会に目を向けると，韓国では財閥グループにおける骨肉の争いが国内外で大きく報道されることが多いが，その一方で中小家族企業の事業承継問題も深刻であり，2000年代にはそれに対する社会的関心が高まりをみせていた。たとえば，2005年には知識経済部中小企業庁から「家業承継企業の経営特徴及び隘路実態調査」という報告書が出ている。中小ベンチャー企業部（2017年に知識経済部中小企業庁が昇格）のデータベースによると，上記報告書が出された2005年以降，家族企業の事業承継関連の報告書の数が年々増加しており（2007年6件，2008年10件），その時期の韓国政府における事業承継問題への関心の高まりを示している。韓国にあっても，日本と同様に相続税が高く設定されており（最高税率が1990年代後半に40%から50%へ段階的に引き上げられた），相続税問題が後継者問題とともに大きな意味をなしてきた。

一方，中国本土では1970年代末にはじまる「改革・開放」政策により多くの民営企業が設立され，その創業世代が2000年代には近い将来における事業承継の必要性を強く意識するようになっていた。人口規模に連動した企業母数の大きさ，1981年にはじまる一人っ子政策を背景とした急激な少子化の進行などにより，中国本土では他の東アジア諸社会よりもいっそう大量かつ深刻な事業承継問題が起きた[5]。筆者らの調査によれば，遅くとも2000年代半ば頃には中国本土において民営企業の事業承継問題への社会的関心が高まっていたことが確認され，その根拠となるのが，本研究プロジェクトの協力者である茅理翔（方太グループ創業者）が2006年に私財を投じて設立した事業承継当事者向け研修機関，寧波家業長青接班人学院[6]の存在である。また，日中双方の事業承継問題に詳しい経済学者・姜紅祥によれば，中国本土では2004年以降に家族企業の事業承継に関する研究（理論研究ならびに実証研究）がみられるようになったという[7]（姜 2013）。

日本・韓国に比べての中国本土における事業承継問題の重要な特徴は，1949年の中華人民共和国成立以来一貫して相続税が導入されずにきたため，少なくとも現状においては事業承継にかかわる相続税問題が存在していない，ということである[8]。換言するなら，中国本土の事業承継問題は後継者問題に偏重したものであるといえよう。同じことは，すでに相続税が廃止された香港[9]だけでなく，すでに相続税負担が大幅に軽減されている台湾[10]にも該当するだろう。

台湾や香港でも2000年代には事業承継問題（後継者問題に偏重）が起きており，それに対する社会的関心が高まりをみせていた。具体例をあげると，台湾では，本研究プロジェクトの研究協力者である陳介玄（台湾・東海大学教授，台湾における中小企業研究の第一人者）が2010年頃には自ら運営に携わる経営コンサルタント会社において中小家族企業を対象とする事業承継支援サービスを積極的に展開していた。香港では，やはり本研究プロジェクトの研究協力者である李志誠が運営する香港伝承学院（寧波家業長青接班人学院に類似した事業承継当事者向け研修機関）が2012年に設立されている。

先述のように，2000年代の日本では老舗企業（＝長期持続的な企業経営の成功モデル）への社会的関心が大いに高まりをみせたが，同じような意識変化は近年の中国本土・台湾・香港・韓国でもみられている。それは，自社会の老舗企業（「老舗大国」日本に比べればはるかに少数であるが）への評価の高まりという形だけでなく，海外（特に日本）の老舗企業への関心の高まりという形でも表れている[11]。

2　各社会における事業承継支援政策の特徴

本節では，日本・中国本土・台湾・香港・韓国の各社会における事業承継支援政策の特徴について概観する。

この点に関しては，本研究プロジェクトの5つの対象社会のなかで香港が特に異質な存在であり，そこでは事業承継支援政策と呼べるものが皆無に等しい。もちろん，香港においても事業承継問題（後継者問題）に悩まされている家族企業が多く存在することは紛れもない事実であるが，政府がこの問題を喫緊の社会的課題ととらえ，何かしら政策介入するという動きを確認することができない。このような香港の特殊性については様々な要因があるだろうが，最も直接的には香港政府特有の統治理念（植民地時代から続くレッセフェール主義）[12]によっているのではないか，と筆者らは考えている。

香港以外の4つの対象社会においても事業承継支援政策のあり方は一様ではない。日本・韓国・台湾では中央政府における事業承継問題対策の主管が明確であり，日本では経済産業省中小企業庁，韓国では知識経済部中小企業庁（2017 年以降は中小ベンチャー企業部），台湾では経済部中小企業処がそれに該当する。当局のホームページや刊行物を通して各種支援政策の具体的内容を比較的容易に確認することができる[13]。それに対して，中国本土ではどこが主管であるかが不明確である。おそらく，全国レベルでは中華全国工商聯合会が主管に該当するだろうが，その支援政策の具体的内容を確認することが難しい[14]。中国本土の事業承継支援政策はむしろ地方レベルで活発に実施されているようだ[15]。

また，日本・韓国では相続税負担をどう軽減するかという課題が事業承継支援政策において重要な意味をなしてきた。日本では 2000 年代に事業承継当事者の税負担軽減を目的とした一連の税制改革が進められ，2008 年に「中小企業における経営の承継の円滑化に関する法律」（通称「経営承継円滑化法」）が成立した。これにもとづき，事業承継にともなう税負担の軽減や民法上の遺留分への対応をはじめとする承継円滑化のための総合的支援政策が施されるようになった。一方，韓国では 1997 年から事業承継を支援するために「家業相続控除制度」が設けられた。しかし，導入後の約 10 年間にあっては控除金額が少なく，1 億ウォンを限度に控除が認められたため，事業承継における税負担の不安は解消されなかった。近年，中小企業の事業承継をさらに奨励し，事業承継による相続税負担を大きく軽減することを目的に，相続人から正常に承継した場合（被相続人が 10 年以上経営を続けている企業）には最大 500 億ウォンまで控除が認められるようになった[16]。

それに対して，中国本土では相続税問題がそもそも意味をなしておらず（少なくとも現時点においては），台湾ではすでに解決済みである。つまり，日本・韓国の事業承継支援政策は税制支援と後継者育成支援の両方に対応するものであるのに対して，中国本土・台湾のそれは後継者育成支援に偏重したものであるといえよう。

さらに，ごく近年の興味深い動きとして，韓国政府（中小ベンチャー企業部）が推進している「名門長寿企業」認定制度に言及しておこう。この制度は健全なる企業成長の役割モデルを提示するとともに，社会的責任を果たす模範企業を発掘することが主な趣旨となっており，これにより，経済成長と雇用の拡大，先進国と比べて脆弱な長寿企業群の拡大，尊敬される企業文化の底辺拡大といった効果が期待されている。2017年に実施された第1回選考においては，全国各地から多数の応募があり，厳しい審査の結果，6社が「名門長寿企業」に認定され，政府より長期持続的な企業経営の成功モデルという「お墨付き」とともに様々な特典を与えられた[17]。

それに対して，日本では京都府の「京の老舗表彰」(1968年～) に代表されるような地方レベルでの取り組みは多くみられるが，全国レベルでの政策展開となると前例がない。台湾では2011年に中央政府（経済部中小企業処）の支援のもとで「百年暨一甲子老店聯誼会」(百年および還暦老舗親睦会)[18]が設立されている。それは，たしかに全国レベルでの政府主導の取り組みではあるものの，実態としては老舗経営者のゆるやかな親睦団体であり，韓国の取り組みとは大きく異なる。中国本土では2000年代半ば以降に中央政府（商務部）により「中華老字号」(中華老舗ブランド) 認定の取り組みが全国レベルで進められてきた (孔 2012)。一見すると，韓国の取り組みに似ているが，やはりその実態は異なっている。社会主義化以前に創業された中国本土の老舗企業は総じて国有化されており（つまり継続しているのはブランドのみ)，家族企業の事業承継の成功モデルを体現するものであるとはいえない。「名門長寿企業」認定制度をめぐる韓国政府の取り組みが今後どのような展開をみせるのかは注目に値する。

3　まとめ

以上のように，東アジア諸社会では，1980年代以降に事業承継問題の大量発生（高度経済成長期に創業した世代の大挙引退）が起きた。東アジアにおいて最初に高度経済成長を達成した日本では，事業承継問題の大量発生が顕在化するのも最も早かった。日本以外の諸社会では，日本より10～20年程度遅れて事業承継問題の大量発生が顕在化した（総じて日本より急激に)。興味深いのは，中国本土において事業承継問題が大量発生したタイミングである。中国本土は，本研究プロジェクトの研究対象である東アジア諸社会のなかで最も遅く高度経済成長期に到達しているが，事業承継問題の大量発生は，一人っ子政策の影響（「人為的」少子化）もあって，経済成長が先行した台湾・香港・韓国とほぼ同時に顕在化していたようである。それゆえ，中国本土の事業承継問題を論じる際には，一人っ子政策という人口政策とそれが実行された社会主義体制の特性を把握する必要があるだろう。

また，各社会における事業承継問題の特徴を整理すると，日本・韓国のそれは相続税問題と後継者問題が混在する形態となっているのに対して，中国本土・台湾・香港のそれは後継者問題に偏重する形態となっている。

さらに，各社会における事業承継支援政策の特徴を整理すると（そもそも支援政策が見当たらない香港を除外して），日本・韓国・台湾では中央政府の主管が明確であるのに対して，中国本土ではそれが不明確である。日本・韓国の当該政策が税制支援と後継者育成支援が混在する形態となっているのに対して，中国本土・台湾のそれは後継者育成支援に偏重する形態となっている。くわえて，韓国政府が近年全国レベルで実施している「名門長寿企業」認定制度は東アジア諸社会のなかで異彩を放っている。

表 1-1　本章の内容整理

	大量発生の時期	問題の特徴	支援政策の主管	支援政策の特徴
日本	1980～90 年代に漸次的に顕在化。 高度経済成長が早かったため承継問題の大量発生も早かった。	相続税問題 ＋後継者問題	経済産業省中小企業庁	税制支援 ＋後継者育成支援
中国本土	2000 年代に顕在化。 「人為的」少子化を背景に承継問題の大量発生が前倒しで起きた。	後継者問題偏重	中華全国工商聯合会 （？）	後継者育成支援偏重
台湾	2000 年代に顕在化。	後継者問題偏重	経済部中小企業処	後継者育成支援偏重
香港	2000 年代に顕在化。	後継者問題偏重	支援政策の不備	支援政策の不備
韓国	2000 年代に顕在化。	相続税問題 ＋後継者問題	知識経済部中小企業庁（2017 年以降は中小ベンチャー企業部）	税制支援＋後継者教育支援，「名門長寿企業」認定制度

出所：筆者ら作成

注

1　日本の相続税は，日露戦争（1904～05）の戦費調達を目的に設置されたものを起源としている。戦前の相続税，旧民法（1898 年制定）によって法的に定められた家督制度を背景に，遺産を戸主1人（家督を所有する者）に集中させる（極力分けない）ことを前提としたものであった。戦後初期には，GHQ が主導した抜本的な法制度改革により，旧来の家督制度も撤廃されたことを受けて，遺産が複数の相続人の間で平等に分けられるようになった。この制度改革は，家族制度の近代化（民主化）の文脈において好意的に受け入れられたが，家族企業の事業承継に限っていえば，財産（特に自社株式）の分散リスクを高めるという点でむしろ「逆機能」的な意味をもったといえよう。

2　CiNii Research（https://cir.nii.ac.jp/）で検索すると，1980～90 年代には中央・地方の政府系シンクタンクによる中小家族企業の後継者問題に関する調査報告書が 10 件以上刊行されている（たとえば，国民生活金融公庫総合研究所編 1997）。

3　『中小企業白書 2001 年版』では，「『第二創業』としての事業承継の円滑化」という項が設けられ，そこでは，中小家族企業の後継者問題の現状にふれられた後，後継者育成，親族外承継，後継者による新規事業創出（「第二創業」）の成功例が紹介されるとともに，中小家族企業の M&A や税制に関する中小企業庁の見解が具体的に示された。

4　その後，2015 年の法改正により相続税の最高税率が 55％に引き上げられ，現在にいたっている。

5　2010 年 5 月 19 日に中国時事問題専門のニュースサイト『Record China』に掲載された記事「民間企業の後継ぎ問題が深刻―子供に継がせたい創業者，だが子の 95％はその気なし」によれば，中国本土では次の 5～10 年間に約 300 万社の民営企業において経営者の交代が行なわれると推定され，創業世代の 90％が自分の子を後継者にしたいと希望しているが，皮肉なことに，第 2 世代の 95％が親の後を継ぎたいと考えていないという。

6　寧波家業長青接班人学院では，事業承継期にある家族企業を対象とした研修課程（創業者と後継者がともに参加し，今後の事業承継計画について議論する場）が設けられ，すでに 4,000 社を優に超える家族企業が参加している。詳しくは竇・河口（2014）を参照されたい。

7　2000 年代半ばにはじまる中国本土の事業承継研究について，姜は，家族企業といっても民営大企業の研究が多い，民営企業が多い浙江省・江蘇省で多くの研究がなされている，日本にみられるような政府系シンクタンクによる大規模調査がみられない，といった点にふれている（姜 2013）。

8　戦後の中国本土では，社会主義イデオロギーを背景に，私有財産の存在が認められなかった。1970 年代末に「改革・開放」政策がはじまると，民営経済の急激な成長にともない，大きな私有財産を手にする者が多く現れた。これにともなって私有財産への法的な承認と保護が求められるようになり，2000 年代前半に私有財産の保護をめぐる法的枠組みが強化された。その一方で，近年の中国本土では，経済格差が拡大の一途をたどるなかで，その是正のために相続税を導入すべきか否かの議論も大いに活発化しており，政府の動向が注目を集めている。実際に相続税が設置されれば，民営企業（家族企業）の事業承継は，間違いなく大きな影響を受けることになるだろう。この点については，第 6 章（黛瑪詩ケース）で改めてふれる。

9　イギリス領植民地時代の香港では，最高税率 15％と低率ながら相続税が存在したが，中国への返還後の 2006 年，国際金融・貿易センターとしてのさらなる発展を目指すうえで「足かせ」になるとの判断から，相続税が廃止された。なお，この時期の香港における相続税廃止の動きは，家族企業の事業承継問題を意識して施行されたものではなかった。

10　台湾では，保守系（国民党）の馬英九政権下（2008～16）において相続税の最高税率が従来の 50％から 10％へと大幅に引き下げられ，これにより家族企業の事業承継にともなう税負担が大幅に軽減された。ただし，その折の相続税の改正は，当時問題視されていた台湾資本の海外流出を防止するためのものであり，事業承継支援のためのものではなかった。その後，革新系（民主進歩党）の蔡英文政権下（2016～）において最高税率が 20％に引き上げられたが，日本・韓国に比べると圧倒的に低水準であり，相続税負担が事業承継の阻害要因になることも相対的に少ないといえよう。

11　中国本土での老舗企業への関心の高まりを受けて，竇と河口が中心となり，京都老舗企業 7 社の事業承継ケースを中国語でまとめた書籍を刊行した（竇・程・河口・桑木 2014）。また，竇は

2013年より『接力』・『家族企業』といった中国本土の経営者向け雑誌において日本の老舗企業の経営理念や事業承継経験を紹介するエッセーを数多く寄稿してきた。その一部はウェブ上にも公開されており，中国語圏において多くの読者を獲得している。

12　19世紀半ばのイギリスで非常に大きな影響力をもったレッセフェール主義が導入された植民地香港（1841年成立）では，政治権力が域内の市場や社会に対してできるかぎり介入を行なわないこと（「積極的不介入」）を基本方針とした（ただし，住民の政治活動に対しては抑圧的）。1960年代末以降，こうした植民地香港の統治方法はある程度修正されたものの，その後も「積極的不介入」の基本方針は崩れなかった。レッセフェール主義が香港社会に及ぼした影響について詳しくは河口（2004）を参照されたい。

13　ただし，台湾の事業承継政策は，日本・韓国のそれに比べると後進的である。経済部中小企業処が毎年発行する『中小企業白皮書』において中小企業の事業承継問題が本格的に取り上げられたのは，2018年版がはじめてであり，「中小企業の事業承継とグレードアップ」という章において，日本と欧米の先行事例に関するレビューがなされたうえで，台湾の実態に即した政策の基本方針が具体的に示された。先行事例のレビューにあっては，日本の中央・地方双方での様々な取り組みに関する記述に最も多くの紙幅が割かれており，当該問題に関する日本への関心の高さを容易にうかがい知ることができる。

14　この点に関しては，中華全国工商聯合会傘下の中国民営経済研究会家族企業委員会により2015年に出版された『中国家族企業伝承報告2015』（中国語）が，中央政府の事業承継問題への姿勢を具体的に示すものであるといえるだろう。ただし，この文献においても支援政策の具体的内容に関する記述がみられない。

15　筆者らは，浙江省や山東省などで行なったフィールドワークを通して，地方政府の青年団組織（共産主義青年団，略称「共青団」）が地元の家族企業後継者を組織して，「勉強会」や「交流会」を開催したり，海外研修に補助金を出したりしていることを確認している。

16　厳密にいえば，被相続人の事業活動期間によって相続控除限度額が異なる（10年以上：200億ウォン，20年以上：300億ウォン，30年以上：500億ウォン）。なお，1ウォンの為替レートは，1997年から現在にいたるまで0.07～0.12円の範囲で推移してきた。

17　「名門長寿企業」認定制度の適用範囲は，平均売上高が3千億ウォン未満の中小・中堅企業となっている。その評価項目は，主に「長寿」的側面（創業45年以上）と「名門」的側面（経済的貢献，社会的貢献）で構成されており，雇用創出への貢献も考慮される。なお，建設業，不動産業，金融業，保険・保険関連サービス業など5つの業種は対象から除外されている。

18　設立当初は「百年老店聯誼会」の名称であったが，しばらくしてから還暦（60年）を意味する「一甲子」の文言が加えられた。おそらく，入会条件を100年以上に設定すると，対象企業が非常に少なくなるため，60年以上に緩和されたのではないかと推察する。

第2章
東アジア諸社会の事業承継を取り巻く社会構造

本章では，日本・中国本土・台湾・香港・韓国の各社会における事業承継のあり方が当地の伝統文化（特に家族をめぐる制度や規範）によっていかに拘束されているのか，また，同時代の流動的な社会環境（特に個人化，グローバル化に着目）からどのような影響を受けているのかについて考察する。

1　各社会の事業承継をめぐる文化的被拘束性

本節では，日本・中国・韓国それぞれの伝統的家族制度とそれに付随する社会規範に着目し，それらによって家族企業における事業承継のあり方がいかに拘束されているのかについて考察する。

西洋諸社会の伝統的家族制度（前提としての「個人主義」，それにもとづく「契約関係」，「個人財産所有制」を特徴とする）に比べると，東アジア諸社会のそれは，何より「個人主義」の不在（換言すれば，個人に対する家族の優先）という点で共通している（陳 1984=1991）。その一方で，東アジアのなかの多様性に目を向けると，日本・中国・韓国それぞれの伝統的家族制度は「似て非なる」ものであり，三者の間の「線引き」は多様なパターンを示している。この点は同時代の家族企業の事業承継について考える際にも重要な意味をもつ。

1-1　伝統家族の結合原理

伝統社会において家族がどのような原理によって結合するのかという点に関しては，中国・韓国が類似しており，日本が異質である。

中国・韓国の伝統家族は血縁原理にもとづく社会集団であり，何より血縁系譜の連続性が重視されるのに対して，日本の伝統家族は血縁原理にもとづく社会集団ではなく，血縁系譜の連続性よりも世帯経済共同体の連続性が重視される。この差異は養子制度のあり方に顕著に表れている。中国・韓国の養子制度は血縁関係に限定されており，原則として非血縁者（異姓）を養子に迎えることができない（「異姓不養」の原則）。それに対して，日本の養子制度は血縁関係に限定されず，非血縁者の男性を娘婿に迎えることや非血縁者の夫婦を養子に迎えることが可能である（陳 1984=1991；服部 1988）。

この点は家族企業の事業承継のあり方を考えるうえで重要な意味をもつ。中国・韓国の伝統家族では血縁原理が絶対的な意味をなし，後継者選択もそれに大きく縛られることになるのに対して，日本の伝統家族では血縁原理が絶対的な意味をなさず，後継者選択に関してもより多くの選択肢が与えられ，能力主義的な選択が可能になる。古くより日本の商家では有能な非血縁者を創業家の養子に迎えて後継者に据えるだけでなく，場合によっては無能な実子を「勘当」するという選択肢もとられた。さらには，専門経営者を受け入れて所有と経営の分離を図ることも広くみられてきた。こうした日本の伝統家族の特徴（血縁関係に拘泥しない）は，家族企業の事業承継にとって有利な条件である。対照的に，中国・韓国の伝統家族の特徴（血縁関係に拘泥する）は，家族企業の事業承継にとって不利な条件であり，このような文化的制約（抗力）をいかに克服するかということが承継プロセスにおける1つの課題になるのではないだろうか（竇・河口 2014）。

1-2　伝統家族の相続制度

伝統社会において家族の財産がどのように相続されるのかに関しては，まさに「三者三様」である。

中国の伝統家族において理想とされる相続の形態は，きょうだい間の均分相続であり（「諸子均分」），きょうだい間の序列意識が弱い。それに対して，日本の伝統家族において理想とされる相続の形態は，長子相続（長子がほとんどの財産を相続）であり，きょうだい間の序列意識が強い（次三男以下が使用人同様の扱いを受けることも珍しくなかった）。韓国の伝統家族は日本と中国の中間形態であり，長子が優遇される一方で，不均等ながら財産がきょうだい間で分割されるという特徴（「長子優待不均等分割相続」）をもつ（服部 1988；瀬地山 1996）。

この点も家族企業の事業承継のあり方を考えるうえで重要な意味をもつ。中国・韓国の伝統的な相続制度では世代交代のたびに財産分散リスクが高まることになるのに対して，日本の伝統的な相続制度では世代交代に際しての財産分散リスクが相対的に小さい。こうした日本の伝統家族の特徴（財産を分けない）は，家族企業の事業承継にとって有利な条件である[1]。対照的に，中国・韓国の伝統家族の特徴（財産を分ける）は，家族企業の事業承継にとって不利な条件であり，このような文化的制約をいかに克服するかということも承継プロセスにおける１つの課題になるのではないだろうか（竇・河口 2014, 2015）。

さらに，伝統家族の相続制度における女性の位置づけにもふれておこう。三者を比べると，中国・韓国の伝統家族では女性が必ず実家を離れて他家に嫁ぐものとされ，実家の財産を相続する権利を与えられない。それに対して，日本の伝統家族では女性が非血縁者を夫（婿養子）に迎えて実家に留まり，家業の経営に携わることが可能である。

この点も家族企業の事業承継のあり方を考えるうえで重要な意味をもつ。中国・韓国の伝統的な相続制度では女性メンバーを家業に動員することが困難であるのに対して，日本の伝統的な相続制度では女性メンバーも家業にとっての重要な選択肢の１つとなり得る。こうした日本の伝統家族の特徴（女性メンバーを排除しない）は，少子化時代における家族企業の事業承継にとって有利な条件である。対照的に，中国・韓国の伝統家族の特徴（女性メンバーを排除する）は，家族企業の事業承継にとって不利な条件であり，このような文化的制約をいかに克服するかということも承継プロセスにおける１つの課題になるのではないだろうか。

1-3　伝統的な社会規範

日本・中国・韓国の伝統的家族制度に付随する社会規範に関しては，儒教に由来する道徳規範が広く共有されてきたが，これもまた「似て非なる」ものである。

ここでは儒教の根幹をなす「孝」（親に対する孝行）と「忠」（君主に対する

忠義）の関係にふれる。先述のように，中国・韓国の伝統家族では血縁原理が絶対的な意味をなすため，「百善孝為先」（孝行は何よりも優先すべき善行）とされ，「孝」が「忠」と衝突する場合には，往々にして前者が優先されることになる。それに対して，日本の伝統家族では血縁原理が絶対的な意味をなさないため，儒教本来の形とは対照的に，「忠」が「孝」に優先されることも珍しくない（陳 1984=1991；瀬地山 1996）。

この点も家族企業の事業承継のあり方を考えるうえで重要な意味をもつ。中国・韓国の家族企業では家族利害と企業利害が衝突する場合，往々にして前者が優先されることとなり，企業＝「公器」（家族の私益を超越した存在）という意識が相対的に形成されにくい。それに対して，日本の家族企業では家族利害と企業利害が衝突する場合，後者が優先されがちであり，企業＝「公器」という意識が相対的に形成されやすい（瀬地山 1996）。こうした日本の文化的特徴（家族利害を絶対視しない）は，家族企業の事業承継にとって有利な条件である。対照的に，中国・韓国の文化的特徴（家族利害を絶対視する）は，家族企業の事業承継にとって不利な条件であり，このような文化的制約をいかに克服するかということも承継プロセスにおける1つの課題になるのではないだろうか（竇・河口 2014）。

さらに，儒教における商業観にもふれておこう。中国・韓国の伝統社会では，儒教が制度化されて官府の学問となっただけでなく，官僚体系と一体化し，普遍的な社会の価値基準となった。そこでは勉学に励み，科挙試験に合格して官吏になることこそが理想であり，商業が軽視された。商業で成功を収めた者は往々にして事業を子弟に継がせる意思をもたず，むしろ勉学に励んで官吏となり，家名を上げることを子弟に期待した（陳 1987）。それに対して，日本の伝統社会では，儒教（朱子学）が重要なイデオロギーをなした江戸時代においてさえ，思想家・石田梅岩（1685～1744）を創始者とする石門心学に代表されるような，儒教（商業軽視）を相対化する新しい潮流が台頭している。中国・韓国に比べて，日本には商業そのものを積極的に肯定しつつ，商業道徳の大切さを強調する思想が多く蓄積されており，石門心学以外にも近江商人の三方よし思想，渋沢栄一の「道徳経済一体論」など枚挙に暇がない（河口・竇 2013；竇・河口 2016）。

この点も家族企業の事業承継のあり方を考えるうえで重要な意味をもつ。中国・韓国の家族企業を取り巻く社会環境には，商業軽視の伝統があり，商業道徳をめぐる蓄積が相対的に小さい。それに対して，日本の家族企業を取り巻く社会環境（特に老舗企業が多く集積する京都のような地域）には，商業道徳をめぐる蓄積が大きく，後継者教育への動員も容易である（河口・竇 2013；竇・河口 2016）。こうした日本の文化的特徴（経営者のための道徳教材が多い）は，家族企業の事業承継（特に後継者教育）にとって有利な条件であるといえよう。対照的に，中国・韓国の文化的特徴（経営者のための道徳教材が少ない）は，家族企業の事業承継にとって不利な条件であり，このような文化的制約をいかに克服するかということも承継プロセスにおける１つの課題になるのではないだろうか。

1-4　小括

以上のように，日本の伝統的家族制度とそれに付随する社会規範の諸特徴（血縁関係に拘泥しない，財産を分けない，女性メンバーを排除しない，家族利害を絶対視しない，経営者教育のための道徳教材が多い…）は，総じて家族企業の事業承継にとって有利な条件であり，日本において老舗企業がかくも多く存在することの主因はこの点にあるといっても過言ではないだろう。対照的に，中国・韓国の伝統的家族制度とそれに付随する社会規範の諸特徴（血縁関係に拘泥する，財産を分ける，女性メンバーを排除する，家族利害を絶対視する，経営者教育のための道徳教材が少ない…）は，総じて家族企業の事業承継にとって不利な条件であり，このような多方面にわたる文化的制約（抗力）をいかに克服するかということが承継プロセスにおける大きな課題になるのではないだろうか。

2　各社会の事業承継をめぐる流動的社会環境

東アジア諸社会において事業承継問題の大量発生が顕在化した時期は，旧来の社会システムが急激な転換をみせることになったタイミングである。本節では，同時代の流動的な社会環境を代表する２つのキーポイント，個人化とグローバル化に着目し，それらによって家族企業における事業承継のあり方がどのような影響を受けているのかについて考察する。

2-1　個人化

近年，東アジア諸社会の家族変動をめぐる社会学的研究のなかで，個人化という概念に注目が集まっている。厳密にいえば，そこで注目される個人化は，欧米に古くから備わる「制度化された個人主義」を前提としない個人化，すなわち「個人主義なき個人化」（張 2013）と呼ばれる社会現象である。

この研究領域におけるキーパーソンの1人である社会学者・落合恵美子は，近代以降の世界の人口転換と家族変動について検討する論文（落合 2013）のなかで，「第1次人口転換」（高出生率・高死亡率均衡から低出生率・低死亡率均衡への転換，人生の安定性・予測可能性の高まり，家族経験の同質化）および主婦化により，近代家族（子ども中心主義）を単位とする「第1の近代」が生み出されたのに対して，「第2次人口転換」（人口置換水準を割り込むほどの出生率低下，離婚率上昇，晩婚化・未婚化，結婚制度によらない同棲・婚外出生の増加）および脱主婦化により，個人化と家族の多様化を特徴とする「第2の近代」が生み出された，と論じている。興味深いことに，欧米諸社会では1880～1920年代に「第1次人口転換」が起き，その後，半世紀程度の時を経て，1960年代末頃より「第2次人口転換」が起きたのに対して，東アジア諸社会では2つの人口変動が短い間隔を置いて，あるいは，ほぼ同時進行で起きた。日本では1950年代に「第1次人口転換」が起きた後，20年程度の間隔を置いて，1970年代半ばに「第2次人口転換」が起きた。一方，日本以外の東アジア諸社会では1980年代以降に2つの人口転換がほぼ同時進行したという。

落合は，東アジア諸社会の人口転換と家族変動を論じるにあたり，韓国の社会学者・張慶燮が提起した「圧縮された近代」という概念を援用している。張は，韓国社会の「圧縮された近代」経験を考察した論文のなかで「経済的，政治的，社会的，あるいは文化的な変化が，時間と空間の両方に関して極端に凝縮されたかたちで起こる。そして，互いに共通点のない歴史的・社会的要素がダイナミックに共存することにより，きわめて複雑で流動的な社会システムが構成かつ再構成される」と論じている（張 2013: 41）。

落合は，このような張の概念提起を受けて，他の東アジア諸社会よりも変化がゆるやかであり，「まがりなりにも2つの異質な近代を意識することができる」日本の近代を「半圧縮近代」として概念化することを提案している（落合 2013: 539）。

このような「圧縮された近代」を経験することになった1980年代以降の東アジア諸社会では何が起きたのか。欧米で第2次人口転換と一括される現象のうち，東アジアにおいても出生率低下（少子化）[2]と結婚の不安定化，晩婚化・未婚化は起きているものの，結婚と出産をつなぐ規範は健在であり（同棲や婚外出生はさほど増えていない），結婚制度そのものは揺らいでおらず，欧米における個人化の中核をなす「制度化された個人主義」が成立しているとはいえない，と落合は述べている。

このように東アジア諸社会において家族が強いままであるにもかかわらず，深刻な少子化（家族の衰退？）が起きているのは一見すると矛盾しているようにみえるが，このパラドキシカルな社会現象に対して，前出の張慶燮が「個人主義なき個人化」という概念を用いて分析しており，落合もこれを援用している。張によれば，国家の福祉制度が十分に整っていない韓国では，個人に保護を与えてくれる唯一の社会的資源が家族であるため，多くの韓国人が家族主義的になりがちである。しかしながら，それは，自分が家族から助けてもらうばかりではなく，場合によっては，家族を助けなければならない立場にもなり得るということを意味している。それゆえ，韓国では「リスク回避的個人化」が起きており，それについて張は「ひとりで生きる期間を延長する，またはそれに戻ることによって，近代生活における家族関連リスクを最小化しようとする諸個人の社会的傾向」であると論じている（張 2013: 44）。実際，韓国では，アジア通貨危機（1997～98）以降の経済不況のなかで著しく少子化が進んだが，それは，人々が自分自身にリスクをもたらしかねないものとして，結婚や出産，ひいては家族という存在を回避しようとしたことの表れである。このような社会現象は韓国社会に限定されたものではなく，東アジア諸社会に広くあてはまるものであると，張は述べている。

この点も家族企業の事業承継のあり方を考えるうえで重要な意味をもつ。東アジア諸社会において事業承継問題の大量発生が顕在化する時期は，人口置換水準を下回るような少子化が進行すると同時に，ますます多くの人々が「リスク回避」のため家族から距離を置くようになった時期に他ならない。この社会変化は家族企業における後継者選択・育成にも大きな影響を及ぼしてきたに違いない。実子への事業承継にこだわるなら，そもそも少子化というネック（選択肢の減少）があるうえ，運よく後継者候補を得られたとしても，その次には個人化（家族からの分離志向）というネックが待っている。東アジア諸社会の多くの家族企業経営者が直面することになった後継者問題は，このような二重のネックをいかに克服し，「個人主義なき個人化」に向かいがちな後継者候補をどのように「再家族化」していくのか，という難題と強くリンクしているのではないだろうか。

もちろん，東アジア諸社会における「圧縮された近代」経験にせよ，それに付随する個人化現象にせよ，実態は「似て非なる」ものである。先述のように，日本は，いみじくも「半圧縮近代」と形容されるように，近代以降の社会変化が他の東アジア諸社会に比べて幾分ゆるやかであり，事業承継問題の大量発生という環境変化への対応に関してもある程度の時間的ゆとりがあったのではないだろうか。

一方，中国本土は東アジア諸社会のなかで特殊な近代化（社会主義化）を経験しており，その枠組みのなかで実施された一人っ子政策は，現代中国の家族のあり方に甚大な影響を及ぼした。これにより，中国本土では，近代の人口転換と家族変動が東アジアにおいて最も「圧縮」された形で生じており，家族企業の事業承継問題もいっそう急激かつ複雑な様相を呈することになったといえよう。

2-2　グローバル化

1990年代以降，冷戦構造の終結や輸送・通信手段の発展を背景に，国境を越えたグローバルなヒト・モノ・カネ・情報の移動が活発化し，従来の近代国民国家を前提とする枠組みではとらえることのできない社会空間・関係がみられるようになった。ここでは，河口が長年にわたり調査研究を行なってきた香港社会のグローバル化に関する検討から議論を進めよう。

河口は，1980年代半ば～1990年代半ばの香港で起きた移民ブーム（10年間に総人口の約1割が海外へ）とその社会的背景について考察し，それを通して，グローバル時代における香港社会の「先鋭性」を強調している。1984年の中英首脳会談によりイギリス領植民地香港が1997年に中華人民共和国へ返還されることが正式決定したことを受けて，多くの香港市民が将来に対する不安から海外（主に北米・オセアニア）への移民という選択肢をとることになった。当時の香港からの移民は若年ミドルクラス（様々な経済的・社会的資源を備える人々）を主体とし，どこに移動しても高度な経済的・社会的適応を遂げた。彼らの移民行動はリスクヘッジ，すなわち，より安定した国の国籍・永住権という「保険」の獲得を主たる目的としており，必ずしも移民先社会への定着を前提とするものではなかった。彼らのなかには，戦略的に一か所に定着することなく，複数の場所を双方向的・多方向的に移動し続ける者も多くみられ，河口は，こうした越境移動のあり方を指して「回遊」(transilient) 型と呼んでいる（河口 2004)。

移民ブーム当時の香港では，このような「回遊」型移動が特殊な個人に限らない，幅広い層の人々（香港を離れなかった人々も含めて）の間でリアルな選択肢となっており（つまり個人レベルを超えて社会レベルで「回遊」型)，これを可能にした香港特有の条件として，河口は，移民ブームの直接的な引き金となった「1997年問題」(高度な経済発展を遂げた自由都市がいまだ発展途上の社会主義的国家に返還されるという前代未聞の事態）とともに，19世紀のレッセフェール主義が20世紀末になっても色濃く残っていた植民地香港の社会構造にも目を向けている。それを一言で表すなら，「移動を前提とした社会」であり，雇用から住宅不動産，社会保障，出入国管理，永住権制度にいたる社会のあらゆる側面において移動の足かせになるようなものが備わっていなかったのである（河口 2004)。

このように，1980～90年代の香港における「回遊」型移動の大量発生は，特殊な条件により可能になったものであるといえるが，ほぼ同時期に台湾や韓国においても香港と同様の動き（香港に比べれば小規模）がみられた。共通点は，高度な経済発展（「豊かな社会」の実現）を遂げながら，常に大きな政治的・社会的不安を抱えており，そのために海外への移民，あるいは将来の移民を想定してなされる留学がリスクヘッジ（「保険」の獲得）という意味を帯びやすかった，ということである。このような越境移動のあり方は，2000年代に急激な経済成長を遂げ，瞬く間に先進国の仲間入りを果たした中国本土においても顕著にみられるようになっている。

それに対して，日本では例外的に経済発展と政治的・社会的安定（前出「第1の近代」の安定構造）が長く継続したことから，他の東アジア諸社会のように，リスクヘッジとしての越境移動という選択肢が階層を問わずリアリティをもつことがほとんどなかった。

グローバル時代の東アジア諸社会のポジションを抽象化するなら，「移動を前提とした社会」としての香港が一方の極に置かれ，それとは対照的な「定着を前提とした社会」としての日本がもう一方の極に置かれる。台湾・韓国・中国本土は，これら二極間のどこかに置かれるが，どちらかというと，香港側に傾斜しているといえるのではないだろうか。

この点も家族企業の事業承継のあり方を考えるうえで重要な意味をもつだろう。先述のように，日本以外の東アジア諸社会ではリスクヘッジとしての移民や留学が幅広い層の人々にとってリアルな選択肢となっており，多くの経済的・社会的資源を備える家族企業の経営者家族はこの層のなかに入る。実際，日本以外の東アジア諸社会で調査を行なうなかで，筆者らは，海外の大学の学位や国籍・永住権をもつ家族企業の2・3代目と頻繁に遭遇してきた。当然ながら，こうした後継者の海外経験は事業承継にも大きな影響を及ぼすことになるに違いない。

対照的に，日本ではリスクヘッジとしての越境移動がこれまでのところ社会的にほとんど意味をなしておらず，それは，家族企業（規模の大小を問わず）の経営者家族にも大いに該当する。もちろん，子どもの海外経験を重視するケースもないわけではないが，他の東アジア諸社会と比べると圧倒的に少ないにちがいない。実際，日本において家族企業を対象とした調査を行なう際，長期留学経験や海外居住経験をもつ経営者や後継者に遭遇することは非常に限られている。それゆえ，日本では家族企業の事業承継が後継者の海外経験とどう結びつくのかという議論がそもそも成立しにくいといえよう。

日本以外の東アジア諸社会では子どもの海外経験を重視する家族企業の経営者が多くみられるが，それが事業承継に及ぼす影響は必ずしもポジティブなものばかりではないようだ。たとえば，子どもを海外へ留学させることは，家族の目が行き届き難くなるとともに，子どもに様々な誘惑を与えることになり，場合によっては，事業承継にとって最悪の結果（後継者候補を失う）を招くこともあり得る。海外留学はリスクヘッジの一環として行なわれがちであるが，実は，留学そのものにリスクが備わっているといえよう。

2-3　小括

以上のように，同時代社会環境を象徴するキーポイントの１つである個人化（「個人主義なき個人化」）は，本研究プロジェクトの対象社会すべてにおいて重要な意味をもち，家族企業の事業承継にも大きな影響を及ぼしてきた。ただし，個人化をめぐる社会環境は社会間で「似て非なる」ものであり，近代化の「圧縮」度により個人化の進行速度に差異がみられる（日本が最もゆるやかであり，中国本土が最も急激であった）。

さらに，もう１つのキーポイントであるグローバル化に関しては，対象社会のなかで日本が特に異質な存在である。日本以外の東アジア諸社会（「移動を前提とした社会」へ移行）ではリスクヘッジ（「保険」の獲得）としての越境移動が社会的に意味をなしており，それが家族企業の事業承継にも大きな影響（必ずしもプラスの影響ばかりではない）を及ぼしている。このような関係図式は，これまでのところ日本（「定着を前提とした社会」を維持）においては成立しにくいといえよう。

3　まとめ

以上では，日本・中国本土・台湾・香港・韓国の各社会における事業承継をめぐる思考・行動様式が当地の伝統文化（特に家族をめぐる制度や規範）によってどのように拘束されているのか，さらには，同時代の流動的な社会環境（特に個人化，グローバル化に着目）からどのような影響を受けているのかについて考察してきた。

まず，伝統的家族制度とそれに付随する社会規範に関して振り返ると，日本のそれにみられる諸特徴は総じて家族企業の事業承継にとって有利な条件であり，日本において老舗企業がかくも多く存在することの主因はこの点にあるといっても過言ではないだろう。対照的に，中国・韓国のそれにみられる諸特徴は総じて家族企業の事業承継にとって不利な条件であり，このような文化的制約（抗力）をいかに克服するかということが事業承継の現場において大きな課題になるのではないか，と筆者らは考えている。

また，個人化に関しては，本研究プロジェクトの対象社会すべてにおいて重要な意味をもち，家族企業の事業承継にも大きな影響を及ぼしてきた。ただし，各社会における個人化の進行は「似て非なる」ものであり，日本では個人化の進行が他の東アジア諸社会に比してゆるやかであった分だけ，事業承継問題への対応に関してもある程度の時間的ゆとりがあったのではないか（何かしら有利な条件？），と筆者らは考えている。

さらに，グローバル化（特にリスクヘッジとしての越境移動の活発化）に関しては，東アジア諸社会のなかで日本だけが異質であり，それが家族企業の事業承継と直接つながるようなことは日本では成立しにくいといえよう。この点は事業承継をめぐる有利な条件といえるかというと，必ずしもそうとはいえないだろう。先述のように，家族企業経営者が子どもを海外へ留学させることは，後継者候補を失うかもしれないというハイリスクをともなうものであるが，その一方で，豊富な海外経験が後継者の視野やコミュニケーション能力を高め，人的ネットワークを広げ，「脱常識」的発想を生み出し，そして，承継を契機としたイノベーション（「第二創業」）につながるというハイリターンをも期待し得るものである。現状，日本の事業承継当事者にはこうした問題意識が希薄であるが，今後，さらに経済のグローバル化が進行するなかで，日本の家族企業（規模の大小を問わず）もそれへの対応をいっそう強く求められることになるだろう。それほど遠くない未来に，もしかすると，日本の事業承継当事者がグローバル時代の事業承継ノウハウについて他の東アジア諸社会に範を求める日が来るかもしれない，と筆者らは考えている。

表 2-1　本章の内容整理

	伝統家族の結合原理	伝統家族の相続制度	伝統的な社会規範	個人化	グローバル化
日本	血縁関係に拘泥しない	財産を分けない，女性メンバーを排除しない	家族利害を絶対視しない，経営者教育のための道徳教材が多い	事業承継への影響大（個人化の進行は最もゆるやか）	「定着を前提とした社会」，事業承継への影響小
中国本土	血縁関係に拘泥する	財産を分ける，女性メンバーを排除する	家族利害を絶対視する，経営者教育のための道徳教材が少ない	事業承継への影響大（個人化の進行は最も急激）	「移動を前提とした社会」，事業承継への影響大
台湾	血縁関係に拘泥する	財産を分ける，女性メンバーを排除する	家族利害を絶対視する，経営者教育のための道徳教材が少ない	事業承継への影響大	「移動を前提とした社会」，事業承継への影響大
香港	血縁関係に拘泥する	財産を分ける，女性メンバーを排除する	家族利害を絶対視する，経営者教育のための道徳教材が少ない	事業承継への影響大	「移動を前提とした社会」，事業承継への影響大
韓国	血縁関係に拘泥する	財産を分ける，女性メンバーを排除する	家族利害を絶対視する，経営者教育のための道徳教材が少ない	事業承継への影響大	「移動を前提とした社会」，事業承継への影響大

出所：筆者ら作成

注

1　もちろん，日本においても，戦後の民主主義教育の普及により，きょうだい間においてあからさまな序列・格差を付けることが難しくなったことは否めないが，とはいえ，筆者らが調査してきた老舗企業の間では，財産分散リスクを回避するべく，家族メンバー間での話し合いを通して，家族の財産や自社の株式が後継者１人に集中的に承継されるようなケースが多くみられる。

2　少子化は，高度な近代化（産業化）を遂げた社会の共通経験の１つであるといえるが，近年の人口学者の研究によれば，少子化には２つのパターンがみられるという。１つは出生率が人口置換水準を少し下回る程度の「緩少子化」であり，もう１つは出生率が人口置換水準を大幅に下回る「超少子化」である。２つのパターンは地理的な偏りを示しており，前者は北欧，西欧（ドイツ以外），北米，オセアニアに偏っているのに対して，後者は南欧，ドイツ，東欧，東アジア，東南アジアに偏っている。この偏りは偶然の産物ではなく，そこには文化的要因が隠されており，前者に分類される国・地域は伝統的に「個人主義」が強い社会であるのに対して，後者に分類される国・地域は伝統的に「家族主義」が強い社会であるという（津谷 2004）。本研究プロジェクトが研究対象とする東アジア諸社会は伝統的に「家族主義」が強い「超少子化」傾向の社会に分類される。

第Ⅱ部

ケーススタディ編

第 3 章
株式会社松栄堂（日本）のケース

本章は，京都市中京区に本社を構える香の老舗，株式会社松栄堂の事業承継経験に関するケーススタディである。

1　はじめに

1700 年頃，初代・畑六左衛門守吉が丹波篠山より京都中心部の烏丸二条に移り，「笹屋」を創業した。当時，烏丸二条界隈には漢方薬を営む店舗が多く存在したため，その縁もあって，線香の製造・販売に従事したと伝えられる。その後，3 代目・畑守経の代には線香や匂い袋などの製造・販売に特化する。後に屋号を「松栄堂」に改めた。1942 年，法人化されて有限会社松栄堂となり，さらに 1995 年，株式会社松栄堂に改組された。

写真 3-1　明治 40 年頃の松栄堂本店

出所：松栄堂提供

今日の松栄堂は，創業の地である烏丸二条に本社を構えるとともに，長岡京市に自社工場（1989年完成）をもつ。主な事業内容は各種薫香（線香・焼香・練香・匂い袋など）の製造・販売である。現在，年間売上高は36億円前後で推移しており，従業員数は245名（うち正社員が185名）である。

松栄堂は創業より一貫して家族企業であり，現在，12代目当主の畑正高（1954～）[1]が社長，その長男・畑元章（1981～）[2]が専務取締役をそれぞれ務めている。

以下では，インタビュー記録[3]と参考資料をもとに，松栄堂の企業経営・家族経営・財産経営のあり方について記述する。

2　松栄堂の企業経営

2-1 「本業重視」・「適正規模」の教え――家族精神から企業理念へ

「お線香は嗜好品です」。インタビューの冒頭において正高はこう話を切り出した。たしかに線香は必需品ではなく，われわれの生活においてなくてはならないものというわけではない。そんな線香とともに300有余年，松栄堂はどのようにして先祖伝来の家業を受け継いできたのだろうか。

「うちでは家訓とはいいませんが，口伝の家族精神というものがありまして，それは『細く 長く 曲がることなく いつも くすくす くすぶって あまねく 広く 世の中へ』というものです。これはお線香の姿でもあります。お線香も細く，長く，真っ直ぐに，曲がることなく，バーンと人を驚かす花火みたいに燃える必要はまったくなくて，炎を立てる必要もないのですが，常に火があってくすくす燃えていないと，飾っても意味がないわけです。そして，香りも広く広がるんですよ。ですから，お線香のこの姿はうちの家業の姿だと思います。これをしっかり守ってきたからこそ，なんとか商売をやってきたと思います。

1400年も前に中国大陸からお香が伝わってきました。日本で採れる原材料は1つもありません。しかしながら，お香は日本で存在し続けてきました。それは，どんな時代においても，美を追求したり，あるいは香りを楽しむ人たちがいるからだと思います。しかし，松栄堂のビジネスはやはりお線香のように，細く，長く，曲がることなく，いつもくすくす，少しずつくすぶってやっていかなければならない。それで，あまねく，広く世の中へ伝わっていくことが大切です。ですから，私の務めは，香りの素晴らしさを語り続けることを通じて，多くの人々に認識してもらうことです。松栄堂を大きくするとか，そういう考えは一切ありません」。

写真 3-2　松栄堂の線香

出所：松栄堂提供

人間には衣食住という基本的な欲求がある程度満たされると，「美を追求する」といった新たな欲求が生じるものである。線香事業はまさにそこを起点とする。しかしながら，事業が成り立っても，自己抑制を怠り，むやみに規模拡大を追求したりすると思わぬ落とし穴にはまってしまうかもしれない。松栄堂では，主な取扱商品である線香の形状を的確にとらえて，「本業重視」や「適正規模」といった教えをわかりやすく表現し，家族精神ならびに企業理念に落とし込んでいる。

近年，中国本土の富裕層の間では，日本の職人の手作業によってつくられる商品が絶大な人気を博している。300年以上の歴史を誇る松栄堂の線香は，中国人富裕層にとって魅力的な商品であるだろう。「中国本土の巨大市場をどのようにとらえているのか？」という筆者の質問に対して正高は次のように述べている。

「中国のお客様から多く松栄堂の商品を買い求めていただいています。本当にありがたいことです。でも，私たちからは積極的に売りには行きません。松栄堂は小さな会社ですし，私たちは大きくしようというよりは，この会社の継続を強く思っていますから。中国市場はたしかに大きなマーケットですが，大きなマーケットだから，そこへ行こうという発想は逆にありません。やはり松栄堂にあるべき品質のものを私たちがつくり続けること，これが一番です。ほしいといってお買い求めくださる中国人のお客様がいて，もちろん大歓迎ですが，私たちから進んで売りにいくことはないです。むしろ中国のマーケットは大きすぎて，私たちは向かうべきではないと思っています。中国市場へ行ってしまったら品質の維持は絶対にできないと思っていますから。特に私たちは天然採取の原材料のみを使っていますので，限りがあります。中国の大きな市場には応じられません」。

このように，松栄堂は中国本土市場への売り込みには消極的であるが，その一方で，欧米市場に対しては，1990年にアメリカのコロラド州ボルダーに現地法人 Shoyeido USA, Inc. を設立するなど早い時期から積極的な事業展開をみせており，この点について正高は次のように述べている。

「欧米は面積が大きいですが，中国ほどお香のマーケットは大きくありません。欧米人の生活のなかにお香はないですから。でも，松栄堂の香りを好む人が商品を求めてこられますので，そこにはしっかり応えていかないといけません。ヨーロッパにも見本市があるので，それを通じて販売ルートも確保しています。もちろん，これも規模の拡大を追求しているわけではありません。松栄堂のビジネスはやはり家族精神の通り，お線香のように細々とやっていくべきと考えています」。

このように，巨大市場の中国本土には積極的に進出せず，香文化のない欧米にはあえて挑戦する。これもまた松栄堂の「本業重視」・「適正規模」という家族精神＝企業理念にもとづくマーケティング戦略であるといえよう。

2-2　危機から生まれたイノベーション

300年を超える長い歴史を有する松栄堂はこれまでに多くの危機に直面し，乗り越えてきた。インタビューのなかで正高は「危機は常に伴うものです。老舗は様々な危機を乗り越えてきたからこそ強くなるのではないでしょうか」と，老舗の危機対応力にふれたうえで次のように述べている。

「直近ですと，第二次世界大戦です。私の父も戦場へ行きましたし，うちで仕事をしていた人たちもみんな戦争へ行きました。敗戦後の日本は本当に大変で，焼け野原だったのです。衣食住は優先的に復興しないといけなかったので，香をつくる仕事は社会的になかなか認められませんでした。物品税といって，本来は宝石などにかかるんですが，お香にもかかっていました。それからもう1つ，銀行からお金を借りるのも対象外でした。国のお金は復興のために戦略的に運用されていて，衣食住関係ばかりが優先されていましたので，松栄堂は敗戦後も大変苦労していました。当時，お店の規模も小さく，従業員の人数は全部で25人から30人程度だったと聞いています。…証紙というシールがあって，それを貼らないと販売もできなかった。原材料の調達も政府の規制で大変難しくなって，入手できる原材料は本当に限られていました。限られた原材料を使ってつくれるものをつくって商売していました。くわえて，必須品ではないですから商売はかなり大変だったと思います。それでも，祖父や父はお線香をつくり続けました。本当に細々とした商売だったと思います。なんとか生き残ったという感じですね」。

第二次世界大戦の影響は極めて深刻であった。正高の父・茂太郎（11代目当主）は「九死に一生」を得て帰還したものの，松栄堂の線香事業は多額の物品税をとられるうえに，原材料も制限され，まさに「風前の灯火」という状況にあった。このような苦境下にあって11代目は先祖から受け継いだ家業を維持するために奮闘努力を続けた。興味深いことに，戦後初期の危機的状況への対応のなかで，その後の松栄堂の歩みにおいて非常に重要な意味をなすことになる1つのイノベーションが起きた。それは新たな販売ルートの開拓であり，この点について正高は次のように述べている。

「戦後，私たちがつくったお線香がどうすれば消費者に届くのか，大変工夫しました。戦前，お線香は生活雑貨だったので，うちは雑貨屋さんに卸していました。それに，全国の問屋さんにも扱っていただいていました。戦後になって，優先順位で生活必須の衣食住は当然重要視されていましたから，雑貨屋さんでもお線香や匂い袋などはあまり好まれなかったんです。それで，父は戦場から帰ってきて，昭和20年代に，全国の仏壇仏具の専門店にうちの製品を置いてもらうようにお願いに歩いたのです。その当時，仏壇屋さんや仏具屋さんでは，お線香など細かいものは自分たちの守備範囲のなかにありませんでした。お茶道具屋さんや呉服屋さんなども。そもそもお線香は雑貨屋さんのものであるという既成観念もあって，『うちの仕事ではない』と断られることが多かったようです。でも，父たちはあきらめなかったんです。全国の電話帳を集めて，地域の仏壇屋さんを調べて，頑張ってなんとか置いてもらえるように歩いて回っていました」。

こうした11代目と当時の社員たちの努力により，松栄堂の販売ルートは大幅に多様化することになった。それと同時に，松栄堂という会社の知名度も高まり，まさに「一石二鳥」の結果となった。

時代が下り，1960年代を迎えた頃，松栄堂は新たな危機に直面することになるが，ここでもやはり危機対応のなかで1つのイノベーションが起きた。それは新たな原材料調達ルートの開拓であり，この点について正高は次のように述べている。

「昭和30年代の後半，父がはじめたことは，原材料の調達を直接自分でやることでした。直接中国や香港へ出向いて，現物を調達することにしました。それまではずっと専門業者から仕入れていたのです。…　中国ではやはり広州交易会[4]です。当時，中国企業と取引をするには，まず広州交易会へ行く必要がありました。…　当時の広州交易会は中国政府の厳しい管轄下にありましたので，会場にいる現地の方は中国の各地方政府の担当者ばかりでした。そこではちょくちょく困ったことが起きまして，たとえば，去年購入して使ってみて本当に良かったので，『今年もぜひ買いたい』といったら，『今年はない』というんですよ。『えっ，去年はあったんですが，今年はなぜないのですか？』と聞いたら，『ないものはない』と冷たい返事しかなかったんです。その時も香港やシンガポールの華僑の方たちと信頼関係を築いて原材料の取引をしていたのですが，原材料が調達できなくて困っていることを，日本への帰り道に経由する香港で華僑の友人にいったら，『どれくらい必要か？』と，彼らは調達してくれるんです。そういう時代で，逆に私たちも勉強になりました。父がやってきたことは今の松栄堂の基盤をつくったと思います」。

このような11代目の苦労の甲斐あって，松栄堂は，より良い原材料をよりスムーズに調達できるようになった。

「災い転じて福となす」のことわざ通り，結果からみると，戦後の2つの危機は多くの商機を松栄堂にもたらした。危機対応のなかで起きた2つのイノベーションは，その後の松栄堂における企業経営の基盤を形成することになった。

2-3 「くすぶり」から生まれたイノベーション

前出の線香をモチーフにした家族精神（＝企業理念）は，「本業重視」・「適正規模」の教えを示すものであるが，そこには「いつも くすくす くすぶって」というアクセントが組み込まれている。「くすぶり」という言葉は，どちらかというとネガティブな意味で用いられることが多いが，それをあえて逆説的に転換しているところに大きな意味がある。ここでの「くすぶり」は「イノベーションの発火点」とみなすことができるのではないだろうか。実際，松栄堂の商品開発にあって「くすぶり」から生まれたイノベーションの例は枚挙に暇がなく，線香のパッケージはその1つである。インタビューのなかで正高は，3つのパッケージ（桐箱，プラスチック，再生紙）を示しつつ次のように述べている。

「これはうちの高級品で，箱は桐箱です。実はお線香は本来桐箱に入っていたんです。理由はいくつかあります。1つは，折れやすいものですから桐箱に入れておくと安心です。もう1つは，桐箱は箱の蓋はピシッと閉まりますから，外の空気が雨のような天気でも乾燥した空気でも，なかのものは直

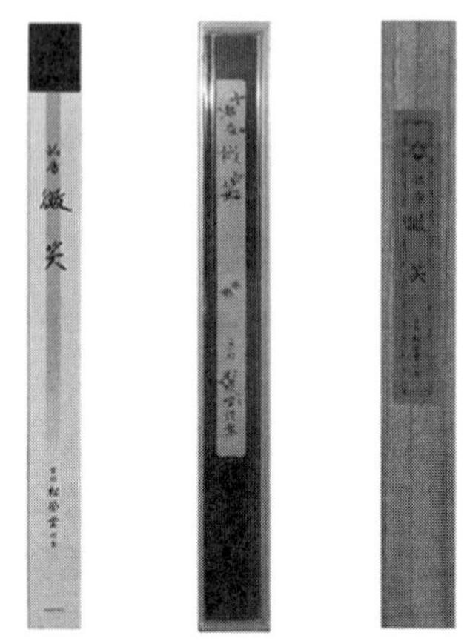

写真 3-3　3 種類の包装箱
（左から再生紙，プラスチック，桐箱）

出所：松栄堂提供

接影響を受けません。ですから，だいたい大事なものは桐箱に入れたのです。しかも，桐は，火事が起こっても，なかまでは燃えません。ですから，桐箱はお線香に相応しかったのです。でも，たくさんお線香を売ろうとしたら，桐箱もその分必要で，桐の材料がまず必要となってくるわけです。それから，桐箱にはもう1つの特徴があって，職人さんの仕事ですから，この箱は必ずこの蓋でないといけない。他の蓋ではしっかり閉められません。ですから，少量であれば良いのですが，たくさんの詰め作業をする時に効率が非常に悪くなります。

それで，私の父の時代にプラスチック素材の箱を使うようになりました。プラスチックのパッケージは外力にも強いし，なかのものも折れないし，安い。それから，工業製品なので，どの蓋も箱に合います。高級感を出すために，なかに1枚の木版刷の和紙を入れました。ところが，時代が進むと，プラスチックは石油産品ですから，大量に消費するのは環境に優しくないんですよ。それで，『桐箱にしなさい』と世の中のみんなはいうわけです。でも，桐箱に戻したら，進化したものが後退しますよね。文明の流れとしては良くないです。ですから，意地でも桐箱には戻しませんでした。

それで，何かないかと一生懸命探していたら，最終的に牛乳パックの再生紙に出会いました。リサイクルされたものなので，環境にも優しい。そして，再生紙ですので，お客さんの要望に応えて印刷などの加工もしやすいです。共通パーツ化もずっと念頭にありますからコストダウンにもなりました。これは箱の進化です」。

牛乳パックゆえ強度があり，線香を湿気から守ることにも適している。さらに，再生紙でつくられた工業製品であるため，詰め作業が容易であり，コストも安く抑えられ，環境にも優しい。何より，顧客の要望に応じてパッケージの図案設計や印字なども簡単にできる。まさに「一石多鳥」のイノベーションであるといえよう。

また，「くすぶり」から生まれたイノベーションは，線香に付随する資材にも見て取ることができる。インタビューのなかで正高は，1つの香立（金属製に比べて軽いが，強度が高い）を示しながら次のように述べている。

「お香立は，もともとは磁器，あるいは金属でしたが，今から30年ほど前に，コストがすごく高くなりました。他のメーカーさんはコスト削減のために中国やベトナムで生産していましたが，松栄堂は日本製であることを絶対譲りたくなかったんです。それから，金属のものだと，後処理も難しいでしょう。生ゴミでもないし，金属として捨てるにも小さすぎる。どうしようかとずっと悩んでいたら，15年前くらいですが，新たな発想があって，このような香立ができたんです。実は，これは土を固めただけなんですよ。付属品ですから，お線香を全部使い終わったら，お庭にぽんと捨てても良いんです。雨が降ってきたら溶けて土に戻りますから，エコです。もちろん濡れた手でさわったら溶けてしまいますけれど…」。

この土を固めただけの香立は，SDGsが世界的に大きな課題となっている今日において非常に有意義なイノベーションであるといえよう。

さらに，「くすぶり」から生まれたイノベーションは，松栄堂の主力商品である線香そのものにも見て取ることができる。インタビューのなかで正高は，異なる2つの箱から1本ずつ線香を取り出し，テーブル上に置いた。2本の線香を凝視すると，1本の断面は丸く，もう1本の断面は八角形になっている。

「これらは香りが違いますが，つくり方も違います。丸い方は伝統的なつくり方でつくっていますが，八角形の方は非常に近代的なつくり方でつくっています。丸い方は原材料を粉末にして練って，粘土状にして機械に押し出し，整形して乾かしてお香になります。一方，八角形の方は粉末を単純に固めただけですから乾燥という工程も要らない。ですから，この2本のお線香は，製造工程がまったく違うんです。…　このお線香をつくるために開発した粉末を固める技術で，土を固めたらお香立にもなりました。これで一気にコストダウンができたんです。伝統的なつくり方では職人の長年継承してきた技術が必要ですが，粉末を固めるだけであれば，ボタンを押せば機械がつくってくれるので，誰でもできます。日本国内じゃなくても，外国でも機械があれば簡単につくれます。外国でつくるかというと，今はそこまで考えていませんが，将来必要となった時に，職人技をもっていない人でも松栄堂のお線香をつくれてしまいます。…　でも，高級品はやはり職人たちの手作業でやっています。なぜなら，非常に高級な材料を使うので，原材料のロスはできるだけ避けたい。機械だとどうしても原材料のロスが生じます」。

このように，八角形の線香は近代化（効率化）の産物であるとともに，海外での現地生産という未来可能性を見据えたイノベーションであるといえよう。

2-4　伝統技術の継承と人材育成

今日の松栄堂は伝統的な職人技に強くこだわりつつ，ある程度の量産化にも対応しており，これら２つのベクトルの間で巧みにバランスを維持している。前出の再生紙を用いたパッケージ，土製の香立，八角形の線香はどれも伝統技術（職人技）と最新技術（量産化）の接合によって生み出されたイノベーションであるといえよう。このようなバランス感覚は同社の人材育成のあり方にも顕著に表れており，この点について正高は次のように述べている。

「うちは伝統企業ですが，今のところ，人材が十分に足りているわけではありませんが，そこまで苦労しているともいえないでしょうね。その理由は会社の体制にあると思います。会社には工場と香房があります。工場は長岡京にあり，香房はこの本社ビルのなかにあります。工場は機械でお香をつくっていますが，香房では職人たちが手作業で高級品をつくっています。この２つがあるから，若い人たちは比較的入社しやすいのだと思います。…
もちろん，職人の育成はとても大事ですが，いきなり若い人に香房に入ってもらって，ベテランたちに職人の仕事を習うというのは，若い人たちにとってやはり難しいと思います。若い人たちにはまず工場で現代的な生産に従事してもらい，会社の商品やお香の文化にふれ，ある程度認識を深めてもらいます。そして，会社に馴染んできてから，香房での仕事にもふれてみようというプロセスでやっている人が多いです。また，最初から香房で従事している人も，現代的な工場での仕事に挑戦してみるかというようなことがあります。ですから，まず会社に慣れてきて，この仕事が本当に好きになってから，じゃあ香房でも働いてみようかとか，やはり工場での仕事が好きだとか，あるいは製造の仕事をずっとやってきたから，次はお店で販売の仕事をやってみたいとか，会社の状況にもよりますが，いろいろと柔軟に調整しています」。

このように，伝統的な香房と近代的な工場という2本立ての生産体制をとることで，松栄堂はフレキシブルに人材マネジメントを展開している。

2-5　薫習館という新たな「仕掛け」

2018年，松栄堂は大きな節目の年を迎えた。本社ビルを大幅にリニューアルすると同時に，隣接するビルを買い取って，「薫習館」という名を冠した多目的施設をオープンさせた。薫習館（5階建て）は，1～2階がパブリック（一般公開）用，3～4階が会社のプライベート用，そして5階が大きなホール（パブリック・プライベート兼用）となっている。

写真3-4　新しい本社ビルと薫習館

出所：松栄堂提供

インタビューのなかで専務取締役の畑元章は，薫習館という名称の由来について次のように述べている。

「これは社内公募で決まったネーミングです。薫習は『熏習』とも書きますが，仏教用語です。人に香りが染みつくように，人々の精神・身体のすべての行為が人間の心の最深部に影響を与えることを意味しています。私たちが考えるお香の姿と重なり，決定しました」。

松栄堂のホームページに付設された薫習館のページ（http://www.kunjyukan.jp/about/）には，この施設のコンセプトが次のように記されている。

「記憶を呼び覚ます不思議な香り：香りはふとした瞬間に記憶を呼び覚ましてくれます。私たちは『香百般』を取り扱うなかで，日本の香りの素晴らしさをいかに皆様にお伝えすることができるのかを模索してまいりました。薫習館は，お客様の香りとの出会いの場になることを願い，2018 年 7 月 11 日に開設いたしました」。

「日本の香り文化の情報発信拠点として：一本のお線香が多くの原料の組み合わせでできていること，またいくつもの工程を経て，そして職人の手作業で作られていることをみていただければ，きっと日本の香りの素晴らしさを感じていただけるはずです。また，薫習館での様々なイベントを通して日本の香り文化を世界へ発信する場でありたいと考えています」。

このようなコンセプトに即して立ち上げられた薫習館という新たな「仕掛け」の狙いについて元章は次のように述べている。

「既存のお客様は本店に来たいから来られていましたし，偶発的に来てくれるお客様もいますが，極めて少なかったと思います。ですから，いかに新しいお客様に認識していただき，お越しいただくかは私たちの課題でした。

今回，薫習館ができて，いろんなイベントを通して，ギャラリーもラボも含めて，自分たちがこれまで考えていなかった出会いを生み出していこうと思っています。たとえば，昨日，聞香のサロンを開催しました。お客様は偶然に前を通ったので薫習館を見学しに入ってくださり，そのサロンのことを知って，参加してくださいました。ですから，薫習館は私たちと新しいお客様の出会いをつくってくれる施設であると同時に，日本の素晴らしい香り文化を日本人だけではなく，世界から集まる人にも知っていただくための情報発信拠点でもあります」。

元章によれば，薫習館は新しい顧客との「出会い」を追求するためだけの場にとどまらないという。

「薫習館ができて，私たちはオフィスも社員食堂も一新しました。オフィスでは自由席を設けていますので，社員はより自由にスペースを使うことができます。食堂には大きな液晶モニターを設置しています。社長はサッカー観戦が好きですので，新しい食堂で社員たちと一緒に観戦したり，懇親会をしたりすることもできます。そして，社内にもコミュニケーションボードをつくっています。ここで今まであまり接点のなかった人のことを知ったり，商品開発のことや製造現場のこと，お店のことなどを知ったり。…　要するに，仕事環境や仕組みを変えて『新しい会社』で働くことによって，従業員たちに『新しい自分』と『新しいヒラメキ』にも出会ってもらいたいと思っています」。

このように，薫習館は「新しい会社」と「新しい従業員」の「出会い」を追求するための場でもある。

2-6　松栄堂のコロナ禍対応

2020 年，突如発生したコロナ禍により，世界中の多くの企業が深刻な経営危機に陥ることになった。過去 300 年間に数々の危機を乗り越えてきた松栄堂は，今回の危機に対してどのように対応してきたのだろうか。インタビューのなかで元章はコロナ禍の影響について次のように述べている。

「今回のコロナ禍は本当に厳しくて，1回目の緊急事態宣言が出された時は，本店以外のすべての店舗を閉めました。聞香や展示販売会などのイベントも中止となって，今もまだ再開できていない状態ですが…」。

このように，松栄堂も未曽有のパンデミックにより大打撃を受けたが，とはいえ，危機に瀕してひたすら「守り」の姿勢をとっているわけではない。

「長年，私たちは香りの調合を体験していただくワークショップを直営店で開催してきましたが，これまでは商品化するという発想はありませんでした。緊急事態宣言が出されて，お客様のおうちにいる時間も楽しんでいただくために，2020年5月に商品化しました。『おうちでKoh-laboにおい香を作ろう』というネーミングで，ネットショップでキットをご購入いただいて，動画配信をオンラインでみながら匂い袋をお客様ご自身でつくっていただくということです。結構好評となっています」。

また，2020年10月，松栄堂のホームページにおいて，「お香の移動販売車―Incense Station ことことワゴン」ページ（https://www.shoyeido.co.jp/kotokoto_wagon/）が開設された。この取り組みについて元章は次のように述べている。

「実は，『ことことワゴン』は私たちが東京オリンピックに合わせて，6年前から企画していましたが，コロナでオリンピックは延期になり，人々も自由に行き来できなくなってしまいましたので，では，どのようにお客様との新しい出会いができるかと考えた時に，お客様に来ていただくというより，私たちがお客様のところへアプローチしていくという発想で，『ことことワゴン』をはじめました。今は関東地方を中心に本格的に活動しています」。

コロナ禍のなかで松栄堂は異業種とのコラボレーション企画にも次々に挑戦

写真 3-5　Incense Station ことことワゴン

出所：松栄堂提供

しており，この点について元章は次のように述べている。

「東京オリンピックと関係するものはもう1つあります。それは『ディズニープリンセスシリーズ』商品の発売です。これは3年前からはじまった企画ですが，東京オリンピックの開催に合わせて，ウォルト・ディズニー・ジャパン株式会社さんは『ディズニー／京都伝統工芸シリーズ』を企画されました。京都の伝統工芸を取り扱う14社と一緒にディズニー関連のコラボ商品を出そうということでした。私たちは，2020年11月に5人のディズニープリンセスのイメージに合わせてセレクトした香りをオリジナルのパッケージで発売しました。他にも，たとえば，メリーチョコレートカムパニーさんとのコラボレーション[5]とか，『一会の香り』[6]といった限定商品の発売とか，いろいろとチャレンジしております」。

このように，コロナ禍という危機においても松栄堂は「いつも　くすくす　くすぶって」の基本姿勢を貫いている。

さらに，コロナ禍を契機として，松栄堂は自らを省みるという課題にもいっそう積極的に取り組むようになっており，この点について元章は次のように述べている。

「コロナ禍は本当に大変な災難ですが，私たちもいろいろ反省をさせてもらいました。たとえば，これまで当社は日本全国での展開を追求してきましたが，コロナ禍のなかで全国へ自由に出張できなくなったということで，地元の京都では地盤がまだ固まっていないことに気づきました。これまでの1年間は京都のホテルとかに対して営業を強化し，商品を置いていただくように働きかけてきました。また，私たちは今，Instagram などの SNS を利用して 10 代や 20 代の若者に積極的に発信することに力を入れています。コロナ禍の影響で若者たちと直接にふれ合う機会は減りましたが，SNS の力を借りることは重要です。私たちの商品を買っていただいている主要な顧客層は 40 代以上のお客様ですが，20 年後，今の 20 代は 40 代になりますので，今のうちに若者たちに松栄堂の香りを認識していただくことが重要です。…

これからも厳しい状況が続くと思いますが，以前のように仕事ができなくなった代わりに，自分や社員たちと向き合う時間が増えました。今後どのように進化していけたら良いかと，社員たちと一緒に考えながらやっていかなければなりません」。

このように，コロナ禍という危機は松栄堂の経営者と社員に対して内省の機会をもたらしており，この点に関して同社の 300 年を超える歴史（多くの危機を乗り越えてきた）には有効なリファレンスが豊富に備わっているのではないかと推察する。

3　松栄堂の家族経営

3-1 「ガラス張り」の世代間コミュニケーション

家族企業の家族経営において世代間コミュニケーションは非常に重要な意味をもっており，古今東西を問わず，承継問題の最も大きな要因の1つをなしてきたといえよう。この点に関して松栄堂の歴代経営者はどのように対応してきたのだろうか。インタビューのなかで正高は次のように述べている。

「事業承継において一番重要なのはやはり世代間のコミュニケーションで

しょう。私はこのコミュニケーションを結構重視しています。何より，お互いに隠しごとを絶対にしないように，『ガラス張り』にすることを心がけています」。

先代（11代目）との「ガラス張り」のコミュニケーションについて正高は次のように述べている。

「体の弱い祖父は亡くなるまで社長だったので，父はずっと専務でした。それをみていたので，父にずっと社長でいてもらい，私は専務として活動しようという思いでいました。社長は父ですが，社長がもつべき判子は早くから私にわたしてくれていました。30代半ば頃からずっと会社の判子をもっていたので，実質的な社長の仕事はその時からしていましたが，肩書きは専務だったのです。そのほうが仕事としてやりやすいこともありました。難しい商談となった時に『ちょっと社長と相談させてください』ともち帰って，その場で返事をしなくても大丈夫ですから。社長だと最終の決定権をもっているので，即座に決めなければならないです。周りの方，特に叔父は私に『親父に譲れといってやろうか？』とよくいってくれましたが，必要はありませんでした。私と父の間は『ガラス張り』で，交流にはまったく問題ないですし，むしろ専務のままでいるほうが仕事をやりやすいと思っていました。…　でも，42歳くらいの頃にふと気づいたことがありました。ツートップでしたから，社内のみんなが私たちを使い分けしていたことに気づいたのです。社内で相談や報告を受ける際，私たち2人の前で話す時，私1人の時，父に話す時とで対応が異なっていました。みんなはものすごく気遣っていたわけですよ。そんなことで社員のみんなは疲れるし，つまらんなぁと思いました。これではいけないと，父に相談すると，『じゃあお前が社長をもっていってくれ』といってくれたんですよ。『では，今度の株主総会で社長に就任します』と。それで，1998年に社長に就任して，父は会長に就任しました。ですから，私と父との間は全然問題なかったんですよ。交代はしたのですが，実質仕事はまったく変わっていなかったんです」。

このように，11代目から12代目（正高）への事業承継は，常日頃からの「ガラス張り」のコミュニケーションにより円滑に進行した。では，12代目と後継者（元章）の間のコミュニケーションはどのように行なわれているのであろうか。この点について元章は次のように述べている。

「2人でよく『ガラス張りの経営』という表現をしていますが，本当に些細なこと，たとえば，昨日の夜は誰と会ったか，週末は何をしたのか，今日の仕事は何をするのか，基本的に共有するようにしています。…　本社で仕事をするようになってからずっとやっています。毎朝の朝礼でその日のスケジュールを必ず一緒に確認しています。これは畑家の家風というか，祖父と父もこのようにコミュニケーションをとっていたと思います。できるだけお互いにストレスがないようにしています。お互いに隠しごとがあったら，疑心暗鬼になって絶対ストレスがたまるし，会社の雰囲気も悪くなりますから。…　そういうところからはじまって，社長は，今回このような大きなプロジェクト（＝薫習館の立ち上げ：筆者注）に挑戦しようと…。もちろん社長の代だけで終わるプロジェクトではなくて，社長が出会わない世代まで影響を及んでいくので…。私もイヤとは全然思っていません。2015年の年末だったと思います。会社の会議室に呼び出されて，2人だけでしたが，はじめてこの話について相談されて，『隣の建物を購入したいと考えているんだけど…』と。私としても，社長が挑戦したいことには背中を気持ちよく押せば良いと，応援しようと思っていましたので，『挑戦したいのであれば，僕は応援します』と返事しました」。

このように，「ガラス張り」の世代間コミュニケーションという畑家の伝統は，正高・元章父子の間にもたしかに受け継がれている。

3-2　地域連携による後継者教育

改めていうまでもなく，家族企業において後継者教育は非常に重要な意味をなしており，その成否は事業承継に多大な影響を及ぼすことになる。「後継者としてどのような教育を受けたのか？」と単刀直入にたずねたところ，正高は

「私はとても幸せな人間です」と前置きしたうえで次のように述べている。

「松栄堂の跡取り息子としてみてくださった人はたくさんおられました。両親だけではなくて，いろんなところで『あいつにはこんな勉強してもらおう』とか，『こんなことを体験してもらおう』とか，いろんな機会を与えてくださったんです。それは，やはり私を育ててくれた両親や祖母，祖父の姿をみて，そこの跡取り息子をみんなで育てようと思ってくださったんでしょう。もちろん，店の皆さんもそうだったし，それ以外の方々も多くいらっしゃいました。ですから，普通ではできない体験や経験は本当に多くありました。それと，自分を褒めることになってしまいますが，素直に皆さんのご好意を受け入れた自分が本当に良かったと思います。それも育ててくれた両親のおかげだと思います」。

一方，元章はどのような後継者教育を受けてきたのか。この点について彼は次のように述べている。

「私は，家の人はもちろん，子どもの時からも可愛がってくれた従業員の皆さんたちにいろいろ教えてもらって，父がお世話になった他の会社の方からもいろいろ教えてもらいました。…　今も覚えていますけれど，祖父に食事のマナーを教えてもらったんです。私が中学生，13歳くらいでしたが，2人で食事に行って，ナイフとフォークの使い方，そして，きれいに食べるという基本的なマナーを知っておきなさいと教えてくれました。…　会社の常務は同じ畑の苗字で遠縁にあたります。この常務からも，原材料のことを中心に，会社のことや生活のことなど様々に教えてもらいました。…　京都経済同友会に私も参加しているんですが，父と同年代の方から教えてもらうこととか，可愛がってもらうこととか，『時間あったら一杯飲みに行こか？』とか，ゆっくり話させていただくこともありました」。

このように後継者教育が家族や会社の枠を越え，地域社会との連携により行なわれるのは，決して松栄堂とその周辺に限ったことではなく，他の京都老舗企業を対象とする調査研究のなかでも確認されてきたことである（服部 2009；河口 2012；河口・竇 2013）。京都市中心部は世界有数の伝統産業・老舗企業集積地であり，そこでは，地域社会の様々なアクターによる互助関係のなかで後継者育成が行なわれてきた。正高も元章もその恩恵を受けてきたといえよう。

3-3　創業家女性メンバーの積極的役割

家族企業においては創業家女性メンバーが果たす役割も非常に重要である。元章は母・知子（12代目夫人）の多方面にわたる役割について次のように述べている。

「母の役割はすごく大きいです。やはりムードメーカーですね。性格も良いので会社においても社長と同じく信頼があると思います。裏方にはなりますが，会社では商品のことや事務のことにかかわり，事務所に来てみんなに声をかけてくれて，社員たちとコミュニケーションもとっているわけです。なので，社員たちとの関係も良いんですよ。…

家では，正直にいいますと，母がいてくれるから回ることがたくさんあります。たとえば，親戚のこととか，やはりいろいろとしっかり覚えているんです。…　父と話をする時に，母がいてくれて話せたことは結構あります。2人とも真面目な性格ですから，父とぶつかることはもちろんあります。その時に母に助けてもらったこともありますし，後になってフォローしてくれたこともありました。…

母の影響で私も本を読むことがものすごく好きなんです。趣味として本当に毎日楽しんでいます。大学時代にもこの趣味のおかげで友達がたくさんできました。仕事上の友達はもちろんいますが，プライベートの友達は今もつながっていて，母の影響を受けて本当に良かったと思っています」。

このように，12代目夫人・知子は従業員とのコミュニケーションや親戚付き合いにおいて不可欠な存在であるとともに，時には衝突を起こすこともある正高・元章父子の間に入って「橋渡し」的な，あるいは「緩衝材」的な役割をも果たしてきた。後継者である元章への精神的影響も非常に大きい。

さらに，元章は祖母・淑子（11代目夫人，2019年５月他界）が果たした役割にも言及している。

「祖母は戦後に嫁いできて，祖父と一緒に家業を守って，いろんな苦労をしたと思います。家のこともあり，会社のこともあり，厳しい面もありました。僕が小さい時，祖母が厳しい顔をして『あんたが畑家の跡継ぎですよ』といったこともあります。…　この建物（＝薫習館：筆者注）をどうするかという話し合いが家であった時に，貸オフィスとかホテルとかいろいろ案も出ていましたが，祖母から『うちの本業は何か考えなさい』という一言がありました。要するに，『本業重視』ですね。祖母の言葉を受けて，本当に目が覚めたような気がしました。ホテルにしても，貸オフィスにしても，やはり自分たちはプロではない。自分たちは何のプロかといったら，和の香りに関しては誰にも負けない，胸を張っていえるのではないかと。それで，この建物を全部松栄堂のために使うことに決めたんです」。

このように，11代目夫人・淑子もまた多方面にわたる役割を果たしてきた。特に松栄堂が薫習館をめぐる重要な意思決定を行なった際，彼女が毅然とした態度で「本業重視」の家族精神＝企業理念への注意喚起を行なったことは，非常に大きな意味をなすことになった。

3-4　後継者の葛藤とその超越

家族企業の後継者は将来の地位を約束される一方で，多くの「選択の自由」を放棄しなければならず，それゆえ，「後継者になる」ことには様々な葛藤がともなうことになりがちである。このような葛藤を当人あるいは関係者がいかに解決するかは，家族企業の事業承継（特に家族経営的側面）における普遍的な課題の１つであるといえよう。先述のように，松栄堂では先代（11代目）からの事業承継が円滑に行なわれたが，若き日の正高の心中に後継者としての葛藤がなかったわけではない。彼はそれとどのように向き合い，折り合いをつけたのだろうか。

「京都の古い暖簾を預かる人たちは若い頃に銀行で働いたり，百貨店で接客を学んだりする人も多いので，私もそうなるのではないかと思っていました。同志社大学を出る時に商社マンになりたくて就職活動もしていました。そんななかで，父もいろいろ相談に乗ってくれて，うちはものづくりですから，たとえば，銀行員になってネクタイを締めて立派な方々と出会わせてもらっても，やっぱりこの会社ではものづくりの現場を知らないといけないし，アジアで材料を調達できないといけません。だから，他所で勉強するよりも，松栄堂の製造現場の仕事に入るようにいわれました。そう決めた以上は会社に入ったらもうグタグタいえません。当時はまだ60人くらいの小さな会社で，入ったら一生懸命に仕事をしないといけないので，入社する前に一度『社会人浪人』をさせてほしいと，1年間イギリスに行きました。そして，帰国後すぐに松栄堂に入社しました」。

このように，若き日の正高は葛藤を抱えながらも，先代とのコミュニケーションを通して納得の行く形で家業に携わることになった。

一方，元章もまた20代の頃に大きな葛藤を抱えていた。

「社長はいろんな意味ですごくて，何でも上手にできていました。自分はそんなにできるかなとすごく悩んでいたんです。20歳くらいの頃，会社の関係の方から『社長と同じ階段を登る必要はないよ』といわれました。社長は学生の時にお茶とか香道とか，古典文学的なこととかすごく好きでしたので，そのおかげで今の社長がいるわけです。社長と同じ階段を登らなくて良いというのは自分の持ち味を生かしたら良いよという意味であって，自分もすごく納得しましたが，なら自分はどんな階段を登ったら良いのかを考えた時，全然わからなくて，大学に長年通ってしまったんです。本を読むのが好きだったので，大学へ行くと図書館でずっと本を読んでいました。夏休みも家に籠もって本ばかり読んでいました。今更ではありますが，家族には心配をかけました。…　30歳くらいの頃，自分がいったいどういう階段を登るかを考える前に，社長が一体どういう階段を登って，どういう景色をみてきたかについてしっかり確認しないといけないと思いました。それから5年くらいかかって，自分の働き方がみえたと感じました」。

このように，若き日の元章は，有能な経営者である父への「負い目」から将来への不安を抱えたが，周囲のサポートもあって少しずつ「自分らしさ」をみつけていった。それは，経営者としての父を客体化すると同時に，自己を受け入れるプロセスであったようだ。

4　松栄堂の財産経営

家族企業の事業承継においては財産経営という側面も非常に重要である。ここでは特に①自社株式の分散リスク対策，②相続税対策の２点に着目する。

まず，次世代への株式譲渡のあり方について正高は次のように述べている。

「当然，会社の株式は分散してはいけないんですね。うちは代々選ばれた後継者だけにファミリーがもつすべての株式をわたしています。後継者にはそういう責任があります。引き受けてくれないといけないですから。ご先祖様を含め，松栄堂という暖簾を後継者が全部預かっていく必要があります。私には姉が１人います。父が亡くなった時に，残してくれた現金を優先的に姉にわたしたのですが，株はわたしませんでした。姉が株を必要以上に多くもつと次の代で困るから，父の株は後継者である私が全部引き継いだんです。もちろん，次の代にわたす時も同じです。ですから，私がもっている株を娘に分けることは考えていません。娘は今少しもっていますが，それは畑ファミリー以外の25％のなかに入っていますし，その持ち分を増やすことも考えていません。私の個人的な思いで，その持ち分を増やすと，次の相続の負担になったら困りますからね。…　相続財産のなかに不動産もありますが，松栄堂関係の不動産も基本的に娘には考えません。他の不動産，松栄堂と関係ないものなら問題ないですが，あまりないです」。

正高によると，松栄堂における全株式の所有者内訳は，畑家40％，畑家の持株会社15％，松栄堂の社員持株会20％，それ以外25％となっている。

「全株式のなかの75%は安定株主です。残りの25%はご縁のある方にもってもらっていて，娘がもっている株もこのなかに入ります。古い時代から松栄堂の株式をもってもらっている方が多いですね。私はやはりなるべく広がらないように，これまで75%を整理してきたという経緯もありますから，株式名簿が増えていくことはできるだけ避けていきたいと考えています」。

第1章で述べたように，相続税（最高税率55%）の負担は日本において事業承継の阻害要因の1つとなってきた。それゆえ，相続税対策は家族企業の財産経営において極めて重要な意味をもっている。松栄堂では，どのような相続税対策がとられてきたのだろうか。この点について正高は次のように述べている。

「相続税対策は私たちのような代々相続している企業にとってはとても重要な問題です。『ご先祖様を守っていく』うえで避けては通れない問題です。相続税で1つ重要なことは株式ですね。日本には松栄堂のような小さな会社がいっぱいありますが，上場しているわけでもないので，株価の評価は非常に重要です。もちろん評価が下がると相続税の金額も安くなります。しかし，私はあまり作為的なことをしたくないのです。金融機関等からいろんな提案が来て，賢い方法とはみえますが，長い目でみれば世の中いろんな流れがあります。たとえば，今，コロナ禍で松栄堂の経営は大きな影響を受けて業績が落ちているので，今動かしたら良いという話になるかもしれませんが，作為的なことをやるより，仕事をしたほうがずっと良いと私は思います」。

財産経営に関するインタビューのなかで正高は「ご先祖様を守っていく」という言葉を強調していた。それは，単に先祖より受け継いだ財産を守るということではなく，先祖と子孫の間をつなぐ主体として能動的に相続税対策にコミットしようとの意思表明ではないかと，筆者らは解釈している。

相続税は現金納付が原則となっており，そのための現金をあらかじめ用意しておく必要がある。先代（11代目）からの相続について正高は次のように述べている。

「株の相続にあたって，現金で相続税を納めないといけないのです。父が亡くなった時に残してくれた現金はすべて姉にわたしました。私の銀行預金で払うのは全然無理だから，それで保険をかけていたので，最終的にその保険金を使って相続税を払いました。…　私は父に保険をかけさせてもらっていましたが，大体親子や夫婦でも，保険をかけるといえば，保険金殺人などと心配するじゃないですか？　ですから，こういうことも1つ間違ったら起こり得る話なんですが，父は私を信頼してくれて，保険をかけさせてもらったんです。ですから，父にもしものことがあった時には，その保険金は全部私個人に入ります。しかも，相続と関係なく入るわけです。また，父には母に保険をかけてもらいました。父が先に亡くなり，私がその保険を相続して，母にかけ続けました。ですから，2019年5月1日に母が亡くなった時に母の財産を相続しましたので，その折も姉には流動的なものを優先して相続してもらい，母の保険金を使って不動産や自社株に対する相続税をもう一度支払うことができました。…　そのおかげで，相続税を払う時には，お金を借りることは一切ありませんでした。両親もその点について何の心配もしていませんでした。こういうことはすごく大事で，私の家は父と私と母と姉の4人でこの話を早くからできていました。『ガラス張り』にして，松栄堂という暖簾を守るために，この株を安心して引き継ぐ必要がある。そのためには，相続税対策をしっかり講じていかなければならない。これは大事なことですが，実はなかなかできないことなんですよ。でも，松栄堂という暖簾を守ることは，畑家のみんなの務めだと思っていますから」[7]。

このように，先代（11代目）から正高への相続に際しては，先代にかけた生命保険を相続税支払いにあてるという方法がとられたが，その際にも「ガラス張り」のコミュニケーションが有効に機能したのである。

では，後継者への事業承継，特に株式の譲渡と相続税の準備について正高はどのように考え，どのような対策をとっているのだろうか。

「今は毎年息子に贈与しています，税金を支払って。免税枠を超えた贈与をするわけです。納税して記録も残るので良いでしょう。おかげさまで，その税金を支払える所得をいただいているわけですから，ある程度の税金を支払っても記録として残しながらやっていったほうが良いと私は思います。…

父と私の時は，私が父に保険をかけて，その保険金を使って相続税を支払いました。やはり『ご先祖様を守っていく』という意識を代々の当主が大事にしていますから，このようなことができています。息子はどうするかについて，このような議論がまだできていませんが，今後彼が考えないといけないことです。両親は事業承継のことを計画してやってくれましたので，私と家内も，息子，娘に対して迷惑をかけないように整えていかないといけません」。

12代目から13代目への財産承継はまさにこれからの課題であるが，そこでも「ご先祖様を守っていく」という信念が重要な意味をもつであろうことは想像に難くない。

5　まとめ

以上，企業経営・家族経営・財産経営の3つの側面から松栄堂の事業承継経験について記述した。

改めて記述内容を整理すると，まず企業経営に関しては，線香の形状をモチーフにした家族精神「細く 長く 曲がることなく いつも くすくす くすぶって あまねく 広く 世の中へ」が企業理念の核心をなしており，これに導かれて松栄堂は300年以上もの長きにわたり「本業重視」・「適正規模」の経営を貫いてきた。この家族精神＝企業理念に関して興味深いのは，「いつも くすくすくすぶって」というアクセントの存在である。筆者らは「くすぶり」を「イノベーションの発火点」と解釈しており，実際，松栄堂の歴史には「くすぶり」から生まれたイノベーションの例が多くみられる。2000年代以降，老舗企業研究が大いに進展をみせるなかで，老舗企業に備わる高度なバランス感覚（長く事業を継続させることが第一であるが，そのために必要ならば変化を厭わない）に注目が集まり，近年，老舗企業に関する出版物やネット記事には，「伝統と革新」や「不易流行」といったフレーズがキーワードとして付されることが定番化している。松栄堂の家族精神＝企業理念は，こうした定番的フレーズに通じるものであるとともに，「松栄堂らしさ」を前面に押し出した，実に巧みなレトリックであるといえよう。

家族経営に関しては，「ガラス張り」の世代間コミュニケーション，地域連携による後継者教育，創業家女性メンバーの積極的役割が重要な意味をなしてきた。かつて正高も元章もそうであったように，「後継者になる」ということは大きな葛藤をともなうものであるが，先代や身近な家族メンバーだけでなく，当事者を取り巻く様々な関係者とのコミュニケーションを通して「折り合い」をつけてきた。

財産経営に関しては，自社株式の分散リスク対策（後継者1人に一極集中させる）が重視されてきた。また，相続税対策においては，株式評価への作為的な働きかけ（「賢い方法」）に否定的であり，長期的な視野に立って世の中の流れを見極めながら対応するべきであると考えられてきた。11代目から12代目への相続に際しては，生命保険が有効活用されたが，その際にも「ガラス張り」の世代間コミュニケーションが有効に作用した。

「ご先祖様を守っていく」。インタビューのなかで正高は幾度となくこの言葉を繰り返した。彼のいう「ご先祖様」とは，創業家（畑家）の精神・誇り・財産，松栄堂の暖簾・信用を包括する概念であり，「ご先祖様を守っていく」ために，すべての創業家メンバーが密にコミュニケーションをとりながら，責任をもって知恵を出し合い，長期的視野と戦略のもとで努力を続けていかねばならないと考えられているようだ。松栄堂の企業経営・家族経営・財産経営のあり方は，まさに「ご先祖様を守っていく」ための努力といっても過言ではないだろう。

注

1　畑正高は1976年に同志社大学商学部を卒業した後，1年間のイギリス滞在を経て，松栄堂に入社した。1998年，父・茂太郎に代わって社長に就任した。現在，松栄堂の経営に携わる一方で，（一社）京都経済同友会副代表幹事や同志社女子大学非常勤講師などの公職を務め，さらには，香文化普及発展のため国内外での講演および文化活動にも意欲的に取り組んでいる。

2　畑元章は2007年に立命館大学理工学部を卒業した後，松栄堂に入社した。製造・販売・営業など様々な部門を経て，2018 年，専務取締役に就任し，現在は経営計画室長として父を支えている。

3　筆者らは 2017 年から複数回にわたり畑正高・畑元章父子に対してインタビューを行なってきた。

4　広州交易会は，中国輸出入商品交易会とも呼ばれ，1957 年の春に中国政府によって創設された諸外国の企業と国際貿易を行なうための商品見本市である。毎年の春と秋に広州で開催される。中国国内では最も歴史が長く，かつ最も規模が大きい見本市である。

5　2020 年 10 月，株式会社メリーチョコレートカムパニーが創業 70 周年を機に，チョコレートの新たな可能性を提案するウェブサイト「メリーズラボ」を開設した。その第 1 弾として，松栄堂との連携により，チョコレートにマッチした香りの空間を作り出す「カカオベルト」を発売した。詳しくは次のページを参照されたい。https://www.shoyeido.co.jp/topics/2020/10/post-691.html

6　『一会の香り』とは，2021 年 1 月に直営店舗限定で発売された「調合室から一会の香り 冬ごもり」のことである。詳しくは次のページを参照されたい。https://www.shoyeido.co.jp/topics/2021/01/fuyugomori.html

7　生命保険を家族企業の相続税対策に活用するという方法それ自体は決して珍しいものではなく，インターネット検索エンジンで検索をかけると，生命保険会社の関連サービス情報に多くヒットする。

第4章
生田産機工業株式会社（日本）のケース

本章は，京都市伏見区に本社を構える金属素材生産設備メーカー，生田産機工業株式会社の事業承継経験に関するケーススタディである。

1　はじめに

生田産機の創業は1919年にさかのぼる。初代の生田捨吉（1901～74）は尋常小学校卒業後，故郷福井県東郷村を離れ，京都の機械製造工場にて丁稚奉公に従事した。捨吉は刻苦勉励により専門技能を習得するとともに，資金を貯め，1919年，伏見の地で小さな町工場を立ち上げた。伏見は全国有数の酒造地であり，捨吉は当地の酒造メーカー各社に出入りし，醸造機械の製造・メンテナンスに従事した。

現在，生田産機の主な事業内容は銅と銅合金などの金属素材生産設備の設計・製造・販売であり，主力製品は両面々切削ライン，CNCカッター研削盤，超硬ミーリングカッターなどである。なかでも両面々切削ラインは国内，東アジアにおいてほぼ100%の市場シェアを誇っている。1970年代より世界に目を向け，自社商品の輸出を行なってきた。2000年代初頭には「世界の工場」中国本土に進出し，蘇州市に現地法人を設立した。さらに，2010年代半ばにはトルコのイスタンブールに現地法人を立ち上げ，ここを拠点に，金属素材産業の巨大市場であるヨーロッパでの市場開拓を図っている。現在，グループ全体の売上高は40億円前後で推移しており（年度によって増減あり），社員数は約200人（うち国内は約80人）である。

生田産機は創業より一貫して家族企業であり，創業家の生田家が自社株式の全数を所有している。現在，創業者の孫にあたる生田泰宏（1961～）[1]が3代目の社長を務めている。

以下では，インタビュー記録[2]と参考資料をもとに，生田産機の企業経営・家族経営・財産経営のあり方について記述する。

2　生田産機の企業経営

2-1　戦中・戦後初期の危機的状況とイノベーション

1919年創業の生田鉄工所は，創業者・生田捨吉の弛まぬ努力により，1920年代半ば頃になると経営が安定するようになった。しかしながら，1930年代に入ると，戦時色の高まりとともに，あらゆる戦略物資となり得るものに対して厳格な戦時統制がとられるようになった。それを受けて，生田鉄工所も1935年に会社組織の改組を余儀なくされた。社名が京阪機工株式会社に変更されるとともに，主要業務が軍需油送ポンプの製造に変更された。手塩にかけて育ててきた生田鉄工所を奪われた捨吉は，大きな不安を抱えながらも当時の軍事体制下では如何ともしがたく，ただ黙々と日々の仕事をこなしながら，内心では戦争が早く終結することを願った。終戦にともない，京阪機工株式会社は解散となり，捨吉は会社の所有権を取り戻すとともに，社名を生田鉄工所に戻した。

写真4-1　初代生田捨吉（右から4人目）とその家族

出所：生田産機提供

戦後初期の苦境を乗り越えるため，捨吉は長男・宗宏（1930～99）や社員たちとともに新しい事業への方向転換を図り，あらゆる努力を惜しまなかった。1950年，伸銅機械の技術者である寺田正春を会社に招き入れ，伸銅設備機械の製造に着手した。同年，銅水洗粉砕選別機を開発し，実用新案特許を取得した。1953年，社名が従来の生田鉄工所から生田産機工業株式会社に変更され，捨吉が新会社の初代社長に就任した。

捨吉とその後継者・宗宏のリーダーシップのもと，新生・生田産機は機械製造に関する豊富な技術と経験を活かし，着々と新製品の研究開発を推し進めた。1955年，日本初の黄銅板面削装置の開発に成功し，日本における伸銅製品加工製造業の飛躍的な品質向上に大きく貢献した。1960年，黄銅棒電流焼鈍矯正機の開発に成功し，実用新案特許を取得した。さらに1970年，両面々切削装置を開発に成功し，これによって，面削装置の効率が格段に上がり，伸銅条板生産の歩留まり率が大幅に上昇した。

2-2　2代目のイノベーション経営

1974年，創業者・捨吉が逝去し，その後継者である宗宏が2代目社長に就任した。宗宏は中学卒業後すぐに家業に入り，父・捨吉のもとで，戦後初期の危機的状況からの脱却，数々のイノベーションを経験した。社長就任後の宗宏は先代と同様に様々な技術開発に取り組み，多くのイノベーションを起こした。1985年，1500mm幅条用の大型両面々切削装置の開発に成功し，切削作業効率を大幅に上げた。1991年，アルカリ脱脂洗浄ラインの開発，さらに1995年，Windows NTをベースとしたCNCカッター研削盤の開発に成功した。また，宗宏は社長就任直後より海外事業に積極的な姿勢を示した。1978年，両面々切削装置と自動溶接装置が韓国に輸出され，海外市場進出への第一歩を踏み出した。その後，宗宏のリーダーシップのもとで，香港，台湾，イランなどへ次々と進出し，1990年代に入ると，ドイツの有力な伸銅メーカーに1500mm幅の大型面削装置を納入するなど，ドイツ市場への進出にも成功した。

2代目社長・宗宏のイノベーション経営について，その長男・泰宏（3代目社長）はインタビューなかで次のように述べている。

「父は中学校しか出ていませんが，15 歳から祖父と一緒に工場で働いたこと，特にあの第二次世界大戦の苦難の生活を送ったことで，柔軟に知恵を搾り出しながら方法を考えつくし，危機的局面を克服しました。このプロセスのなかから父はイノベーションの重要性を学んだといえるでしょう。これは父だけでなく，今の会社も同じで，弊社のほとんどの従業員はモノづくりが大好きで，弊社の規模は，たしかに小さいですが，職人魂をもった集団であるともいえます。… 父の弟である私の叔父さんは卓越した機械設計のエンジニアであり，職人でした。叔父さんは父より 4 つ年下で，生まれた時は，たしかに家業は厳しい環境でしたが，祖父の勧めで大学まで進学し，工学科で機械設計を学ぶことができました。このようにして，卒業後はすぐに家業に入り，技術面と製品研究開発の仕事を叔父さんが担当していました。…もちろん，当時，他の職人も学歴的には低いかもしれませんが，祖父の世代からともに歩んできたので，実践経験上では一流の職人でした」[3]。

2-3　突発的に生じた事業承継

生田産機の創業 80 周年となる 1999 年，宗宏が急病のため世を去った。亡くなる直前まで健康であった 2 代目社長の急逝により，生田家と生田産機は計り知れない衝撃を受けた。会社の経営を早急に通常状態に戻すべく，宗宏の長男・泰宏が生田産機の 3 代目社長に就任した。

突発的に生じた事業承継であったため，すぐに様々な問題が表面化した。たとえば，亡き宗宏の弟（つまり泰宏の叔父）が生田産機の株式を相当数所有しており，当時を振り返って，泰宏は「当時，叔父さんは会社を退職していましたが，この問題が解決されない限り，会社の事業承継ができたとはいえなかったのです。けれど，自分から切り出すことがなかなかできませんでした」と述べている。このデリケートな問題を解決に導いたのは，亡き宗宏の妻（つまり泰宏の母）であり，このエピソードについては次節で詳述する。

先代からの事業承継をめぐっては，経営管理にかかわる面でも大きな問題が抱えていた。泰宏によれば，最も大きなストレスは社員との信頼関係において生じたものであったという。

「父がまだ健在の時でしたが，私も若かったですけれども，とにかく会社の少し年配の職人さんたちは話を聞いてくれませんでしたね。会社に3S[4]を導入しようとしていました。3Sは全員参加が必須ですから，ほうきをもってきて，若い方にはもちろん，年配者にもわたして掃除してもらおうとしたら，無視されて，ほうきを受け取ってもらえなかったんです。タバコをふかせて，『何や？』と不機嫌な顔で，怖かったです。全身の力を絞り出して『3Sをやりますから掃除しましょう』といったら，『掃除？　若いもんがやることやろう？』と，本当に何の話も聞いてくれませんでした。…　仕方なかったですね。自分も一生懸命に掃除して，比較的若く，話を聞いてくれた人たちと一緒に頑張ってやっていました」。

このように，社長就任前から泰宏は社員との関係に大きなストレスを感じていた。この状況は社長就任後もしばらく続くことになる。

突発的に生じた事業承継を振り返って，泰宏は次のように述べている。

「父の突然の他界からの衝撃は大変でしたが，もっと事業承継が大変だと感じたのは，会社の従業員が心から私を信じていないことでした。これによって従業員の心も疑心暗鬼で，みんな不安を抱えていました。今となっては，信じてくれなかったことは簡単に理解できます。当時私は38歳，決して若いとはいえませんでしたが，1989年に会社に入社して，10年しか社内経験していなくて，特別な能力をもっているわけでもなく，それまでに会社の成長に大きな貢献をしたわけでもない。そんな人間がいきなり社長になったのですから，誰も信用しないのはむしろ当たり前ですね。それからもう1つ，実際に当時，会社の経営財務状態は相当悪かったんです。私が社長になった初年度に1億を超える赤字も出していました。『富は三代続かず』という言葉があるように，3代目である私のプレッシャーは本当に大きいものでした」。

このように，泰宏の企業経営は社員たちから自身に向けられる不信感，経営赤字，3代目のプレッシャーといった苦しみのなかではじまった。

2-4　3代目のイノベーション経営

こうした苦しみのなかで泰宏は新社長としてどのような意思決定を行なったのか。当時の心境を振り返って，泰宏は次のように述べている。

「会社はいろんな面で変えていかなければなりませんでした。自らイノベーション経営を進めていかなくては本当に倒産してしまうという状況でした。ところが，イノベーションにはリスクが大きいですから，失敗してしまうと家業はすぐに傾いでしまい，自殺のようなものになってしまいます。3代目が家業をダメにするとよくいわれていますが，私はちょうど生田産機の3代目です。失敗を恐れて何もしないのでは自死してしまうと考え，腹をくくりました。何もしないで負けるより会社の技術力や社員の力を信じて勝負に出る…」。

このように覚悟を決めて，泰宏はイノベーション経営に乗り出したが，そこには主に2つのベクトルがあった。1つ目は新しい製品と技術のイノベーションであり，それについて泰宏は次のように述べている。

「たとえば，弊社の主力製品の両面々切削装置について，この装置を利用するときには本体とカッター，研削盤の3つが揃っていなければなりません。しかし，当時弊社はカッターの製造ができませんでした。それで，私たちはいつもまず不二越や三菱マテリアルなどの大手企業からカッターを購入して弊社の装置本体にセッティングしてから，お客さんに納品していました。実際，装置本体は長く使用できますが，カッターは利用頻度に応じて定期的に手入れや新しいものの付け替えが必要です。つまり，プリンターとインクのようなものです。装置本体は品質が良いので，なかなか壊れたり新しいものに入れ替えたりしないですから，弊社に入ってくる利益は一時的なものですが，カッターは常に新品を購入したり修理したりする必要がありますので，利益は継続的に入ってきて，かなり大きいです。しかし，お客さんは最初，弊社からセットで両面々切削装置とカッターを購入されますが，消耗品であるカッターが他社の製品であることから，次からの購入は弊社を通らず直接に大手工具メーカーからカッターを購入するようになってしまいます。私はいつもこの問題に疑問をもち続け，不二越，三菱マテリアルなどの工具メーカーを訪問して交渉しようとしましたが，相手にすらされませんでした。本当に数えきれないほどの難交渉をしてきました。でも，やはり自分たちは生産できないですから，セットで製品を納品するのであれば，自分たちも大手企業に依存してしまっていました。ですから，弊社にとっては，カッターを自社製にするしかありませんでした」。

こうして，泰宏は「工具メーカーに負けないカッターの開発を遂行しよう！」と社長命令を発表したが，それに対する社員たちの反応は冷ややかなものであった。

「最初は本当に困りました。カッターの自社開発に関する考えをいくら説明しても，みんなは黙って聞いているだけでした。無反応でした。『3代目が暴走しはじめたぞ』という声もちらっと聞きました。どうすれば良いのか，打つ手がなくて本当に困っていました。…

私の話に耳を傾けてくれる人はほとんどいませんでした。正直，当時会社の居心地は最悪でした。このままだと会社は危ない。どうすれば良いかなと悩んでいるうちに，戦術を変えようと思いました。弟2人が会社で技術者として働いていますので，まず弟の理解をもらおうと，時間をつくって弟たちに私の考えと苦悩を話しました。最終的に弟たちは理解してくれて，役員会で承認を得て，カッターの自社開発製造に舵を切ることになりました。彼らの懸命な説得と後押しにより，社員たちは次第にカッターの開発に取り組んでくれるようになりました。本当に弟たちに助けられました」。

結局，1年以上の時間がかかったものの，3代目社長率いる生田産機は独自技術のカッター開発に成功した。自社製の両面々切削装置に自社製のカッターを組み合わせたことにより，面削技術で重要な表面品質要素である装置本体，カッター，研削盤の3つを自前で実現し，生田産機の両面々切削装置はさらに高い評価を得るようになった。この取り組みは京都府の目に止まり，後に技術大賞を受賞することになる。さらに，カッター事業が会社にもたらしたシナジー効果と利益が次第に表れていった。こうして，泰宏は社長としての「初陣」を白星で飾った。その後，会社の経営状況が好転するとともに，社員から新社長に向けられる不信感も徐々に解消されていった。

このように「初陣」で結果を出した泰宏であるが，現状に満足することなく，いっそう積極的にイノベーション経営に取り組んだ。イノベーション経営の2つ目のベクトルはグローバル化である。泰宏は若き日にアメリカの大学に留学しており，その折の経験によりグローバルな視野を獲得した。生田産機入社後も，国内市場と海外市場の動態を把握しながら，グローバル市場における同社の戦略的布石について常に熟考し続けてきた。

泰宏によるグローバル化戦略の最初の一手は「世界の工場である中国へ進出しよう」というものであった。しかしながら，新社長に対してようやく心を開きつつあった社員も，この提案に関しては「第2の暴走だ」と受け入れられなかった。主な反対理由は，いまだ不確定要素が大きく，かつ競争が激しい中国本土市場に対する不安感が大きかった，ということである。身近に中国本土進出に失敗し倒産を余儀なくされた中小企業の例が多くあったこともいっそう不安を掻き立てた。このような厳しい現実のなかで「中国進出は無謀である」と，多くの社員が社長の「暴走」に対して猛烈に反対し，阻止しようとした。

しかし，泰宏は今回も譲らず，全社員に対して懸命に自分の考えを説明し続けた。当時を振り返って，泰宏は次のように述べている。

「反対の声は本当に強かったです。特に会社で長く勤めてきた方々から猛反発を受けていました。彼らの気持ちは理解できますよ。長年一緒にやってきた生田産機の運命にかかわることですから。でも，それで私が負けるわけにもいけませんでしたので説得を続けていました。私はいいました，『これまでの新製品開発においてもみんなで努力した結果，成功したのではないか。中国市場を調べてきた。我々の製品と技術には自信をもっている。必ず受け入れられる。進出は今を逃してはない』と。また，こうもいいました，『今回の中国進出も無謀だといわれているが，日本の市場に成長の勢いはない。このままだと我々も成長力を失う。その時になってから危機に対応しようとしても手遅れになる。成長著しい中国市場を開拓し，機先を制したい。リスクはあって当然。ましてやリスクが大きいからこそ，チャンスがあるのではないか』と」。

このように社内において泰宏が辛抱強く説得を続けるなか，ある日の経営会議で一人の古参役員が発言した。

「『わかった。そこまでいうなら，支持しよう。これまではあなたのお祖父さんとお父さん，お母さんに面倒をみてもらい，第2の親だと思っている。その恩がある。だから，生田家には本当に感謝している。どうしても中国進出をやりたいのであれば，社長の決定に従うが，条件が1つある。それは，私が中国に行くことだ。中国の会社が足元を固めるまで見届けてやりたい』。この話を聞いて本当に感動しました。彼は会社の一番年長者であり，前社長の右腕として勤続45年。全社員に尊敬されていました。それまでは体を張って中国進出を阻止してやると，反発は一番強かったのですが，その発言で社内の風向きが劇的に変わったのです。本当に物語のような，感動的な発言でした」。

こうして社内の人心を掌握することができた泰宏は，社運を賭けて，中国本土での市場開拓に乗り出すことになった。2001年に上海営業所を設けたのを皮きりに，2002年，蘇州市に単独出資子会社である生田（蘇州）精密機械有限公司，2003年，昆山市に昆山生田貿易有限公司（現・蘇州伊庫達貿易有限公司）をそれぞれ設立した。はじめて経験する海外現地生産は苦難の連続であったが，泰宏の強力なリーダーシップのもとで辛抱強く事業を展開し，着実に中国本土市場での経営基盤を固めていった。中国本土での事業展開を通して確たる自信を得た泰宏は，2015年にはトルコ・イスタンブールに「IKUTA MAKINE A.S.」を設立し，トルコはもとより，欧州，中東での金属素材市場の開拓にも乗り出すことになった。

また，中国本土での事業展開を通して，泰宏は，当地でのニーズの多様性，日本製品への関心の高さ，さらには，企業経営者の間での日本的経営に対する関心の高さを肌で感じていた。「これらのニーズに応えることができないか」と熟考したうえで，2009年，生田産機の子会社として新たに株式会社京ウインドを設立した。この新会社立ち上げの狙いについて彼は次のように述べている。

「京ウインドは，京都という古い日本の都から吹いてくる優雅な風というイメージがありますから，事業内容としてはまず日本製，特に京都の職人たちがつくった高級な品物を中国の富裕層へ提供していくという貿易業務があります。そして，日本的経営や日本の事業に関する考え方，文化などを世界へ新しい風のように発信し，諸外国の人々とコミュニケーションを推進し，相互理解を進めていくために，諸外国から経営者視察ツアーの受け入れや交流プログラムの企画・運営などの業務もあります。今は主に日本企業向けに中国製造による受託事業活動を行なっております」。

社長就任当初，強力なリーダーシップにより企業経営をリードしようとした泰宏であったが，会社全体が順調に成長している今日，その考え方に大きな変化が生じている。インタビューのなかで泰宏は「事業は社長がやりたいからやるのではなく，社員がやりたいから社長がその実現を支援する」と述べている。以前の泰宏は最前線に立って社員を引っ張り，イノベーション経営に消極的な社員たちにも成功体験を共有させようと努めた。その甲斐あって，多くの社員が就業意欲を高め，積極的に動くようになった。今日，泰宏は自らの立ち位置を変え，社員の背後に回ってのサポートを心がけるようになった。それは社員のモチベーションを誘発させるための戦略的な調整であるといえよう。また，「人を疑わば用いず，人を用うれば疑わず」のことわざ通り，泰宏は個々の社員を信用し，その適性と可能性を最大限に引き出すように努めている。実際，中国本土事業においては中国人社員を社長に抜擢し，全服の信頼をもって経営を任せている。

このように，泰宏のイノベーション経営により，生田産機は小さな町工場からグローバルに事業展開する企業へ成長を遂げた。社長就任時（1998年）に7億円程度であった年間売上高は，その後に右型上がりの上昇を示し，現在では

写真 4-2　新工場竣工時の生田産機社員とその家族の集合写真

出所：生田産機提供

約 35 億円に達している。

3　生田産機の家族経営

3-1　創業精神「天命に従い人事を尽くす」と「送恩経営」

生田産機の社長室の壁には同社の創業精神「天命に従い人事を尽くす」が記された額が掛かっている。清代の著名な小説家・李汝珍の『鏡花縁』には「尽人事，聴天命」というフレーズがあり，和訳すると「人事を尽くし天命に従う」になる。このなかの「人事」は人情道理を意味し，「天命」は自然法則を指す。このフレーズの含意は，「森羅万象には変化が多く，予測することは難しい。人間は精一杯に自分のできることをし尽くしたとしても成功できるかどうかはわからない。天命に従わなければならない」ということである。よくみると，生田産機の創業精神は「天命に従い人事を尽くす」となっており，李汝珍のフレーズとは前後が逆となっている。この点について泰宏にたずねたところ，次のような回答があった。

「よく『この言葉が逆になっているのではないか？』と聞かれます。なぜうちでは『人事を尽くし天命に従う』ではなく，『天命に従い人事を尽く

写真 4-3　生田泰宏と創業精神

出所：生田産機提供

す』なのかといいますと，私はこう理解しています。まず『天命に従う』について，万象にはそれぞれ存在している意味があり，個々の人はそれぞれの個性がありまして，全く同じような2人は存在しませんから，天が与えてくれた使命も異なります。1人1人はそれぞれ特別な使命をもっていますので，つまり天命ですから，それに従わなければなりません。そして『人事を尽くす』について，先ほど説明したように，天は知らず知らずのうちに我々1人1人に専用の使命を与えてくれたのですから，自分だけに与えられたこの使命に全力で取り込んでいかなければなりません。ですから，先に『天命に従い』，そして『人事を尽くす』という順番になります。…

『天命に従い人事を尽くす』，これは我が生田家の家族理念でもあります。この額は祖父が社長の時からありました。祖父はこの言葉が非常に好きだったようで，いつも自分の部屋に飾っていました。それから，父も同じくこの言葉を大切にしていて，この額を大事に飾っていました。…　私個人にとっていえば，長男として生田家に生まれたその瞬間から，私の天命は決まっていたと思っています。そして現在，生田産機の3代目社長として，もうすぐ100周年を迎える生田産機に対して，私の責任を果たさなければいけません。企業を安定的に発展させ，従業員1人1人を大切にし，生田産機を順調に4代目社長の手にわたして事業承継を無事に成功させることは，天が私に与えた使命だと思います。これは天命ですから，必ず最善を尽くしていかなければならない」。

このように，泰宏は，祖父・父から受け継いだ「天命に従い人事を尽くす」という創業精神を，自らが果たすべき責任として，次世代への円滑な事業承継のために最善を尽くさなければならないと解釈し，実践してきた。この創業精神に関する語りのなかで泰宏は自身が着想した「送恩経営」という理念にもふれている[5]。

「それから，『送恩経営』もあります。バトンタッチのように，祖父や父から御恩をいただいていますので，この御恩を次世代へ送っていかなければなりません。これが私の代の『天命に従い人事を尽くす』です」。

この「送恩経営」に関連して，泰宏は，中国本土進出を見据えて営業活動を行なっていた頃に経験した不思議なめぐり合わせに言及している。

「中国進出は，いうのは簡単ですが，本当は大変でした。最初中国人スタッフと本社役員3人と一緒に中国へ営業に行った時には，ほとんど門前払いでした。転機は広州にある大手金属素材工場を訪問した時でした。それまでと同様に，会社の人に会って名刺をわたしたところ，『うちは結構です』といわれました。少し粘って工場を見学させてくださいと頼んだところ，珍しくOKしてくれました。それで，その工場に入って，たくさんの機械が並んでいる生産現場をみて回りましたところ，突然1台の古い機械が私の目に止まりました。みたことがあるような，懐かしいような。それで，その機械の近くに行ってみると，油などでものすごく汚れていましたので，工場の人に雑巾をもらってきて一生懸命に磨いたわけです。そうしたら，なんと我が社の生田のロゴが現れました。さすがにびっくりして興奮して，『これはうちの機械です』と叫びました。工場の人たちも驚きまして，すぐに社長室へ案内してもらえました。その社長から『廃業した香港企業から中古品として購入した』，『壊れないし，加工の精度が高いし，一番使いやすい機械だ』

といわれまして，香港企業が機械を購入した当時の契約書類もみせてくれました。父の几帳面な自筆サインが書類にありました。それをみた瞬間，大粒の涙がこぼれ落ちました。数年の後，蘇州に会社を設立した後，その会社から面削装置の発注が来ました。よく考えてみると，本当に父の恩恵を受けたなぁと。先代や職人たちが品質の素晴らしいものづくりをしていなかったら中国の工場で偶然にうちの機械に出会うこともなかったでしょうし，すぐに信用を得て仕事が決まることもなかったと思います。父の慎重すぎる企業経営に反発して，父を超えようとして意地を張ってきた私は，やはり父を超えることなんてできないなぁと思ったわけです。『御恩を受け取った。ありがとう』と心のなかで頭を下げました。父が私に恩を送ったわけですから，私も次世代に恩を送らなければなりません」。

中国本土の営業先において自社製品に遭遇したのは偶然のめぐり合わせ以外の何物でもないが，結果として，この奇跡的なエピソードは，泰宏の父・宗宏への感謝の念とともに，「送恩経営」という理念を想起させることにもなった。「送恩経営」は創業精神「天命に従い人事を尽くす」に対する解釈のなかで生まれたものであり，創業精神を補強するものでもあるといえよう。

3-2　後継者教育

改めていうまでもなく，家族企業の事業承継（特に家族経営的側面）においては後継者を幼少期よりいかに教育するかという点が普遍的な課題である。生田家の後継者教育において前出の創業精神とともに大きな意味をなしてきたのがモラロジーである。モラロジーとは，法学者・歴史学者の廣池千九郎（1866～1938）により提唱された道徳の科学的研究を意味している。インタビューのなかで泰宏は何度もモラロジーとその関連機関（公益財団法人モラロジー道徳教育財団（旧・モラロジー研究所），一般社団法人日本道経会）に言及している[6]。

「終戦後，祖父の生田捨吉は，同じ企業経営者の友人を介してモラロジー研究所という組織を知りました。話によると，その友人に誘われて一度モラロジー研究所の公開講座を聞きに行ったそうです。当時の講座内容は，自分自身の道徳育成を重視するだけでなく，身近の人，そして子どもたちに対しても道徳教育を重視すべきだといった内容だったようで，祖父は感銘を受けたそうです。当時は終戦したばかりですから，アメリカが率いる連合国軍の占領と統治のもと，日本社会には次第に大きな変化が現れていました。特に人々の考え方と価値観，西洋文化から多大な衝撃を受けていたのです。祖父は典型的な伝統を受け継いだ日本人だったので，すぐさまモラロジーの虜になっていました。道徳教育と道徳科学をさらに深く学ぶために，モラロジー研究所の会員になり，時間の許す限り公開講座に足を運んで熱心に勉強し，時々父をも連れて参加していたようです。父も多くの先輩や仲間をモラロジー活動のなかから得て，壮年期の40代半ばで伏見区モラロジー事務所の責任者となり，生田家の家訓のように代々モラロジーにもとづく『累代教育』をしていくようになりました。今，私は日本道経会の副会長として，『道経一体経営』の輪を全国に広めていく役割を担っています」。

このように，モラロジーは生田家の後継者教育に大きな役割を果たしている。生田家では3世代にわたってモラロジー研究所ならびに日本道経会の活動に積極的に参加しており，これにより，世代間コミュニケーションの促進，世代を越えた理念の共有といった重要な効果がもたらされた。

泰宏は地元の中学を卒業した後，モラロジーに依拠した学校教育機関である麗澤高等学校（学校法人廣池学園，千葉県柏市に所在，全寮制）に越境入学し，そこで3年間を過ごした。親元を離れて1人で暮らす泰宏に対して，父・宗宏は「事によせて自分の意思を述べる」ことの重要性を説いていた。インタビューのなかで泰宏は，その頃に父親から送られてきた1通の手紙についてふれている。

「中学卒業後，1人で京都を離れ関東の千葉県にある全寮制の高校に入学しました。そして，入学して間もない頃，父からもらった入学祝いの腕時計を失くしてしまいました。当時は絶対に一緒に寄宿する寮生が私の腕時計を盗んだと疑い，腹が立って両親にも学校の先生にも自分の考えを伝えました。もちろん証拠はなかったのですが。それからしばらく経って，父から一通の手紙が届きました。手紙のなかで父は『腕時計を失くしたのは，まずは自分の管理過失によるものだ。学校の寮で集団生活を送るのだから，自分の物をしっかり管理することは最も基本的なことなのに，それができていない。もし本当にその誰かが腕時計を盗んだとしても，それは自分の物をしっかり管理できていないから，そのせいで，その人に罪をつくらせたことになる。もし自分が物をきちんと管理できていれば，彼の人生にそのような汚点を残さなかったのであろう。だから他人を責める前に，まず自己反省をしなければならない。自分がすべて正しく，他人がすべて悪いと思うのならば，必ず心の狭い人になってしまう…』と書いていました。それを読んで，本当に恥ずかしかった。そして，人生を歩む上での考え方の信条となる宝を残してくれました。会社のマネジメントも実は同じです。社員が誤りや失敗をする，その理由，ほとんどは会社の制度に不備があるということですから」。

2022 年 4 月，モラロジー道徳教育財団より月刊誌『三方よし経営』が創刊され，その創刊号に泰宏のエッセー「父を憶う手紙」が掲載された。そのなかで彼は上記エピソードを披露した後，次のように結んでいる。

「過去の手紙を通じて改めて受け取った，亡き父の教え。これを自らの信条として歩んでいくことを決意したあの日（＝社長就任の日：筆者注）から，23 年の歳月が流れました。人として，子を持つ親として，さらには経営者としての父の後ろ姿は，自身が還暦を越えた今もなおはるかかなたにあり，『わが人生の師は父』と言える幸せをかみしめしています」。

日本道経会の会員には家族企業の経営者や後継者が多く，それへの参加は，会員間での後継者教育をめぐる相互扶助という重要な効果をもたらすことにもなるようだ。インタビューのなかで泰宏は，日本道経会京都支部で活動をともにするＳ社（家族企業，現社長が 4 代目）との世代を越えた交流についてふれている。両社の歴代経営者の間には 15 歳程度の年齢差があるため，交互に先輩・後輩関係（先輩が後輩に対してメンター的役割を果たす関係）が形成されてきた。インタビューによれば，泰宏の父・宗宏がS社の先代社長（現社長の父親）と交誼を結ぶなかで現社長を見守り，次は，その現社長が泰宏を後輩経営者として見守り，そして近年，泰宏が同社の後継予定者を見守っている。今後は，その後継予定者が泰宏の長男・暁泰（2022年3月末時点で大学在学中）を「兄貴分」としてサポートしてくれると，泰宏は期待している。改めていうまでもなく，このような地元企業との世代を越えた互助互敬関係のベースにあるのはモラロジーであり，「これもまた『送恩経営』の1つなんです」と泰宏はいう。

2019年に創業100周年の節目を迎えた生田産機は，翌2020年に東京オリンピック・パラリンピックの開催に合わせて「創業101周年」事業を大々的に実施する予定であったが，新型コロナウイルス感染症拡大を受けて事業規模の大幅な縮小を余儀なくされた。しかし，この周年事業を通して，泰宏は改めて生田家と生田産機の歴史と向き合い，それを文章化する作業に多くの時間と労力を費やすことになった。

「今回の創業101周年を機に，息子や娘の目に付くような文章化ができたのは本当に良かったなと，大きな財産ができたなと思っています。将来，息子は，社長を継ぐ・継がないに関係なく，長男として家を継承しないといけないじゃないですか。で，家を受けづく身として，先祖への感謝とともに，家と会社の物語をしっかり知るということは大きな意味があると思います。世の中には親子間の断絶，世代間でちゃんと意思疎通ができなくて，事業承継で躓く，ボタンの掛け違いが起こるケースがたくさんあるなかで，良い機会をいただけたなと思っています」。

3-3　創業家女性メンバーの積極的役割

家族企業においては創業家女性メンバーが果たす役割も非常に重要である。先述のように，2代目社長・宗宏が急逝した際には，その弟（泰宏の叔父）が相当数の自社株式を保有しており，3代目社長としては，今後の健全な企業経営のために，それを平和裏に回収したいところであったが，デリケートな問題ゆえ，自身から切り出すことができなった。その際に重要な役割を果たしたのが泰宏の母・富子であった。

「母は事理明白の人でした。今でもはっきりと覚えていますが，父が亡くなった6か月余り後の1999年の12月30日の夜，もうすぐお正月でした。母は小切手をカバンに入れて用意し，私を連れて叔父さんの自宅へ向かいました。玄関先でのあいさつを終えるとすぐに，母は叔父夫婦の前で深々と頭を下げ，手をつき亡き父との確執を慇懃に詫びました。私はその光景に思わず目を疑いました。詫びるのは重要書類をもち出し，勝手に会社を飛び出して損害を与えた叔父のほうだと。母は静かに話しはじめました。亡くなった前社長に免じて，所持しているすべての株を私に引き渡すようにと懇願してくれました。おそらく叔父も母の詫びをともなった態度にふれ，亡くなった父のことを想っていたのでしょう。躊躇なく，すぐに母の要求を受け入れて，書類に印鑑を押してくれました…」。

それからわずか10日後，母・富子は脳出血のため急逝した。

「母は本当にすごい人でした。彼女は多くの苦労を経験しました。20歳の若さで岐阜県養老の故郷を後に，生田家に嫁いできてから，従業員を含む全員の衣食住の面倒をみながら，工場で働く祖父，父の手伝いもしていました。さらには，亡くなる直前まで私のために事業承継の難題も解決してくれました。命の最後まで使命を果たし続けました」。

4　生田産機の財産経営

会社の財産，特に自社株式の承継に関して，日本の老舗企業（総じて家族企業）では，分散リスク対策（後継者1人に一極集中させる）が顕著にみられてきた。それは生田産機にもあてはまり，前節でふれた，泰宏の母・富子による自社株式回収のエピソードもやはりこうした脈絡のなかで意味をなしているといえよう。

現在，生田産機の株式は，社長の泰宏が90％を保有し，弟2人（副社長，専務）が5％ずつ保有している。このような自社株式の保有状況について泰宏は次のように述べている。

「父が亡くなり，その7か月後に母が亡くなって，相続の話になった時，家と会社の財産，特に自社株をどうするのか，姉と弟2人と一緒に，税理士さんにも入ってもらい，家族会議をやりました。幸いなことに，姉も弟たちもモラロジーつながりで，考え方を分かち合っているなかで，将来，財産で，特に自社株がらみの揉めごとにつながるようなことは避けようと…。それで，家族会議のなかで，株式は極力分散させない，弟たちに5％ずつわたすということで，すぐに決着しました。ただ，親から受け継いだ財産，家・屋敷や土地が多くあったわけではないので，姉や弟たちに何をわたせるかというとやっぱり現金。幸い，会社のほうで両親に掛けていた死亡退職金，要は生命保険がありましたので，それを回すことができました」。

また，自社株式の保有状況をめぐっては，泰宏の次弟・雅哉（副社長）にも話を聞くことができた。

「自分がほしいから分けてくれと頼んだのではなく，社長に『もっていてくれ』といわれましたので，今は5％の株をもっています。現役の間はそのまま保有しますが，退職する時，あるいは次の代が社長になった時には社長に返したいと思っています。やはり株式は代を跨いで分散してしまったらまずいですからね」。

このように，生田産機の株式保有者である泰宏と弟2人の関係はいたって良好であり，次世代への事業承継に向けて自社株式をめぐる不安材料（分散リスク，骨肉の争い）はなさそうである。

5　おわりに

以上，企業経営・家族経営・財産経営の3つの側面から生田産機の事業承継経験について記述した。

改めて記述内容を整理すると，企業経営に関しては，長期持続的なイノベーション経営が最大のポイントであるといえよう。創業者より現社長まで3世代にわたり一貫して金属素材生産設備分野のコア技術を磨き続け，それをもとに数々のイノベーションを起こしてきた。3代目社長・泰宏は，突発的に生じた事業承継であったために大きな苦労を余儀なくされたが，そこでもイノベーション経営を貫き，危機を乗り越えた。また，早い時期から海外事業にも積極的な姿勢をみせ（特に2000年代以降に本格化），とりわけ最初の海外進出となった中国本土市場において確固たるブランドを築きあげている。

家族経営に関しては，何より創業精神「天命に従い人事を尽くす」が基軸をなしている。これを受けて，泰宏は，自らが果たすべき責任として，次世代への円滑な事業承継のために最善を尽くさなければならないと解釈し，実践してきた。この創業精神を補強するものとして「送恩経営」という独自の理念があり，これに関しては中国本土での奇跡的なエピソードが非常に重要な意味をなしている。また，世代を越えたモラロジーとのかかわりは，生田家の後継者教育において非常に大きな意味をなしており，世代間でのコミュニケーションや理念共有，地元企業との世代を越えた互助関係の構築など様々なプラス効果をもたらしてきた。さらに，創業101周年事業（2020年）は，泰宏自身が家族と会社の歴史を文章化する契機となり，こうして得られた資源は，今後の家族経営（特に後継者教育）において何かしらプラスの効果を発揮しそうである。

財産経営に関しては，自社株式の分散リスク対策（後継者1人に一極集中させる）がとられてきた。現状では泰宏と弟2人の間で多少の分散がみられるものの，きょうだい間で十分なコミュニケーションがとられており（ここでもモラロジーが意味をなしている），次世代への事業承継に向けて自社株式をめぐる不安材料はなさそうである。

注

1　生田泰宏は大阪学院大学を卒業した後，アメリカ・ミネソタ州のセントトーマス大学に留学し，経営学を専攻した。帰国後，京都の計量計測包装機メーカー・株式会社イシダに入社し，そこで様々な実務経験を積んだ後，1989年，生田産機に入社した。1999年，社長に就任し，2000年代以降の同社のグローバル展開を牽引してきた。

2　筆者らは2017年より複数回にわたり生田泰宏に対してインタビューを行なってきた。

3　インタビューによれば，生田産機では，創業者・2代目社長とともに働いた職人が今も健在であるという。最年長者は75歳を超える高齢者であるが，依然として製造の第一線で活躍している。彼の主な業務はOJT方式による弟子の育成であり，心血を注いで身につけた経験や技術のすべてを次世代に伝えようとしている。

4　整理・整頓・清掃活動を意味する。

5　「送恩」は泰宏の造語であるが，それと同じような意味で「恩送り」という語があり，広く用いられている（Wikipediaにも項目あり）。それは，ある人から受けた恩を直接その人に返すこと（「恩返し」）ではなく，その恩を別の人に送ることを意味している。泰宏は「恩送り」をめぐる先行の語りを参照しつつ，自分なりの解釈によって「送恩経営」という独自の理念を導き出した。

6　1926年に廣池によって設立されたモラロジー研究所は，モラロジーおよび倫理道徳の研究，それにもとづく社会教育を推進する団体である。2010年，公益財団法人に移行し，2021年，モラロジー道徳教育財団に改称された。千葉県柏市に本部を置き，全国各地に生涯学習センターや記念館，事業所を有する。その活動内容について詳しくは，モラロジー道徳教育財団のHP（https://www.moralogy.jp/about/）を参照されたい。一方，日本道経会（1999年設立）は，廣池が唱えた「道徳経済一体」理念に賛同する経営者の団体であり，会員には中小家族企業の経営者が多く含まれる。その活動内容について詳しくは，日本道経会のHP（https://www.ndk.gr.jp/）を参照されたい。

第5章
方太グループ（中国本土）のケース

本章は，中国浙江省寧波市に本社を構えるキッチン家電メーカー，方太グループ[1]の事業承継経験に関するケーススタディである。

1　はじめに

方太グループは1996年に茅理翔（1941～，現名誉会長）と茅忠群（1969～，現会長兼社長）の父子によって設立された民営企業（非上場）であり，創業家の茅家が自社株式の全数を保有する家族企業である。方太グループには前身があり，それを含めると茅家ファミリービジネスの創業は1980年代半ばまでさかのぼることができる。方太グループは茅家ファミリービジネスにおける父・茅理翔から子・茅忠群への事業承継のなかで誕生した企業である。

方太グループの本社は浙江省寧波市に置かれている。当地は古くから起業家精神が旺盛な土地柄であり，香港や台湾の著名な企業経営者のなかにも当地に出自をもつ者が少なくない。

方太グループの事業内容は設立時より一貫して高級キッチン家電製品に特化してきた。テイクアウト期において決定的な役割を果たしたキッチン用換気扇製品を皮切りに，湯沸し器や電子レンジ，ガスコンロなど数々のキッチン家電製品を世に送り出し，近年ではシステムキッチンの設計・製造・販売にも注力している。

方太グループが主なターゲットとしてきた市場は，高級キッチン家電製品の購買層である都市富裕層であり，中国経済の高度成長の波に乗り，拡大の一途を辿ってきた。近年では海外輸出にも力を入れており，同社の市場は東南アジアを中心に世界各地に広がっている。今日の方太グループは中国本土のキッチ

写真 5-1　方太グループ創業時の茅父子

出所：方太グループ提供

ン家電業界において頂点を極めており，これまでに品質力やブランド力にかかわる多くの賞を授与されてきた。

方太グループは長きにわたって高品質・高機能の厨房用換気扇の研究開発に膨大な投資を行ない，近年は特にシステムキッチンの研究開発にも注力している。同社の技術開発センターは6,000㎡の敷地を有し，200人以上の上級エンジニアがそこで最先端の研究開発業務を従事している。毎年，売上高の5%以上の資金を研究開発に投入し，400以上の特許を獲得している。

方太グループの年間売上高は設立時より一貫して右肩上がりの成長を遂げ，2017年には約129億人民元（当時の為替レートで約2,300億円）に達している（中国本土のキッチン家電業界ではじめて年間売上高が100億人民元を突破した）。2021年3月現在，グループ全体の社員数は約2万人を数える。

方太グループでは2000年代半ばまでに経営管理権が父・茅理翔から子・茅忠群へ移行しており，この頃より茅理翔は社会貢献活動に専念するようになった。当時の中国本土では民営企業（その多くが家族企業）の事業承継がまさに喫緊の社会的課題となっており，こうした実情を踏まえて，茅理翔は行政や大学と連携しながら事業承継支援事業に取り組むようになっており，自らの経験にもとづく事業承継モデルを社会に向けて積極的に発信している（詳しくは後述）。

以下では，インタビュー記録[2]や講演録[3]，参考資料をもとに，方太グループの企業経営・家族経営・財産経営のあり方について記述する。

2　方太グループの企業経営

2-1　方太グループ前史──茅理翔が経験した3つの危機

方太グループの創業者・茅理翔は1941年に寧波で生を受けた。生家は貧しく，しかも10代後半からたびたび足の疾患に悩まされ，歩行すらままならない時期が続いた。そのため，学業優秀であったにもかかわらず，大学進学の夢を放棄せざるを得なかった。

1965年，茅理翔は地元の人民公社生産隊の社隊企業[4]に配属され，約10年間にわたって会計業務を担当した。1975年には別の社隊企業に入社し，約10年間にわたって営業業務に従事した。この10年間は苦難に満ちた日々であった。営業担当者として中国各地を飛び回るなかで，再び足の疾患に苛まれ，鎮痛剤を飲みながらの移動を余儀なくされた。しかし，この苦難に満ちた10年間は，彼の企業家人生において貴重な下積み期間であった。国内各地を飛び回って様々な情報を得るとともに，経営者に必要不可欠な強い精神力や鋭い洞察力を獲得することになった。

1984年，中国政府による「改革・開放」政策が本格的な実施段階に入ったのを機に，各地で多くの民営企業が誕生した。こうした時代の波に後押しされ，1985年，茅理翔は，自身の預金を元手に，白黒テレビの部品製造を行なう郷鎮企業・慈渓無線電九廠を設立した。これが茅家ファミリービジネスの出発点である。

しかしながら，設立から1年も経たないうちに事態が急変する。1986年，中国政府がカラーテレビを普及させる政策を打ち出したことにより，白黒テレビ用部品を生産してもまったく売れないという状況に陥ってしまった。これにより，慈渓無線電九廠では得意先からの発注も銀行からの融資も止まってしまい，8か月にもわたって社員に給料を支払うことができなかった。そのため，頼りにしていた副社長や熟練技術者8名が次々に離れていった。

この最初の危機において重要な役割を果たすことになったのが茅理翔の妻・

張招娣（1950～）である。彼女は安定した国営企業の管理職を投げ打って，夫の事業に加わり，社内管理業務全般を引き受けた。こうして夫婦間での分業体制が確立されたことで，茅理翔は外回りの業務に専念することができた。危機を脱するためには強力な新規事業が必要であると考えた彼は，新たな事業シーズを求めて，再び足の痛みに耐えながら全国各地を飛び回った（その間に2度も交通事故に遭っている)。苦労の甲斐あって，キッチンライター[5]という大きな可能性を秘めた事業シーズを発見するにいたった。その後，親類や友人から資金を掻き集め，キッチンライターの製造体制を整えた。そして，試作品が完成するやいなや，豊富な営業経験を活かしながら全国各地に新しい販路を開拓した。このキッチンライター事業は大成功を収め，大きな利益を茅理翔にもたらした。こうして，茅理翔は最初の危機を乗り越えた。

その後は自社製品の品質向上と生産効率向上に努め，販路に関しても国内だけでなく，毎年春・秋に広州市で開催される中国輸出入商品交易会（通称「広交会」，国内最大規模の貿易展示会)[6]に出品するなどして海外販路の開拓にも力を注いだ。その結果，茅理翔のキッチンライター事業はさらなる拡大を遂げ，1990年代初頭には世界一の市場シェアを達成した。

こうして危機を脱し，一息ついた頃，早くも2度目の危機が迫っていた。そもそもキッチンライターは製品構造が単純で，技術レベルも低いため，模造されやすいものであった。皮肉なことに，メディアによって茅理翔の成功が大々的に報じられたことにより，キッチンライターが大きな利益を生むという事実まで広く知れ渡ってしまった。当時の彼は知財管理に関する知識をもちあわせていなかったため，模造品対策を講じていなかった。そのため，国内のキッチンライター市場では新規参入が相次ぎ，熾烈な価格競争が起こった。1992年，それまで彼にプラスティック部品を供給していた業者が突然に部品供給を停止するだけでなく，自らキッチンライターの製造を開始し，彼から市場シェアの約半分を奪い去ることになった。こうして，世界トップシェアを誇った「我が世の春」から急転直下，2度目の危機に直面した。

この2度目の危機において重要な役割を果たすことになったのが茅理翔の長女・茅雪飛（1970～）である。もともと看護師であった彼女は，結婚したばかりの夫（銀行員）とともに安定した職を辞し，父のキッチンライター事業にプ

写真 5-2　キッチンライター事業を成功させた茅理翔

出所：方太グループ提供

ラスティック部品を供給する新会社を設立した。同じ頃，茅理翔は慈渓無線電九廠を改組し，飛翔グループに社名を改め，巻き返しを図った。

こうした茅雪飛夫妻の支援はキッチンライター事業の再開に大きく役立ったものの，その後も価格競争が熾烈化の一途を辿ったキッチンライター市場にあって茅理翔の事業が大きく好転することはなかった。1993 年になると，キッチンライター市場への新規参入が相次ぎ，前出の「広交会」にキッチンライター製品を出品する企業の数が 100 社を超えるまでになった。それと同時に，キッチンライターの単価は数年のうちに 1.2US ドルから 0.3US ドルまで下落した。

ここで再び強力な新規事業が必要であると考えた茅理翔は，国内での英語学習ブームに注目し，およそ「畑違い」の外国語学習補助機に商機を見出した。1993 年より外国語学習補助機事業が開始され，その研究開発に莫大な資金が投じられたものの，完成した製品はまったく売れず，結局，この新規事業は大失敗に終わった。これにより，彼は 3 度目の危機に直面した。この 3 度目の危機が方太グループ創業のきっかけとなる。

2-2　方太グループの設立――事業承継を契機としたイノベーション

この 3 度目の危機において重要な役割を果たすことになったのが茅理翔の長

男・茅忠群である。その頃，茅忠群は，国内有数の重点大学である上海交通大学の修士課程（電子工学専攻）に在籍しており，修了後には海外に留学する予定であった。1994年の旧正月に帰省した彼は，はじめて家業が置かれている危機的状況を知り，両親から「留学には行かず，家業を手伝ってほしい」と懇願された。いずれは家業を承継するつもりであった彼は，海外留学をあきらめ，修士課程修了後ただちに実家に戻った。ところが，実家に戻ってからの約半年間，正式に父の会社の一員になるかどうかの意思表示を明らかにしないまま，社内をくまなく観察する日々を送った。その経緯と顛末について茅忠群は次のように振り返っている。

「当時，私の頭のなかに1つ悩ましい問題がありました。それは何かというと，自分が父の会社に入り，経営者になった場合，どうやって『老幹部』たちと付き合うかという難しい問題です。『老幹部』たちは父と一緒に会社を支え，貢献してきました。しかし，彼らは私を認めてくれるかどうか疑問でした。私が明確な意思表示をしないまま半年間，会社のなかを回ったのは，表向きは父の事業を知るためでありましたが，『老幹部』たちの状況を見極めることも重要な目的でした。結局，有能で，私を支えてくれそうな『老幹部』もいましたが，やはり認めてくれなさそうな『老幹部』も多くいました。では，どうしたら私のことを認めてくれない『老幹部』たちと衝突せずにうまくやってけるのかをじっくり考えました。その結果，私のことを認めてくれない『老幹部』たちを古い会社に残し，支えてくれる有能な『老幹部』だけを選んで一緒にやれば，きっと会社経営はうまくいくと考えました。そして，私は覚悟を決め，父に対して，『キッチンライター以外の新製品をつくる』，『自分の経営チームをつくる』，『会社を新しい経済開発区に移転させる』という3項目の提案を行ないました。新製品をつくるとなれば，『老幹部』たちはわからないので，口を挟まないでしょう。開発区に移るとなれば，『老幹部』たちと距離を置くことができ，彼らの干渉が小さくなるでしょう。自分の経営チームをつくるという点も，やはり『老幹部』対策を意識しながら提示したものです。私の提案には合理性があったので，父は私の考えに賛同してくれました」。

その後，茅父子は，新規事業立ち上げに向けて市場調査を実施した結果，キッチン家電製品に特化するということで意見が一致した。1992年の鄧小平「南巡講話」を契機として中国本土の経済成長が再び加速化するなかで，不動産市場が大いに活況を呈していたため，キッチン家電製品のさらなる需要拡大が誰の目にも明らかであった。しかし，具体的にどのような製品を扱うかを決定する段階になって父子の間で意見が分かれた。父・茅理翔が推したのは電子レンジであり，それに対して子・茅忠群が推したのはキッチン用換気扇であった。1990年代半ばの中国本土では電子レンジはまだ一般家庭に普及しておらず，競合相手と想定される国内メーカーも少なかった。それに対して，キッチン用換気扇は，すでに市場競争が激しく，国内メーカーだけで約250社も存在しており，大手数社がすでに大量生産（外国製品の模造品が中心）を行なうまでになっていた。このような競争状況の違いから，キッチン用換気扇を選ぶことは極めて非合理的であると多くの人々の目に映っていた。しかし，茅忠群は既存のキッチン用換気扇の弱点（海外製品の模造品は油や煙の多い中国家庭のキッチン環境においてうまく機能できていないこと）に注目し，そこに大きな商機を見出した。自信に満ち溢れた茅忠群の姿を目の当たりにした茅理翔は，自身の提案を取り下げるとともに，周囲の反対意見を退け，キッチン用換気扇事業に社運を賭ける決断を下した。1995年春，茅理翔は茅忠群に対して新会社の主力製品と位置づけたキッチン用換気扇の研究開発業務を一任した。茅家ファミリービジネスの未来を託された茅忠群は，父の期待に応えるべく，寸暇を惜しんで開発業務に取り組んだ。8か月にわたる試行錯誤の結果，彼は中国家庭のキッチン環境に適した換気扇製品の開発に成功した。

新製品の開発が進められていた時期，茅忠群は，新製品を市場に送り出すにあたって，社名・ブランド名を一新してはどうかと提案した。キッチン製品を扱うメーカーのネーミングとしては女性的な名前のほうが良いと考え，その第一候補として「方太」を推した。当時，中国本土ではある料理番組が人気を博しており，その番組のメインパーソナリティを務めたのが「方太」（「方夫人」という意味）の愛称で知られる香港出身の女性タレントであった。この提案に対して，当初，茅理翔は賛同しなかった。その経緯と顛末について茅理翔は次のように振り返っている。

「最初，私は息子のこの主張に対し反対しました。理由は2つありました。1つは，これまで政府に対して『飛翔』という名称で会社登録を行なってきましたが，『方太』という名称に変更する場合，もし政府に登録ができなかったらどうするかと心配したからです。もう1つは，私事ですが，『飛翔』のなかの『飛』の字は娘の名前にも使っており，『翔』の字は私の名前からとったものであったので，この名前がなくなってしまうのは寂しいと思ったからです。ということで，私は息子に対して『どうしても賛成できない』といいました。しかし，息子のほうも非常に頑固で，なかなか私の話を聞いてくれず，このことで大喧嘩になってしまいました。その時に家内が息子との間に入ってくれました。その時のことを今でもよく覚えています。家内は『息子の意見が正しいと思う？』と私にたずねました。私は『正しいと思う』と答えました。そして，家内はいいました，『それならば彼の意見に従えば？』と。結果的に私が折れる形となり，『方太』という新名称を採用することに決まりました」。

この社名・ブランド名の変更をめぐるエピソードは，地元メディアによって「父の敗北，子の勝利」という見出しとともに大きく報じられ，結果的に新会社の宣伝につながった。

1996年1月，茅父子は新会社・方太グループを設立し，それぞれ新会社の会長と社長に就任した。そして，最初のキッチン用換気扇製品が新しいブランド名「方太」とともに市場に送り出された。この新製品は，茅忠群が思い描いた通り，中国国内のキッチン用換気扇市場において大歓迎を受け，設立間もない時期の方太グループに大きな利益をもたらすことになった。方太グループでは，この記念すべき最初のキッチン用換気扇製品が発売された1996年1月18日を会社創立記念日としている。

こうした起死回生の展開により，茅理翔は3度目の危機を乗り越えることができた。そして，いち早くキッチン用換気扇の可能性を見抜き，新規事業を大成功に導いた茅忠群は有能な後継者であると周囲から一目置かれる存在となった。

新会社・方太グループ設立にあたり，従来の主力事業であるキッチンライター事業はそのまま旧会社・飛翔グループに残され，茅雪飛夫妻が引き継ぐことになった。その際，茅忠群に理解を示さなかった古参幹部たちも飛翔グループに残されたのである。ここでの古参幹部の処遇に関しては，茅理翔がイニシアティブをとった。その経緯と顛末について茅理翔は次のように振り返っている。

「『老幹部』たちのなかの有能で，かつ娘の話を聞いてくれなさそうな人に対して，私はいいました。『敷地を無料で貸すし，設備も安く売るので，会社から独立してください』と。それで，彼らは自分の会社を設立し，飛翔グループにキッチンライターの部品を提供してくれるようになりました。この方法はとても有効で，難しい関係を処理できました」。

2-3　茅理翔から茅忠群への段階的・漸次的な経営管理権移譲

方太グループは茅父子が共同で設立した企業であり，茅家ファミリービジネスにおける父から子への事業承継のなかで誕生した企業である。茅理翔は自身が考案し実践してきた承継計画を「三三制」と呼んでいる。「三三」は「3年×3」を意味しており，「帯三年」（連れて回る3年），「幇三年」（サポートする3年），「看三年」（見守る3年）で構成されている。

①「帯三年」

1996～98年の3年間は「帯三年」であり，経営の現場において後継者を連れて回り，経営管理に関するOJTの機会を与える期間であった。

国内有数の重点大学で工学の修士号を取得している茅忠群は，もともと技術面には明るかったため，研究開発業務に関しては，方太グループ設立前から大きな権限が与えられていた。新製品の研究開発業務に取り組むなかで，かつて父が知財管理を等閑にしたため窮地に陥ることになった失敗経験を踏まえ，積極的に特許の申請・登録を行なった。

方太グループ設立後の1年間，茅忠群は研究開発業務に専念したが，新製品が大きな成功を収めたこともあり，2年目になると，父から全社レベルの経営会議への出席を求められるようになった。もともと技術面に明るかったものの，経営面に関してはほとんど専門知識を備えていなかったため，企業経営の最前線で経営管理のOJTを受ける機会（父の傍らで直に指導を受けながら経営管理法を学ぶ）が与えられた。このような経営会議への参加を通して会社の全体像を把握した茅忠群は，社内の経営管理体制の様々な問題点に気づかされることになった。

②「幇三年」

1999～2001年の3年間は「幇三年」である，後継者に対して少しずつ経営管理権を移譲しながらサポートする期間であった。

1999年，茅忠群は，経営会議への参加を通して問題点に気づいていた従来の営業体制にメスを入れる決断をした。従来，方太グループではすべての営業員が本社に籍を置きながら国内各地で営業活動を行なっており，販売方法に関して大きな裁量権を与えられ，賃金も歩合制であった。この方法は有能な営業員にはメリットが大きいものの，本社にとっては管理が難しく，効率も悪かった。そこで，全国の重要な販売地域において販売子会社を設置し，その周辺地域の営業員はすべて販売子会社に籍を置き，その管理を受けるという方法への転換を図ろうとした。当初は多くの営業員から反発を受けたが，父の協力のもとで段階的に営業改革を推し進め，大幅な効率化を実現させた。

方太グループのキッチン換気扇は発売当初より高品質と評判になり，1999年には早くも国内2位の市場シェアを獲得した。しかし，かつてキッチンライターがそうであったように，ここでもメディアが方太グループの成功を大きく報じたことにより，多くの模造品が市場に出現した。模造品は圧倒的に品質が劣り，方太グループの商品イメージを傷つけるものであったため，速やかに模造品撲滅を図らなければならなかった。しかし，茅忠群は当時，営業改革で苦戦しており，限られた時間と労力を模造品撲滅に費やす余裕がなかった。そのため，茅理翔がイニシアティブをとり，全国各地で模造品撲滅キャンペーンを展開した。方太グループではキッチンライター事業の失敗を教訓として知財管理関連のノウハウが蓄積されていたため，模造品撲滅キャンペーンは成功し，市場から模造品が駆逐されていった。

また，この時期，茅忠群は自身の経営チーム構築を本格化させた。「中国企業ランキング500」に名を連ねる有力企業での勤務経験をもつ即戦力人材を多くヘッドハンティングし，社内管理業務や営業業務を大きく改善させた。茅忠群を中心とする新しい経営チームを構築するにあたって，茅父子は「家族経営の希薄化」という概念を提起し，それを実行に移した（次節にて詳述）。

③ 「看三年」

2002～04年の3年間は「看三年」であり，後継者に対してすべての経営管理権を移譲し，できる限り口出しをせず，傍らで見守るという期間であった。

2002年，茅理翔は茅忠群に対してすべての経営管理権を移譲し，企業経営の第一線から退いた。当初はほぼ毎日出社していたが，徐々に出社回数を減らすようにした。あえて出社を控えることで，茅理翔は茅忠群に対して「安心している」，「信頼している」というメッセージを伝えるとともに，社内外のステークホルダーに対して「経営の実権はすべて茅忠群に移行済みである」，「茅忠群は有能な経営者である」というメッセージを伝えようとした。

この時期，茅忠群は引き続き即戦力人材のヘッドハンティングを行なう一方で，社内人材育成制度の強化にも注力するようになった。この頃になると，方太グループは毎年，大学新卒者を100人程度採用するまでになっていたが，このような採用方法は，総じて大学新卒者の一括採用を積極的に行なわない中国本土の人材市場では非常に珍しく，メディアによって大きく報じられた。

また，この時期に着手された重要な取り組みの1つが，次項で記述する企業理念の明文化であり，これも茅忠群が主導した。

「看三年」の最終年にあたる2004年には，方太グループの経営は茅忠群を中心とする2代目経営チームによってつつがなく遂行されるようになっており，茅理翔は後ろ髪を引かれることなく，先述の社会貢献活動（事業承継支援事業）に専念することができたのである。

2-4　企業理念の明文化

先述のように，「看三年」(2002～04年）に入ると，すでに経営の実権を掌握していた茅忠群の主導により，企業理念の明文化が本格的に進められることになった。当時は2001年のWTO加盟を契機として中国本土の経済成長がさらに加速化する時期であり，何より経済利益が優先され，倫理道徳が等閑にされがちな社会環境にあって，茅忠群は，方太グループを健全な成長へと導くために，企業としての経営目標，社員の行動指針を明示する企業理念の必要性を痛感するようになっていた。こうして明文化された方太の企業理念は，以下のミッション・ビジョン・核心的価値観の３項目で構成されている。

①　ミッション「私たちのホームをより良いものに」

社員教育用刊行物『方太価値観（第２版）』(2012) によれば，それは「高品質のキッチン製品を提供し，健康的で環境にやさしいライフスタイルを提案することで，何千万もの家庭に幸福な居住生活をもたらす。そして，方太社員全員の物質的・精神的幸福を追求することにより，この方太という『大家庭』をもっとすばらしいものにする」ことを意味している。なお，ミッションは2018年に「億万家庭の幸福のために」に変更されている。茅忠群によれば，それは「最高品質の製品とサービスを提供し，健康的で，かつ環境に優しいライフスタイルを創造し，中国の優れた伝統文化を発信し，億万家庭により良い生活をもたらし，幸福かつ円満な人生の実現に貢献する」こととととらえられている。

②　ビジョン「誰からも尊敬される世界クラスの企業になる」

前出『方太価値観（第２版）』によれば，それは「高級ブランドのモデル」，「卓越した経営管理のモデル」，「社員から尊敬される優秀な経営者のモデル」，「積極的に企業の社会的責任を全うし，社会の進歩に貢献する企業のモデル」という４つの目標で構成されている。なお，ビジョンは2015年に「偉大な企業になる」に変更されている。茅忠群によれば，それは「経済的組織として顧客の需要を満たし，新しい需要を生み出すだけでなく，社会的組織として社会的責任を積極的に担う。常に人を正しい道へと導き，人類社会の真善美を促進する」こととととらえられている。

③　核心的価値観「人品・企品・産品の三品合一」

核心的価値観とは，「方太人の世界観，人生観，事業観などあらゆる価値観を凝縮させたもの」を意味している。「人品」は社員の品格，「企品」は企業の品格，「産品」は製品の品格をそれぞれ示している。

「三品合一」という概念そのものは，企業理念の明文化を主導した茅忠群ではなく，茅理翔によってつくられたものである。その経緯について茅理翔は次のように述べている。

「1996年に方太を設立したとき，私は息子とともに，なぜ私の会社が3回も倒産の危機に直面することになってしまったのか，突き詰めて考えてみました。その結果，最大の原因は，私たちには独自の『品牌』（ブランド）が欠如していたからという結論に辿りつきました。それで，私たちは方太独自の『品牌』をつくり出そうと決意しました。

そもそも『品牌』とは何か，真剣に考えました。『品牌』とは，何より『産品』が良いこと。人のものを模倣するだけではだめで，自分の技術，『産品』を高めないといけません。しかし，『産品』だけでは不十分で，『企品』を高め，良い企業文化を構築しなければなりません。しかし，『産品』と『企品』だけでも不十分。当時，不誠実な企業家が多く現れ，『人品』が悪いために，会社が倒産に追い込まれるケースが多くみられました。こうした失敗例を目の当たりにして，『人品』を大事にしなければならないと痛感しました。このように，『三品合一』は，私たちが日々の経営活動のなかで導き出したものです。

私が『三品合一』を最初に提起したのは1999年のことであり，その後2002年になって息子がその内容にアレンジを加えました」。

このように，「三品合一」という概念は，茅理翔自身の決して順風満帆ではなかった企業家人生のなかで得られた教訓のうえに構築されたものであった。

1999年に茅理翔が提示した「三品合一」の原形は，現在のものとは文言や順序が若干異なっており，「産品」・「廠品」（工場の品性）・「人品」という形であった。2002年，茅忠群は，企業理念の明文化を図るにあたり，父に対して，①「三品合一」を核心的価値観にすること，②「廠品」を「企品」に変更すること（今や方太グループは町工場の発展形ではなく，中国本土のキッチン家電業界を代表する大企業であるから)，③「三品」の順序を「人品」・「企品」・「産品」に変更すること（「三品」のなかで「人品」が最も重要であるから）を提案し，どれも快諾された。

2-5　儒教経営の実践

このような企業理念の明文化にあたっては，もう1つ重要な「伏線」があった。2000年代初頭の中国本土では急激な経済成長にともなって，全国各地で不動産開発ブームが生じた。それが追い風となり，キッチン用家電製品の需要が拡大し，方太グループも急成長を遂げていった。拡大の一途を遂げる会社組織を前に，茅忠群は従来の経営管理法をもって対応することに限界を感じるようになった。藁にも縋る思いから，国内の名門ビジネススクールのEMBAプログラムを受講し，自社をどのように牽引していくべきかについて熟考を重ねた。その結果，彼は儒教に大きな可能性を見出すことになった。

「儒教文化は中国の伝統文化ですので，違和感はまったくありませんでした。幼い頃に親から受けた教えもそうですが，私個人がもっている価値観もまさに儒教の教えそのものでした。ですから，ある儒教文化の授業で先生の解説を聞いた時に，『これだ！』と閃いたのです。方太に儒教文化が必要だと，導入しようと決めたのです」。

こうして儒教思想を精力的に学ぶようになった茅忠群は，方太グループを健全な発展へと導くために，何のために自社が存在するのかを明確に示す企業理念の必要性を痛感するようになり，それを明文化する作業に着手した。こうして生み出されたのが，前出の3項目（ミッション・ビジョン・核心的価値観）からなる企業理念である。3項目は「三観」と称され，そこにも儒教的世界観が色濃く反映されている。

前出の核心的価値観「三品合一」においては，3つの品格のなかでも特に「人品」が重視されている。この「人品」の意味するところを具体的に示すために，茅忠群は，儒教の根幹をなす5つの徳目「五常」，すなわち「仁」・「義」・「礼」・「智」・「信」を主軸とした概念図式を提示した。自ら編集に携わった社員手帳や多くの社員教育用刊行物を通して，儒教を学ぶ意義，そして，方太グループにおける儒教に依拠した企業理念の目指すべきところを社員たちに伝えてきた。また，「五常」は全社員対象の人事考課制度においても重視されてきた。

「『仁』には思いやりの心や他人に対する優しい気持ち，責任感などの内容があります。『義』は正義に徹することや，原則を守ることなどを指しています。『礼』には法律遵守はもちろん，社内ルールの徹底などが求められます。『智』については，やはり社員たちが自ら進んで自己啓発をしたり，常に考えながら仕事に従事したり，イノベーション精神をもってもらいたいですね。『信』は信用や信頼関係のことで，約束を守ったり，常に信頼される人間であったり，心掛けだけではなく，行動でも実践してもらいたいですね。偉大な企業は人を善へ導きます」。

2008 年，茅忠群は，この年にオープンした本社新社屋のメインエントランス近くに「孔子堂」を設置した。企業がその社屋内に孔子堂を設置するのは中国本土ではじめてのケースであったため，設置直後にはメディアに大きく取り上げられた。孔子堂設置後，日常的に『論語』をはじめとする儒教経典にふれることが推奨されるようになり，その結果，毎朝始業前に自主的に孔子堂で経典を誦読する社員が多くみられるようになった。

2009 年，茅忠群は社内各部署の責任者を集めて「儒教経営推進委員会」を立ち上げた。月 1 回のペースで会議が開かれ，儒教に依拠した企業理念をいかにして現場の経営管理に落とし込んでいくのか，そして，理念をいかにして社内に浸透させていくのか，といった点が活発に議論されてきた。こうした儒教経営の実践をめぐる近年の重要な取り組みの 1 つが「五個一」（5 つの一）の実践である。この「五個一」とは，2017 年に茅忠群が提起したものであり，具体的な内容は次の通りである。

① 「立一個志」（1 つ人生の目標を立てよう）。
② 「読一本経」（1 冊良い書物を読もう）。

写真 5-3　社内に貼り出された茅忠群自身の「五個一」

出所：方太グループ提供

③「改一個過」(1つ誤りを改めよう)。
④「行一次孝」(1つ親孝行をしよう)。
⑤「日行一善」(毎日１つ良いことをしよう)。

この「五個一」について，発案者の茅忠群は次のように述べている。

「儒教文化を方太の企業文化として確立しようと，ずっと推進してきたのですが，効果はいまいちでした。社員数も多くなってきているし，特に若い社員たちは儒教文化に対してなかなか納得してくれませんでした。単に話を聞いてもらい勉強してもらっても，具体性と実行性が乏しかったのです。やはり具体的に何をやれば良いかを明確にしておかないと，実感が湧かないんですね。それで，どうすれば良いかとずっと悩んでいたところ，この『五個一』の実践にたどり着きました。明確でわかりやすいですし，難しいことが何もないですよね。社員たちにこの『五個一』を実践してもらって，修行を積んでもらって，みんなで本当の真善美を追求していこうとしたのです。…具体的なやり方としては，私も含めて，まず幹部たちの『五個一』の内容を壁に張り出して，全社員に公開したのです。社員たちからの監督を受けるということですね。やはり会社のトップは率先垂範してやっていかないと。そうしたら反応がとても良くて，若い社員たちも積極的に実践してくれるようになりました」。

また，方太グループでは全国に広がる販売子会社の社員のために「回家看看」（里帰りしよう）と称される研修制度が設けられており，この制度も儒教経営という点に関して非常に重要な機能を果たしてきた。その具体的内容は，毎年秋に販売子会社の成績優秀な社員が本社に招待され，1週間程度の本社滞在中に経営幹部との交流，研修プラン（そのなかには孔子堂での儒教思想に関する講義も組み込まれている）などに参加する，というものである。この「回家看看」という概念は儒教の「孝」精神を喚起させるものであり，本社を社員の実家に見立てたメタファーといえる。

先述のように，茅忠群は自らEMBAプログラムを受講して最新の経営学を学ぶとともに，グローバル企業での勤務経験をもつ即戦力人材のヘッドハンティングを実行するなどにより欧米や日本の先進的な経営管理法の導入・実践に努めた。このような努力を通して彼が辿り着いた1つの結論は，ただ海外の経営管理法を導入するだけでは不十分であり，それに加えて中国の伝統思想による下支えがあってこそ意味をなす，ということである。この点に関して彼は「中学明道，西学優術，道術結合，以道御術」というフレーズ（「16文字方針」）により自身の考えを表現している。和訳すると，「中国の学問は『道』に明るく，西洋の学問は『術』に優れる。これらを調和させ，『道』をもって『術』を御する」となる。その意味について彼は次のように述べている。

「中国には深い儒教文化があって，私たちにとって大変重要であり，『道しるべ』のような存在です。これは『道』，つまり根幹となる考え方です。そして，諸外国には多くの優れたマネジメントの方法があります。私たちはやはりこれらの優れた方法，つまり『術』をきちんと学ばなければなりません。しかし，諸外国の『術』を，中国企業，中国文化にどう適応させるべきかという問題がありますが，私たちは単に『術』を真似するのではなく，やはり中国の『道』と融合させて，儒教文化にもとづいて，これらの優れた『術』を活かさなければなりません」。

では，茅忠群は，どのように海外の優れた「術」を中国の「道」に融合させ，自社の経営管理に活かしてきたのか。方太グループでは海外から先進的な経営管理法を導入・実践した事例が多くみられてきた。日本と深く関係する一例をあげると，2018年4月より同社では日本から専門家を招聘し，その指導を受けながらトヨタ生産システムを学び，その導入に取り組んできた。周知の通り，トヨタ生産システムとは，トヨタ自動車が確立した，徹底的に無駄を排除する生産方式のことであり，「リーン生産方式」とも呼ばれる。このトヨタ生産システムという「術」に関して茅忠群は次のように述べている。

「トヨタ生産システムは非常に優れた『術』ですよ。『社員搾取』という批判もあるかもしれませんが，私はそう思いません。生産のなかの無駄を徹底的に排除することは，儒教でいいますと『仁』で，つまり社員たちへの愛の表れだと思います。無駄がたくさんあると，社員たちは一生懸命に頑張って仕事しても，その努力は付加価値に転換できない。理不尽なんですね。無駄を徹底的に排除して優れた製品を生産することこそ，社員の労働に対する尊重だと思います。ですから，私たちは時間をかけて，本物のトヨタ生産システムを学んで，徹底的に導入したいと思います。もちろん，単なるコピペでは成功しません。トヨタ自動車とは製品も違いますし，ビジネスモデルも違いますから。必ず会社の現状にもとづいて内容を消化・吸収して，最終的に『方太生産システム』をつくり出したいと考えています。また，こうすることを通じて，個々の従業員の成長にもなりますので，私たちにとっては『一石多鳥』ですね」。

このように，茅忠群は，海外の先進的な「術」（経営管理法）に対して，常に「道」（儒教）からの解釈に努め，それによって，全社員が納得できるような論理の再構築を図ってきたのである。

茅忠群が本格的に儒教経営を展開するようになった2000年代半ばにおいては，企業間での有能な人材の奪い合いが激しさを増しており，方太グループにあっても人材確保が従来以上に大きな課題となっていた。同社が本拠地とする寧波は経済先進エリアに分類されるが，給与水準やビジネスチャンスという点では北京や上海，広州，深圳といった超巨大都市に比べて見劣りすることは否めない。それゆえ，同社が有能な人材の確保を図る場合，「マネーゲーム」という方法では自ずと限界があり，こうした現実認識から茅忠群は儒教に依拠した企業文化の構築という方法に可能性を見出した。その後の同社の持続的発展をみる限り，この発想転換は吉と出たといえよう。

以上のような方太グループにおける儒教経営の実践は，様々なメディアを介した巧みな情報発信によりすでに多くの追随者を獲得している。このように追随者たちが方太グループに惹かれているのは，当社の圧倒的な実績によるところが大きいであろうが，とはいえ，そこで求められているのは，事業規模拡大・利益拡大のための「術」だけではなさそうである。

3　方太グループの家族経営

3-1　茅家に受け継がれてきた起業家精神

方太グループが本社を構える寧波は古くから中国有数の商業都市として知られ，起業家精神が旺盛な土地柄である。寧波出身の商人は「寧波商幇」[7]と称され，「香港の海運王」包玉剛（Y・K・パオ），「香港の映画王」邵逸夫（ランラン・ショウ）がその代表格である。このような地域性をもつ寧波で生きてきた茅家の人々にも，起業家精神が脈々と受け継がれてきたようである。

茅理翔によれば，生家は「勤勉，倹約，誠実，そして，やや『読書人』的な家柄」であったとようだ。祖父・茅爾楨（1862～1933）は人柄が良く，商才にも恵まれた。地元の豪商に将来性を見込まれ，その娘を妻にした。しかし，当時の中国社会は列強諸国の侵攻・占領を受けて混乱しており，祖父の商売もうまくいかなかった。清代末期に生まれた父・茅長明（1909～96）は7人きょうだいの第6子で，幼い頃に両親から厳しくしつけられた。13歳で実家を離れ，菓子店での丁稚奉公を経験した。奉公先での4年間において子守，家事手伝い，菓子づくりの見習いに従事する一方で，自ら読み書き算盤の能力向上に積極的に努めた。しかし，父の青年～壮年期は長く続いた戦争と政治闘争の時代であり，不幸にも自らの能力を存分に発揮できる場を得ることができなかった。

1941年生まれの茅理翔は3人きょうだいの長男である。貧しい家庭環境で育った彼がどのようにして企業家になっていったのか，そのプロセスに関しては前節で記述した通りであるが，ここでは彼が長男・茅忠群と長女・茅雪飛に対して行なった家庭内教育にふれておく。

「子どもたちがまだ小さい時，2人とも小学校に通っていた頃かな，私は当時，まだ自分で起業していなかったんですが，なぜか彼らにはいつも『将来，力を合わせて茅家グループをつくろう』と話していました。本当に不思議ですね。やはり寧波という地域では昔から『寧波商幇』のような著名な企業家が多いですから，自分もいつかには起業しようと，頭のなかのどこかで思っていたのでしょうね。その後，自分で事業をはじめてからもずっと彼らに『将来，力を合わせて茅家グループをつくろう』という夢を語り続けました」。

先述のように，茅理翔が直面した3つの危機すべてにおいて最も重要な意味をなしたのは，茅家メンバー（親子4人）の強固な結束であり，それによりすべての危機を乗り越えてきた。茅理翔が描いた「夢」は現実のものとなり，今や茅家がつくり出した方太グループは，現代版「寧波商幇」の重要な一角を担っているといっても過言ではないだろう。

3-2　親子間のオープンなコミュニケーション

古今東西を問わず，家族企業の事業承継といえば，親から子へと事業が引き継がれるという形が一般的であるが，その場合，親子間のコミュニケーションのあり方が事業承継の成否に与える影響は非常に大きなものになる。特に生活様式や価値観が急激に変化しているような社会では世代ギャップが大きくなり，親子間のコミュニケーションが困難になる。今日の中国本土はまさにそうした社会環境にある。

この点に関して，方太グループでは父・茅理翔と子・茅忠群の間で一貫して非常にオープンなコミュニケーションがとられてきた。ここでいうオープンなコミュニケーションとは，父の意思が絶対で，子がそれに従わざるを得ないというものではなく，父と子が対等な立場で忌憚のない意見を出し合い，時にはぶつかり合いながら，互いが納得いくまで議論し尽くしたうえで意思決定を行なう（議論の結果，父のほうが折れることもある），というものである。方太グループのテイクオフ期において決定的な意味をなした事業転換（キッチンライターからキッチン用換気扇への転換）をはじめ，会社移転，2代目経営チームの構築，社名変更，営業システムの改革，模造品撲滅キャンペーン，企業理念の明文化，儒教経営の実践といった重要な意思決定はすべて父子間のオープンなコミュニケーションの産物であった。もちろん，オープンにそれぞれの意見を出し合うとなると，時には意見が激しくぶつかるというようなこともあるが，こうした場合には，前出の社名変更をめぐるエピソードに象徴されるように，母・張招娣が父子間の「橋渡し」として重要な役割を果たした。

3-3　突発的発生リスク対策――「三三制」

事業承継方法に関する実践書を紐解くと，必ずといってよいほど，円滑な事業承継のためには，できる限り早くから余裕をもって承継計画を講じることが必要であるとの記述がみられる。しかし，現実にはそのように事が進まない場合が多い。特に譲る側が創業者である場合，事業が人生そのものとみなされ，当人も周囲も余裕をもって「引き際」の準備にあたることが困難である。そのため，承継計画が遅々として進まないまま時間だけが過ぎ去り，突発的発生リスク，つまり，高齢化した経営トップが突然他界し，混乱状態のなかで十分な経営能力を備えていない未熟な後継者が事業を承継しなければならなくなる危険性が高まってしまう。

この点に関して，方太グループでは茅理翔が自身の「引き際」の時期と後継者の経営能力獲得に必要な時間を考慮しつつ，前出の「三三制」という中長期的な視野に立った段階的・漸次的な承継計画を立て，実行に移した。こうして，茅理翔の引退準備と茅忠群の経営能力獲得のための時間的余裕が確保されたことにより，父から子への事業承継が極めて円滑に実現された。

なお，茅理翔によれば，「三三制」の時間配分に関しては，「帯三年」・「幇三年」・「看三年」の3段階である必要はあるが，それぞれの段階が絶対に3年である必要はなく，後継者の成長レベルに合わせて期間を設定すれば良い，とのことである。

3-4 「院政」の否定──「三交」

先述の「引き際」とも関係するが，事業承継方法に関する実践書では，事業承継に対する阻害要素の１つとして，経営トップ交代後も先代経営者が経営の実権を握り続けること（「院政」）の弊害について指摘されることが多い。

この点に関して，方太グループでは茅理翔によって明確に「院政」が否定された。先述のように，2002年，彼は茅忠群に対してすべての経営管理権を移譲し，企業経営の第一線から退いた。「看三年」のはじまりである。当初はほぼ毎日出社していたが，徐々に出社回数を減らすようになった。その経緯について彼は次のように振り返っている。

「最初の頃は，役員たちも本当に私が完全に手を引くのか半信半疑だったようです。私が会社にいると毎日役員がやってきて私に報告するので，そんな時は『私には報告しないでくれ。報告するなら社長のところに行ってくれ』といいましたが，なかなか聞いてくれません。役員たちにしても，会長がいるのに，会長を素通りするのは難しかっただろうと思います。それで，私は極力出社しないようにして，外をあちこち回ることにしました。それまでの『帯三年』・『幇三年』の６年間，息子の経営管理や人事，技術開発の仕方を間近にみて，安心しておりましたので，何の不安もなく，完全に会社を息子に譲りました」。

また，この「看三年」期間において，茅理翔は，事業を譲る側の心得として，「三交」という概念を提起し，実行に移した。中国語の「交」には「譲る」という意味があり，「三交」は「大胆交」（大胆に譲る）・「決心交」（決心して譲る）・「徹底交」（徹底的に譲る）の３つで構成される。それは，後継者に対する絶対的な信頼があってこそのものであるが，それにより，経営管理権の所在が明らかになるとともに，茅忠群の経営トップとしての主体性が高まることにもなった。

3-5　ネポティズムの否定──「家族経営の希薄化」

一般的に，家族企業は，創業家メンバーが自社株式の圧倒的多数を保有し，経営上の意思決定に対して絶大な影響力をもっている企業のことを指している。こうした家族企業では後継者選びや重役人事において創業家メンバーが優先される傾向があるが，その際，あまりにも能力を度外視した，閉じられた人選がなされてしまうと，経営に悪影響が及ぼすことになる。このような過度のネポティズム（縁者贔屓）に起因した家族企業の破綻事例は，古今東西を問わず数多く存在する。

この点は，中国本土の家族企業の事業承継を考えるうえで非常に重要な意味をなしている。第2章で示した通り，中国の伝統家族は何よりも血縁系譜の連続性を重視するのに対して，日本の伝統家族は世帯経済共同体の連続性を重視し，そのためには血縁系譜の連続性を放棄することも厭わない。こうした伝統的家族制度の違いは2つの社会の家族企業のあり方にも大きな影響を及ぼしており，前者の家族企業は，後者のそれに比べて，創業家以外の非血縁者を経営の中枢に迎えることに消極的である。それゆえ，今日の中国本土の家族企業においても先述のようなネポティズムの弊害が起こりやすい。

この点に関して，方太グループでは早い時期より「家族経営の希薄化」という概念が提起され，実行に移された。この概念について茅理翔は次のように述べている。

「私たちは，有能な管理職人材を得るために，できるだけ家族的要素を薄くしていこうという考えを提示しました。創業家のメンバーがその会社の経営陣に入ってくると，どうしても創業家以外の従業員の間に不満がたまるでしょう。今後，会社を大きく発展させるためにも，できるだけ家族的要素を薄くしなければいけないと思いました。もちろん，家族企業の特性を否定するわけではなく，それには強みもあります。経営管理業務は創業家以外のメンバーにも担ってもらいますが，家族企業であることを放棄するつもりはなく，経営トップは創業家メンバーである必要があると考えています」。

しかしながら，この「家族経営の希薄化」は何の苦労もなく実行されたわけではない。この時期に創業家内部で生じた1つの衝突について茅理翔は次のように振り返っている。

「実は，この時期に私ども創業家のなかで非常に頭の痛い問題が起こりました。私の弟，当時すでに50代でしたが，もともと勤務していた会社が倒産してしまい，次の行き先もないので，方太に入りたいといってきました。弟を会社に入れること自体は問題なかったのですが，その時に弟が私に出した条件が『部長クラス以上の待遇で』ということでした。もちろん，弟の考えもわかります。弟からすれば，会長が兄で，社長が甥であり，自分が会社に入るなら，何らかの高いポジションでないと面子が立ちません。しかし，その時点ですでに私たちは，できるだけ家族的要素を薄くすることを宣言しておりましたので，もし弟の例外を認めると，この宣言に反することになります。だから，なんとしても弟の要求を認めることができませんでした。しかし，その時，私は当時80歳の母から『あなたは豊かになり，成功しているけれども，身内である弟を見捨てるとは非常に理不尽なことをしている』と叱責されました。これは本当に難しい問題で，経営者としての責任を優先するか，それとも親孝行を優先するかで随分と悩みました。それで，私は母を前に一晩中土下座して『私なりの解決方法で弟の仕事の問題を解決しますので，許してください』といい続け，許しを請いました。本当につらい経験でした」。

このルールに従って，茅父子は創業家内での衝突を処理するとともに，積極的に外部から即戦力人材を獲得することで，血縁ではなく能力をベースとした2代目経営チームが構築されることになった。

3-6　創業家女性メンバーの積極的な役割

先述のように，1980年代半ばにはじまる茅理翔のビジネスは順風満帆ではなく，最初の10年間に3度の大きな危機に見舞われた。3度目の危機は方太グループの誕生につながったが，その前の2度の危機においてはいずれも茅家の女性メンバーが非常に重要な役割を果たした。最初の危機では妻・張招娣が安定した職を投げ打って，夫の事業に加わり，社内管理業務全般を引き受けた。これにより，茅理翔は外回りの業務に専念することができ，その結果，キッチンライター事業につながっていった。そして，2度目の危機では長女・茅雪飛とその夫がやはり安定した職を辞し，父のキッチンライター事業に部品供給する新会社を設立した。

また，方太グループ創業時には，茅父子の間で激しい意見対立があったが，その際には張招娣が父子間の「橋渡し」として重要な役割を果たした。さらに，彼女は現在も方太グループの監査役として茅忠群の経営をサポートしている。妻・張招娣について茅理翔は次のように述べている。

「家内はすごい人ですよ，経営能力も高いです。1度目の危機の時，家内の助けがなければ，私は何もできなかったでしょう。おそらく，そのまま工場を閉鎖して，ビジネスをやめていたでしょう。もちろん，今の方太もなかったと思います。1996年に方太をつくった時，家内は方太の副会長で，生産部門と購買部分を管轄していました。2002年頃，外部の優秀な人材を導入して忠群に自らの経営チームをつくってもらうために，私は，忠群に社長の座を譲って，方太の経営から身を引きましたので，家内も自ら副会長を退任しました。今は私の身の回りの面倒をみながら，方太の監査役として重要な仕事をしてくれています。家内のバランス感覚はすごいと思います。調子に乗って関与しすぎると，忠群もやりにくいでしょう。家内はバランスよく方太と忠群を支えています。普段，方太の経営にはあまり立ち入ることもないですが，社運にかかわる重要なプロジェクトにおいてはしっかりその役割を果たしてくれています」。

このような中国本土の家族企業における創業家女性メンバーの積極的な役割の背景には，社会主義イデオロギー（特に「男女平等」という基本理念）の影響が見え隠れしている。

4　方太グループの財産経営

家族企業では，創業者から第2世代，さらに第3世代へ事業が承継されていくなかで，株式が多くの創業家メンバーに分散してしまうリスクが高まってゆく。こうした株式の分散は不確定要素を高めるので，家族企業の経営にとって望ましいことではない。それゆえ，株式の分散リスク対策が必要となるが，これを行なうのは決して容易なことではない。

この点もやはり中国本土の家族企業の事業承継を考えるうえで非常に重要な意味をなしている。第2章で示した通り，中国の伝統家族では均分相続（「諸子均分」）が一般的であり，長子相続（長子がほとんどの財産を相続）が一般的な日本の伝統的家族制度とは対照的である。こうした伝統的家族制度の違いは，やはり日中の家族企業のあり方にも大きな影響を及ぼしており，今日の中国本土の家族企業においても，日本のそれに比べて，世代交代のたびに大きく資産が分散する傾向がある。現代社会の「常識」では，きょうだい間の平等性を想起させる均分相続は望ましいこととみなされるであろうが，家族企業の事業承継という点から考えると，均分相続はむしろ阻害要素になる可能性が高い。

この点に関して，方太グループでは創業者・茅理翔により「ポケット原理」（家族の資産を1つのポケット（＝財布）にまとめるのではなく，子どもたちそれぞれに別々のポケットを与える）という概念が提起され，それに即した株式分散リスク対策が講じられてきた。具体的には，茅理翔は長男・茅忠群と長女・茅雪飛のそれぞれに方太グループと飛翔グループ[8]という別々の「ポケット」を与えるとともに，それぞれの会社のトップが自社株式の圧倒的多数を所有するように促した。これにより，茅理翔は，第2世代における株式分散リスクを抑え込んだのである。この「ポケット原理」について茅理翔は次のように振り返っている。

「1996年に方太をつくった当初から，雪飛の方太とのかかわりを切っておきました。もちろん，今は雪飛にも自分のビジネスを順調にやってもらっています。…　息子と娘，同じ親の子どもなんですね。親としては２人とも幸せになってもらいたいです。しかし，株式に関しては，やはり明確にしておく必要があります。そうしておかないと，お家騒動になって家族がバラバラになってしまう可能性があります。また，中国ではよく子どもたちに家の財産を平等に分けるというやり方がありますが，お金なら平等に分けられるかもしれませんが，会社の株式は経営権とかかわっていますので，無理ですね。株式を平等に分けて何人かの子どもにわたして，最終的に企業経営そのものがダメになってしまう。このような事例は中国でいっぱいありますからね。ですので，私は２つのポケットを用意することにしました」。

5　まとめ

本章では，企業経営・家族経営・財産経営の３側面から方太グループの事業承継経験について記述してきた。

改めて記述内容を整理すると，まず企業経営に関しては，方太グループの設立が茅家ファミリービジネスにおける父・茅理翔から子・茅忠群への事業承継のはじまりであったという点に大きな特徴がある。そして，その事業承継プロセスは，事業内容，組織体制，経営管理システム，販路など多方面にわたるドラスティックな転換とともに進行したものであり，まさに事業承継を契機としたイノベーション（「第二創業」）の成功事例であるといえよう。また，方太グループでは茅忠群の強力なリーダーシップのもとで儒教に依拠した企業理念を構築するとともに，その社内浸透のための様々な仕掛け（「孔子堂」，「五個一」，「回家看看」など）を講じてきた。その仕掛けは大いに功を奏し，同社は有能な人材の確保に成功するとともに，設立以来四半世紀にわたって持続的発展を遂げてきた。

一方，家族経営に関しては，家族企業の事業承継プロセスにおいて普遍的に起こりがちな家族関係の諸問題を念頭に，茅理翔・茅忠群父子は，「三三制」（突発的発生リスク対策），「三交」（「院政」の否定），「家族経営の希薄化」（ネポティズムの否定）といった独自の方法を考案・実践し，円滑な事業承継を実現させた。それは父子間のオープンなコミュニケーションがあったればこそ可能になったものであり，また，そこで「橋渡し」的役割を果たした母・張招娣も存在も非常に大きかった。

さらに，財産経営に関しては，家族企業の事業承継における普遍的な課題といっても過言ではない，自社株式の分散リスク対策をめぐって，茅理翔は「ポケット原理」という独自の方法を考案・実践し，円滑な形で方太グループの株式が茅忠群1人に集中するように取り計らった。

こうした方太グループの事業承継をめぐる様々な経験知は，事業承継問題がすでに喫緊の社会的課題でありながら，その成功モデルがほとんど存在していない今日の中国本土において非常に希少価値があり，近年における目覚ましい業績向上とも相まって，国内の家族企業経営者や研究者，政府関係者，メディア関係者の間で大いに注目を集めている。このような社会的需要に応えるべく，近年，茅理翔は事業承継支援事業を自身の「第3の創業」と位置づけ，積極的に展開している。この事業の中核をなしているのが，2006年に彼が私財を投じて設立した寧波家業長青接班人学院である。そこでは，事業承継期にある家族企業を対象とした研修課程（創業者と後継者がともに参加し，今後の事業承継計画について議論する場）が設けられ，これまでに国内各地から4,000社を優に超える家族企業が参加している。この他にも，事業承継支援事業の活動項目としては，地元大学との連携による家族企業研究基金の設立，大規模な国際家族企業フォーラムの定期開催，家族企業の事業承継やガバナンスに関する著書の出版（茅 2013，他多数）など枚挙に暇がない。こうした一連の事業承継支援事業を通して，彼は自身の経験に即した事業承継モデルを社会に向けて積極的に発信している。

注

1　方太グループ（中国語では「方太集団」）は寧波方太厨具有限公司を中核とした企業グループである。

2　筆者らは2012年より10数回にわたり茅理翔・茅忠群父子へのインタビューを行なってきた。

3　ここでは事業承継学会2012年度オープンフォーラム（2012年6月9日，同志社大学）での茅理翔の講演録，不易流行交流協会主催「方太儒道講演会」（2018年5月8日，同志社大学）での茅忠群の講演録を使用している。

4　人民公社とは，1950～60年代の中国農村部において郷（村）を単位に結成された組織である。「政社合一」と称され，経済（生産）面だけでなく，政治・軍事・教育・保健などあらゆる領域の行政が一体となっていた。社隊企業とは，人民公社の生産隊が設立した中小企業であり，郷鎮企業の前身にあたる。

5　キッチンライターとは，日本では一般名称が普及しておらず，むしろ「チャッカマン」（株式会社東海の登録商標）という個別商品名のほうがよく知られている。

6　第3章（松栄堂ケース）の注4を参照されたい。

7「商幇」とは，商売を目的に結成した地縁的集団であり，集団内においては，各商人の行動規制，過度な競争の禁止，相互扶助の促進といった機能をもつ。「寧波商幇」は「十大商幇」の1つとされる。

8　飛翔グループを引き継いだ茅雪飛夫妻は，しばらくキッチンライター事業を維持したが，単純商品ゆえに，利益が目減りしていった。2003年，茅雪飛夫妻は，思い切った企業転換を図るべく，バーベキュー用調理器具の需要拡大に目を付け，それを製造する吉盛炉具有限公司を設立した。この事業転換は功を奏し，近年，茅雪飛夫妻の事業も大きな成長を遂げている。

第6章
黛瑪詩時尚服装有限公司（中国本土）のケース

本章は，中国河南省鄭州市に本社を構える高級婦人服メーカー，黛瑪詩時尚服装有限公司の事業承継経験に関するケーススタディである。

1　はじめに

黛瑪詩は2013年に陳秀娜（英語名：Anna Chen, 1966〜）が設立した民営企業（非上場）であり，創業者とその子ども2人がすべての自社株式を保有する家族企業である。後述するように，黛瑪詩には前身があり，それを含めると陳秀娜のビジネスは1990年代半ばまでさかのぼることができる。

黛瑪詩の本社は河南省鄭州市に置かれている。もともとは市中心部に本社を置いていたが，2015年に市郊外に黛瑪詩時尚創意文化産業園を設けた際，本社機能もそこに移した。

黛瑪詩は高級婦人服のデザイン・製造・販売を一貫して行なうアパレルメーカーであり，中国本土各地の高級百貨店や商業施設に100以上の実店舗を直営するとともに，多くの電子商取引プラットフォームにてオンラインショップをも運営している。同社は現在「D'modes（黛瑪詩）」（40代以上向け，高級路線），「CHICHY」（20〜30代向け，カジュアル路線），「Miss D'modes」（20〜30代向け，高級路線）という3つの自社ブランドを展開している。

これら自社ブランドについて簡単にふれておくと，「D'modes」は2000年に立ち上げられた最初のブランドであり，黛瑪詩の根幹をなしている。「D'modes」はフランス語の「Démodé」を語源とする。「Démodé」には「古めかしい」・「時代遅れ」・「流行遅れ」といったネガティブな意味だけでなく，「古典的」・「クラシック」といったポジティブな意味も含まれている。いつの

写真 6-1 「D'modes」店舗外観

出所：黛瑪詩提供

時代にあっても成熟した女性の輝きを最大限に追求していくべきであると考えてきた陳秀娜は，このフランス語に出会い，心を惹かれた。「D'modes」と若干アレンジしたうえで，「黛瑪詩」という漢字をあてた。「黛」は青黒色の顔料を指し，古代女性が眉毛のメイクをする際に用いた色とされ，「美しい女性」という意味で中国古代の詩によく登場する。「瑪」は瑪瑙（めのう）を指し，上品で美しい宝石を意味する。陳秀娜は「優雅さ」・「美しさ」・「女性らしさ」という3つの言葉を「D'modes（黛瑪詩）」のブランドコンセプトと定め，「中国風クラシックの伝承」・「愛の伝承」という思いを製品に込めた。「D'modes（黛瑪詩）」の商品ラインナップは40代以上の女性を主要ターゲットとして展開しており，婦人服の上品さと美しさを演出している。

写真 6-2　創業者・陳秀娜の近影

出所：黛瑪詩提供

黛瑪詩では現在，創業者の陳秀娜が

会長兼社長を務め，長女 Olivia Zheng（1987～）と次女 Monica Zheng（1989～）[1] が本社および子会社の役員を務めている。前出の若年世代向けブランド「CHICHY」と「Miss D'modes」は，近年になって Olivia と Monica の主導により立ち上げられたものであり，こちらも順調に拡大発展している。将来的には陳秀娜から2人の子どもたちへの事業承継が予定されている。

黛瑪詩は，これまでに様々な経営危機を乗り越えつつ持続的成長を遂げてきた。2021年現在においてグループ全体の売上高は5億人民元（当時の為替レートで約80億円）に達しており，社員数は800人を超えている。

以下では，インタビュー記録[2] や社内資料をもとに，黛瑪詩の企業経営，家族経営，財産経営のあり方について記述する。

2　黛瑪詩の企業経営

2-1　創業にいたる経緯

インタビューのなかで陳秀娜は父・陳万春（1935～2019），母・魏水蓮（1936～1994）との思い出を次のように語っている。

「アパレル事業を創業したのは私の天命だと思っています。子どもの頃，家の生活は裕福ではなかったんです。父は中学校の教員で，校長まで務めていましたが，給料が安かったんです。兄2人姉1人，私と4人の子どもがいましたので，家族全員の食費だけで大きな出費でした。お正月，白菜と春雨とお豆腐の煮込み料理が食べられるだけで幸せで，お肉とか餃子とか考えられませんでした。…　家計を助けるために，母はよく縫製の仕事を請け負っていました。母はセンスが良くて，縫製，特に洋服づくりはとても上手でしたので，地元では名前がよく知られていました。母のつくったきれいな洋服を着た子どもたちが本当に喜んでくれていました。私たち4人の洋服もすべて母がつくってくれていました。いつもきれいな洋服を着ていたので，よく他人に褒められて，うらやましがられました。まだ小さな子どもでしたけれど，褒められてとてもうれしかったんです。それで，子どもの頃，大きくなったらお母さんのようにきれいな洋服をつくれる人になりたいとずっと思っていました」。

生家が貧しかったため，陳秀娜は両親の負担を少しでも減らしたいと考え，高校卒業後，大学進学をあきらめ，就職することにした。しかし，生涯を学校教育に捧げた父にとって，彼女の選択は決して喜ばしいものではなかった。彼女は，こうした父の心の内を察するとともに，働きはじめてから学歴社会の現実を思い知らされたこともあって，「自考制度」[3]を利用して地元鄭州の財経学院への進学を目指すことに決めた。その矢先，母が急逝し，一家は大きな衝撃を受けた。

「1994年，母は58歳で亡くなりました。母の死は私たちにとってとても大きな衝撃でした。父は悲しすぎて体調を崩してしまいました。私はすでに結婚して母親になっていましたが，何をどうすれば良いか，まったくわかりませんでした。母の存在が私の中で大きかったんですね。思い返すと，それから半年以上もずっと落ち込んでいて，なかなか悲しい気持ちから抜け出せなかったんです。気持ちの整理がつかなかった私は，結局，その直後の大学入試で失敗したため進学できず，そのままあきらめました」。

進学を断念した陳秀娜は心機一転，自らビジネスを起こすことを決意した。

「父は，私が女の子ですから，地元で何らかの安定した仕事に就き，結婚して安定した生活を送ってほしいという思いをもっていたようですが，私はそのような生活が退屈だと思っていました。たしかに当時の仕事はきつくもなく安定していましたけれど，私はやっぱり小さな商売でもやって自力で食べていきたいとずっと思っていました。しかし，小さな商売でも資本金が必要ですが，学歴がない私はいくら働いても給料が安かったので，貯金がほとんどありませんでした。それで，父に直談判しました。母が亡くなって，家庭の状況は大きく変わりましたので，父も態度を変え，私の考えに賛同してくれました」。

1996年，陳秀娜は安定した仕事を辞め，家族や親族から総額5万人民元を借り，それを元手に若年女性向けのアクセサリーショップを地元の繁華街に開いた。

「1996年，きょうだいや親戚からお金を借りて，金製品やアクセサリーを販売するお店をオープンしました。『方圓金行』という店名でした。中国の昔の貨幣は『銅銭』といって，内側が四角，外側が丸いものでした。『方圓』は，この銅銭のイメージで命名しました。また，自分自身に対してはしっかりとしたルールや価値観をもちつつ，他人に対しては丸く円滑に接するという意味も込めました。このビジネスは本当に大成功でした。お店をオープンした初日，7万元も稼げ，とても嬉しかったんです。親戚も周りの人もみんな驚いていました。私には金運がありました。それで一気に3店舗を開きました。初日のような大繁盛の日はあまりなかったですが，ビジネスとしては結構成り立っていました」。

アクセサリーショップの経営で大きな成功を収めた陳秀娜は，それまで味わったことのない喜びを得ると同時に，「女強人」や「成功者」と呼ばれ，幼い頃に母手製の洋服を着た時と同じような羨望の眼差しを受けたことで大きな自信をつかんだ。さらに大きな成功を目指して，彼女はビジネスに没頭した。

「お金の余裕が出てきたら，やはり自分の視野を広げるためにあちこちへ視察に行きました。香港へ行った時，偶然でしたが，ある女性と知り合いました。その女性の旦那さんが香港でレザー服の卸をやっていると聞きまして，突然アイデアが浮かびました。それは河南省でレザー服の洋服屋をやるというものでした。その当時，レザー服が20～40代の男性の間で流行り出したところでしたが，河南省にはまだそのような洋服屋さんがなかったんです。香港から戻ってすぐにその女性と連絡をとり，鄭州市内に男性向けのレザー洋服店を開きました。当時，鄭州ではレザーの男性服はとても珍しかったので，若者の間で一気に人気が出ました。これもまた大成功でした」。

陳秀娜にはビジネスの才覚があり，運にも恵まれた。レザー服ビジネスも消費者のニーズに的確に応えたことで大成功を収めた。しかし，その頃の彼女は，ほとんどの時間をビジネスに費やしており，これが予期せぬ危機を招来することになった。

「私の離婚は2009年のことです。…　当時（＝1990年代末：筆者注）は結婚していましたが，仕事ばかりしていましたので，家族の面倒をみる時間がほとんどありませんでした。中国の伝統的な家族では，男が外で働いて，女が内で家族の面倒をみるという考え方がとても強いので，元夫や元夫の家族から結構いろいろといわれました。『わかったわ。すべてのお店の経営をあなたに任すから頑張ってね』と，元夫にすべての店をわたして，私は家庭に入り，家族や子どもたちの面倒をみることにしました。日常的に夫婦間のコミュニケーションが足りていなかったので，お互いの理解ができていませんでした。結局，元夫は経営が下手で，大失敗となってしまいました。最後はすべてのお店を閉めることにしたのです」。

このように，伝統的な社会規範（性別役割分業）を受け入れ，ビジネスの世界から身を引いたことにより，陳秀娜は，皮肉にも自ら手塩にかけて育ててきたビジネスをすべて失うことになった。しかし，彼女は失意のなかでも決して希望を捨てなかった。浮上のきっかけとなったのは，亡き母との思い出であった。

「人間って不思議な生き物ですね。苦しい時は自然に母のことを思い出します。お店をすべて失い，これからの生活をどうしようと，本当に悩んで苦しみましたが，ある日，急に母のことを思い出しました。そして，自分の子どもの頃の夢も思い出しました。母はずっときれいな洋服をつくっていましたので，やはり私もきれいな洋服でビジネスしたいと決心しました」。

1998年5月8日，陳秀娜は，手元に残っていた資金をもとに河南省大馬仕服飾有限公司（黛瑪詩の前身）を設立した。それまでのビジネス活動を通じて培った人脈を活用して，香港の洋服ブランド数件の代理権を獲得するとともに，鄭州市内の繁華街で新たに店舗を開き，卸売と小売の双方に従事するようになった。2003年には韓国のアパレルブランド「Arteinterl（阿日黛）」の代理権を獲得し，海外洋服ブランドの代理商ビジネスを積極的に展開していった。

2-2　代理商からメーカーへ

こうして，再びビジネスの世界に戻った陳秀娜は，洋服ブランドの代理商ビジネスにより捲土重来を図ることになったが，そこには大きな壁が待ち構えていた。

「当時，代理商ビジネスは本当に難しかったですね。商品がたくさん売れて，売上高がどんどん上がっていたら，その利益を求めて，メーカーのほうが自ら進出してきます。逆に，あまり売れなくて，売上高が低迷していたら，メーカーのほうから『何をやっているんだ。このまま低迷していたら契約停止だぞ』と脅されました。やっぱり自分でつくっていないし，ブランドも自分のものではないから主導権が握れないんですね」。

インタビューによると，1990～2000年代の中国本土のビジネス界ではまだ契約や法律に関する意識が浸透していなかった。代理権契約が締結されていても，ブランドの所有者である大手メーカーによる恣意的な契約破棄が多発していた。その結果，多くの代理商ビジネスを営む中小企業が商業取引において不利な立場に置かれ，内心不満を抱えながらも，口に出すことが憚られた。河南省大馬仕服飾有限公司もこのような中小企業の1つであった。

「今振り返ってみると，あの頃は本当にいつも怒っていました。メーカーさんは契約を守ってくれなかったんですよ。しかし，いくら自分が怒っていても，メーカーさんに電話する時，また相手の機嫌をとらないといけません。本当に理不尽でした。だって急に契約を切られると，こっちにとって何のメリットもありませんからね。やっぱり自分で洋服をつくらないとダメだと思いました。それと，よく考えてみると，母は自分で洋服をつくっていました。私は1998年から洋服の代理商ビジネスをはじめましたが，それだけでは幼い頃の夢を実現したとはいえなかったんですね。やっぱり自分でつくらないと」。

2009年，陳秀娜は，代理商ビジネスで得た利益を元手に，鄭州市内にて土地を借り，新しい工場を建設した。ミシンなどの機械を大量に購入し，60人の裁縫労働者を雇い入れ，メーカーへの転身を図った。その際，社名も河南省大馬仕服飾有限公司からブランド名を冠した黛瑪詩実業有限公司に変更した。

こうしてメーカーへの転身が実現できたものの，自社のブランド力もデザイン力もなかったため，当然のことながら，無名の中小企業が市場の注目を集めることはなかった。結局，新工場にはOEM（相手先ブランド製造）のオーダーしか来なかった。

「当時，OEMの仕事しかなくて，しかも利益が本当に薄かったのです。毎日大変忙しかったのですが，最後計算してみると，利益はわずかしかありませんでした。OEMではなく，やっぱり自分のブランドをつくらないといけないと切に思いました。もちろん，ブランドをつくっても一気に有名になることはないとわかっていましたけれど，とにかく最初の一歩を踏み出してつくっておかないと何もはじまらないからと決意し，2010年に『黛瑪詩』という自分のブランドをつくりました。…『黛瑪詩』というブランドにしたのも，やはり母の影響を受けていたからです。母は亡くなるまで他人に洋服をつくり続けていましたけれど，一番得意なのはやはり女の子の洋服でした。もちろん若い女性の服だけではなく，年配女性の洋服も上手につくっていました。母はいつも話していました。『年齢は女性の美しさの敵ではない。相応しい洋服を着れば，加齢とともに美しさも増していける』と。母のこの言葉を思い起こし，高級婦人服をつくることに決めて，ブランド名を『黛瑪詩』にしたのです。『黛瑪詩』にはクラシックという意味がありますので，上品な色が輝く宝石のように，成熟した女性の洋服のブランドに最適だと思いました」。

このように，陳秀娜は，代理商ビジネスからメーカーへ，OEMから自社ブランド製造へと自社の業態を大きく転換させてきた。もちろん，自社ブランドを立ち上げたことで，すぐに結果が表れたわけではなく，彼女の強力なリーダーシップのもとで，デザインから製造，品質管理，販売，さらには戦略やプロモーションにいたる広範囲にわたって企業努力が続けられた。こうして，黛瑪詩は成長期に入り，ブランド名「黛瑪詩」も徐々に高級婦人服市場において知られるようになっていった。

2-3　抜本的な経営改革にいたる経緯

2013年，黛瑪詩の売上高は2億人民元を突破し，社員数も600人を超えた。その年，陳秀娜は，さらなる成長を目指すべく，社名を黛瑪詩実業有限公司から黛瑪詩時尚服装有限公司に改めた。

しかし，その頃より中国本土経済がいわゆる「新常態」に突入したことを受けて，黛瑪詩の成長速度も次第に減速していった。2013年に2億人民元超を達成した後，売上高が伸び悩み，3億人民元に到達するまでに予想以上の長時間を要した。社員数600人超の組織を独力で牽引してきた陳秀娜は，経営効率の低下，組織内部の混乱という現実を前にして，大きな精神的圧力と疲労感に苛まれるようになった。苦境を打破するために，彼女は様々な手を打ったが，いずれも効果を発揮しなかった。その時期，次女Monicaが美容関係の新規事業を立ち上げ，事業多角化の可能性を探ろうとしたが，河南省においては期待したほどの需要がなく，約2年で撤退した。もはや「打つ手なし」というところまで追い込まれた陳秀娜は，「会社に引きこもって悩むより，外へ行っていろいろ勉強しよう」と考え，改革方法を探るために，様々な経営講座を受講し，多くのビジネスパーソンと交流した。

「会社の成長についてすごく悩んでいました。正直にいいますと，当時，私自身も，この会社をどうすれば良いのか，はっきりとわかっていませんでした。…　2015年の夏，会社の幹部2人を連れて，清華大学の経営講座に参加しました。その講座はアメーバ経営に関する内容でした。私は稲盛和夫先生のアメーバ経営にすごく興味をもっていました。実際に講座を聞いて，担当の先生の講義もわかりやすかったので，本当に興奮して，ぜひ会社にアメーバ経営を導入したいと思いました。会場では受講者と先生の間での名刺交換などは禁止されていたのですが，私は先生が翻訳された本を買い，先生にサインを求めました。その際，先生にお願いして，連絡先も書いてもらいました。その後，すぐに連絡して，弊社に一度お越しいただけないかと依頼しました。…　先生はすごく真面目で，仕事熱心な人でした。それからしばらくして弊社に来てくださり，経営状況について私や社員たちから細かく話を聞き，診断してくださいました。これにより，社内にたくさん問題があることが明らかになったのです」。

インタビューによれば，陳秀娜が招聘した経営コンサルタントは，経営上の問題点に関して以下の4点をあげたという。

① 企業理念や企業文化が存在しないこと。
② 中長期的な成長戦略が存在しないこと。
③ 組織構造が混乱していること。
④ マネジメントの混乱により，社員のモチベーションが低いレベルにあること。

このような経営コンサルタントによる指摘を受けて，陳秀娜は問題の所在を明確に認識することになった。

「先生に指摘された点はどれも的を射ていました。率直に問題の本質を指摘していただいたおかげで，私もスッキリしました。それまでにも多くのコンサルティング会社にいろいろ相談していましたが，このようなスッキリ感を覚えたのは本当にはじめてのことでした。当時，弊社には600人程度の社員がいまして，企業規模はそんなに大きいとはいえなかったのですが，私が1人の力で引っ張ってここまでやってきて，やはり無理がありました。社内は問題だらけで，これらの問題を解決しない限り，アメーバ経営を導入しても意味がないと先生から指摘されました。たしかに基本的なこともできていませんでしたので，納得しました。ぜひ先生の指導のもとで経営改革をやっていきたいと思い，弊社の経営顧問になってほしいと懇願しました。先生は大変お忙しい方で，月に1回ぐらいしか来てもらえないことはわかっていたのですが，それでも依頼しました。徹底的に会社を変えようと決心しました」。

こうして，2015年10月から，黛瑪詩は，経営コンサルタントの指導を受けながら，抜本的な経営改革に向けて動き出した。

2-4　企業理念の明文化

インタビューによると，経営コンサルタントが示した経営改革のための「処方箋」の1つは，企業理念を明文化することであった。

「企業経営には『道』も『術』も必要であると，先生は最初から強調されていました。『道』は企業理念や企業文化で，『術』は経営手法やマネジメントの方法です。両方があってはじめて企業の運営がうまくいくと教えてもらいました。実は，企業理念や企業文化などは虚しいもので，企業経営において実用性がないと思っていましたが，先生は，組織行動学と心理学の観点から，なぜ経営に理念や文化が必要不可欠かという問いについて解説してくれました。また，京セラや松下電器産業の事例をあげて説明していただきました。一番驚いたのは，『5S[4]の本質も考え方の養成にある』といわれた時でした。正直，5Sは弊社でもずっと実施していましたけれど，オフィスや生産現場の掃除だとずっと勘違いしていました。…　企業理念の必要性について幹部社員たちも全員が納得してくれましたので，私たちはすぐに行動を起こしました。会社のクレド[5]をつくったんです」。

クレドの作成にいたるまでのプロセスを整理すると，以下の通りである。

① 2015年10月：社内の経営管理部に対して新たに企業文化構築機能を加え，専従の幹部社員を配置して企業理念策定と企業文化構築の推進に当たらせる（即実施）。

② 2015年10月～11月：社長を含む幹部社員の全員参加（原則）により，企業理念に関する検討会議を行ない（全10回），本音での議論を通して内容をブラッシュアップする。

③ 2015年12月：企業理念発表会を開き，策定した企業理念を全社員に周知し，その意味するところを社長自らが語り，解釈を加える（その後は四半期に1回の開催）。

④ 2015年12月以降：企業理念への理解を深めるため，毎日の朝礼（部門内）で企業理念について語り合い，特に部長やベテラン社員が自身のエピソードを語る（毎日10～15分程度）。

約2か月間の検討を経て作成されたクレドは，以下の経営理念・使命・価値観で構成された。

【経営理念】

美と愛の伝承：美を創造し，伝達することを通じて，社員と会社の一体的な成長と幸福を追求するとともに，人類社会の発展に寄与する。

【使命】

美と愛の使者として，社会に尊敬され，顧客に必要とされ，そして，社員が誇りに思える企業になる。

【価値観】

「積善之家必有余慶」（積善の家には必ず余慶あり）[6]。社員は「善」の心と行動を大切にし，常に「人間として何が正しいのか」を考え，行動する。

このクレドが発表され，社員への浸透を図った当初，一部の社員から「時間の無駄だ」，「形式主義だ」といった反対・困惑の声が上がったものの，継続して遂行した結果，社員の行動に変化がみられるようになった。

「最初，社員たちの反応はイマイチで，私も困りましたが，自分を信じて継続したところ，半年が過ぎた頃でしょうか，現場の雰囲気が変わったと感じました。本当に知らないうちに変化が表れました。気づいたら，社員たちは自ら進んで仕事をするようになってきました。職場のコミュニケーションも明らかに活発になってきました。文化の力がこんなに大きいとは思ってもいませんでした。…　弊社は今も継続的に社内で企業理念や企業文化の学習と浸透を図っています」。

2-5　中長期的な成長戦略の明確化

黛瑪詩におけるもう１つの大きな問題は成長戦略の欠如であった。

「正直にいいますと，それまで会社の成長戦略なんて考えたことがなかったんですよ。特に会社の成長が鈍くなっていた時には，毎日，目の前のたくさんの問題を解決するだけで精一杯でした。余裕もなくて，意識もしなかったんです。それではダメだと，先生の指導のもとで，私たちは10年先を見据えた成長戦略を定めました。たとえば，10年後に売上高をいくらにするか，会社を業界のどのレベルまで成長させるかなど，まず目標を設定しました。それで目標を実現させるためには，いつまでに何をどこまでやらないといけないのか，そのようなことについて１か月ほど議論を重ねて，少しずつ整理しました。成長戦略ができたということで，私はこの会社が本当に新たな成長段階に突入したと感じたのです。成長戦略って本当に重要だったんですね」。

経営コンサルタントの指導を受けながら，黛瑪詩は以下のような戦略目標を掲げることになった。

① 2025年までに売上高10億人民元超を達成し，ブランド力の強化により利益率20％以上を確保する。
② 前項の目標を達成するために，会社の組織構造を再構築する。
③ 第２ブランド，第３ブランドの確立を視野に入れる。
④ 2020年までに広東省深圳市に子会社を設置し，進出する。
⑤ ネット通販事業の強化のために，浙江省杭州市に子会社を設置し，進出する。

「このように，会社の将来のこととか戦略とか考えたことがなかったのですが，先生の指導のもとで幹部社員たちと一緒に議論して設定してみましたら，本当にスッキリしました。10億元とか第2ブランド，第3ブランドとか考えたこともありませんでしたが，会社の将来イメージが明確になって，しかも幹部社員たちと共有できて，みんなのやる気が一気に高まりました」。

その後，前出の戦略目標にもとづき，2017年，長女Olivia一家が深圳へ移住し，子会社（深圳京澄服装設計有限公司）を設立した。この深圳進出は，やはり戦略目標に掲げられた第2ブランドの誕生につながる。

「深圳は先進的な大都市ですので，優秀な人材がいっぱいいます。弊社に必要なデザイナーやファッション関係の人材が多くいます。鄭州より優秀な人材がずっと多いので，人材獲得が容易で，給料水準も実は鄭州より若干安くなっています。やはり先進的な大都市はすごいですね。次女のMonicaはしばらく鄭州の本社で私と一緒に頑張っていましたが，第2ブランドをつくるために深圳への出張を繰り返していました。姉妹2人のブランドですからね。2018年，弊社の第2ブランド『CHICHY』が誕生しました。2人は本当によくやってくれました」。

インタビューによると，第2ブランド「CHICHY」は自然な流れのなかで誕生したという。当時，姉妹は頻繁に出張しており，深圳の子会社が設立された後は，出張頻度がさらに高まった。出張理由には社内業務だけでなく，ファッション関係の展示会やパーティーなどへの参加も含まれていた。そのため，出張先への洋服類の持ち運びと整理は常に姉妹の悩みの種となっていた。洋服類のスーツケースに入れて持ち運ぶと，皺ができたり，生地が傷んだりすることが多い。滞在先での洋服類の整理も時間と労力を食ってしまう。共通の悩みを抱えた姉妹は，友人たちとの会話を通して，多くのキャリアウーマンが同様の悩みをもっているにちがいないと確信した。「もっと手軽で，整理しやすい洋服をつくれないだろうか」。このシンプルな発想から誕生したのが第2ブランド「CHICHY」に他ならない。「CHICHY」のパンフレットには以下のブランドメッセージが記されている。

「フランスは世界一ロマンチックな国。キャリアウーマンたちは仕事や恋愛，家庭に縛られず，いつも楽観的に，勇敢に，ありのままに，自由自在に生活を満喫しているようにみえる。『D'modes』の『優雅』・『美しさ』も共有するが，『CHICHY』のキーコンセプトは『フランス式』・『自由自在』・『手軽』。キャリアウーマンたちの負担を減らし，いっそうの輝きをもたらす。これもまた愛である」。

この「CHICHY」（20～30代向け，カジュアル路線）に続き，2020年には，黛瑪詩の第3ブランド「Miss D'modes」（20～30代向け，高級路線）が誕生した。

さらに，前出の戦略目標にもとづき，2021年，次女Monica一家が杭州へ移住し，子会社（杭州黛瑪詩科技有限公司）を設立した。それは本格的なネット通販市場への進出を意味していた。

「中国ではネット通販が急速に成長しています。近年では特にライブコマースの伸びはすごいですね。第2ブランド『CHICHY』ができた後，もちろん全国で直営店などオフラインの実店舗を多くつくりましたが，若者たちはオンラインで洋服を買うことが一般的になっていますので，弊社もタイミングを見計らいながら，杭州進出を果たしました。杭州はアリババグループの本社があるところで，中国の電子商取引の一大拠点ですからね。最初，Monicaは『抖音』[7]で弊社の公式アカウントを作成し，友人たちと一緒にプロジェクトチームをつくって，ライブコマースで洋服を売ることにチャレンジしました。そのプロジェクトチームはうまくやってくれましたので，それに出資して子会社を設立しました。現在『抖音』のアカウントのフォロワー数は9,000人程度で，まだ多いとはいえませんが，売上は結構上げてくれています」。

2-6　成長戦略にもとづく組織構造の再構築

2015年に成長戦略が示された後，黛瑪詩では様々な改革が行なわれることになったが，そのなかの最も重要な項目の1つが組織構造の再構築であった。

「成長戦略をいくらうまくつくっても，それを実現していく組織が混乱していたら，結局は何もできないですよね。これまでは社内の組織構造を会社の成長とともにつくってきましたが，成長戦略にもとづいて再整理したことがなかったので，かなり混乱していました。各部門の役割も明確ではなかったので，組織効率が低かったんです。2015年，先生の指導を受けながら，私たちははじめて成長戦略に沿って組織構造の再構築を行ないました。…各部門の役割，相互関係も再整理しました。最終的な形になるまで半年ほどかかりましたが，とても重要な作業でした」。

黛瑪詩では，創業から長きにわたって根本からの見直しがなされなかったため，組織構造がすでに会社の成長に合わないどころか，阻害要因にすらなっていた。成長戦略が定まってから，陳秀娜は，経営コンサルタントの指導を受けながら，創業以来はじめて組織構造の再構築に着手した。そのキーポイントは以下の4点である。

① 成長戦略にもとづき，まだ存在しない第2ブランド事業部と第3ブランド事業部を組織構造に加える。

② 直接部門と間接部門を明確に分け，前者に原材料購買部門，生産部門，設計部門，品質管理部，販売部門，電子商取引部門など，後者にサービスセンター（人事・総務・情報通信），財務センター，経営管理部，ブランド推進部，法務部などをそれぞれ設置する。

③ 企業理念の実践として，新たに社会貢献活動を担う黛瑪詩基金会[8]を設置する。

④ 組織構造の再構築により新たに生まれた人材需要を洗い出し，人材要件や職務内容，職責などを明確化しつつ，社内公募と社外採用を併せて実施することにより，新しい人材体制を整える。

こうして再構築された組織構造は，黛瑪詩のさらなる成長の土台をなすことになった。

2-7　社員のモチベーション向上

黛瑪詩では組織構造が再構築されると同時に，マネジメント面の抜本的な改革も図られた。インタビューによれば，同社のマネジメントにおける最大の問題は，皮肉なことに陳秀娜自身にあったという。

「会社のマネジメントをほぼすべて直してきました。最も変わったのは私自身でした。『この会社のマネジメントにおける最大の問題はあなた自身にある』と先生からいわれた時，最初はとてもショックでしたが，いろんな問題点を明確に指摘され，まったくその通りだとすぐに納得しました。私のマネジメントの最大の問題は，すべてのことを私自身で決めていたことでした。つまり，ワンマン経営でした。どんな些細なことでも，自分が決めないと気が済まなかったのです。毎日へとへとになるまで働いていたのに，会社のマネジメントはまったく良くなりませんでした」。

ワンマン経営の最大の特徴は，社長がすべての決定権を握ること，すなわち「社長第一主義」にある。ワンマン経営には様々なメリットがあり，たとえば，①計画から実行までのスピードが速くなり，フットワークの軽い経営を行なえる，②意思決定が速く，急成長を実現しやすい，③不確かな情報でも思い切ったチャレンジができる，といった点をあげることができる。特に変化の激しい業界などでは経営判断のスピードが求められるため，ワンマン経営は強みを発揮し得る。その一方で，ワンマン経営にはデメリットも少なくなく，たとえば，①社長のイエスマンが多くなる，②組織が硬直化してしまい，新しい意見や新鮮なアイデアが生まれにくくなる，③緊張感が強すぎると社員のモチベーションが低下してしまう，④社長１人の負担が大きくなる，⑤現場の効率が悪くなる，⑥間違った経営判断に対して軌道修正を行ないにくい，⑦世の中のニーズや感覚と合わなくなる，⑧意思決定を担う経営人材が育たない，といった点をあげることができる。

創業者である陳秀娜は典型的なワンマン経営により自社のマネジメントに携わってきた。会社の規模が小さかった時には，それは効率的であり，プラス効果も多くあったが，規模が大きくなると，業務が複雑になり，ワンマン経営の問題点が顕在化するようになった。

「ワンマン経営で毎日とても疲れているのに，眠れない日々が続いていました。本当につらい生活のなかで，私自身を変えないといけないと気づかされました。でも，どのように変えたら良いのかがわかりませんでした。それで，先生に相談したら，『次の経営会議は自分が司会をやりますので，何も喋らないでください』といわれました。半信半疑でしたが，『わかりました』と答えました。実際，その時の経営会議では先生が司会を務められました。いつものように幹部たちはそれぞれの現場の現状や問題点を報告し，私に意見や解決方法を求めてきましたが，我慢して黙っていました。それで，先生は『皆さんは問題点だけもってきていますが，解決方法はもち合わせていないのですか？』と幹部たちに質問しました。急に質問されて，みんな黙り込んでしまいました。やっぱり解決方法をもち合わせていなかったようです。いつもは私がすぐに答えを出していましたので，彼らは答えを考える必要もなかったんですね。それで，先生は『先ほど報告してくださった問題点のほとんどは皆さんご自身で解決できる問題だと思います。それぞれの部門の長ですから，責任をしっかりもって問題を解決し，次回の会議では結果だけを報告してください。他部門と関係している問題なら，その部門の長と相談して解決策を探ってください。それでも解決できない問題であれば，解決案をいくつか事前に考えてきて，ここで発表していただき，みんなで討論しましょう』とはっきりいってくださいました。すると幹部たちも納得してくれたようで，議題が次々と進んでいきました。いつもなら土曜日の朝 8 時にはじまり，夜 10 時になっても終わらなかったのですが，その日は午前中だけで終わりました。私が黙っていただけなのに，会社はこんなに変わったんだと，信じられない体験でした」。

その後，黛瑪詩の幹部社員たちは自ら進んで問題の解決策を考え，意思決定するようになり，現場業務の効率も高まった。陳秀娜もワンマン経営から解放され，時間的・精神的余裕をもてるようになった。何より，一部の経営管理権を獲得した幹部社員たちは働き甲斐を感じるようになった。

さらに，黛瑪詩では半年にわたり賃金制度や賞与制度などの見直しも併せて行なわれた。特に賃金制度改革においては制度の中身をより合理化しただけでなく，賃金水準も向上させた。一連の経営改革は社員のモチベーションを著しく向上させたのである。

このように，2015年にはじまる経営改革は黛瑪詩の経営体制を一新させた。陳秀娜が希望していたアメーバ経営の導入は，経営コンサルタントの判断により，部分的にしか導入されなかったが，それでも大きな効果が表れ，翌2016年には売上高がついに念願の3億人民元に達した。さらに，2021年には，前年からのコロナ禍の影響があったにもかかわらず，売上高が5億人民元に達した。2015年に示された戦略目標は，深圳進出（2017年），第2ブランド「CHICHY」の立ち上げ（2018年），第3ブランド「Miss D'modes」の立ち上げ（2020年），ライブコマース参入を視野に入れた杭州進出（2021年）といったように，次々と実現されていった。

「先生とは今も頻繁に連絡をとっていて，いろいろ教えてもらっています。最近，先生から『生活スタイルの変化をみながらビジネス戦略を考えなさい』といわれました。2015年に策定した10年間の成長戦略はもうすぐタイムリミットとなります。コロナ禍の影響を受けて多くの課題が残っていますけれど，今後を見据えて新しい成長戦略を考えないといけないと思っています」。

3　黛瑪詩の家族経営

3-1　家族精神――「誠実」・「勤勉」・「愛」・「善」

インタビューのなかで陳秀娜は幼少期の家庭内教育について次のように振り返っている。

「父はずっと中学校の教員でしたが，責任感が強くて，仕事にも一生懸命でしたので，職場から評価されて，最終的には校長を務めていました。校長になってからも，さらに仕事に励んでいまして，ほとんどの時間を教学や生徒のために使っていました。仕事がとても忙しい父でしたが，私たちへの教育も怠けていませんでした。いつも『誠実であれ！』，『困った人を助けてやれ！』と私たちをしつけていました。家に余裕がなくて，私たちは高校卒業後すぐに就職し，働き出しましたが，その後も父の教育は続きました。私が30代後半だった頃でしょうか，父は，私たちきょうだい4人に『曽国藩家書』[9]を1冊ずつプレゼントしてくれました。『良い本だから読め』と。60歳になって退職してからも，父はいつも新聞を熱心に読んでいました。良い記事があれば，すぐにそれをスクラップし，4部コピーして，私たちにわたしてくれました。本当に教育熱心な人でした。父からもらった『曽国藩家書』を読んで，今でもはっきり覚えている文章があります。それは『有福不享尽，有事不用尽』です。『足るを知り，余裕をもつ』という意味ですね。そして，父がいつも話していた言葉があって，『人的一生，做人育人』でした。つまり，『人の一生は，正しく生き，人を育てることにある』ということです。父はずっとそれを口にしていましたので，私は今でも鮮明に覚えています」。

インタビューによれば，陳秀娜の父は退職後の20年間に，自身の退職金と年金を節約し，合わせて100人余りの貧困家庭の子どもの就学支援を行なっており，地元の新聞でよく紹介されていたという。

このように生粋の教育者であった父から大きな影響を受けた陳秀娜であるが，洋服づくりを得意とした母からも大きな影響を受けた。

「昔，私たちは紡績品工場の近くに住んでいました。毎日，大量の布生地が工場から運ばれて出荷されていました。お金がなかったので，母は紡績品工場に行って，廃棄された部分や，商品として出荷できない生地，特に柄や色の全くない，製品包装用の白い布などをもらってきて，さらに，染料も買ってきて，自分で染めてから，私たちにきれいな洋服をつくってくれました。とても器用な人でした。母のおかげで私たちは小さい頃いつもきれいな洋服を着ていました。友達や同級生たちにうらやましがられました。しかし，母は過労で病気になり，私が高校卒業した翌年に亡くなりました。非常に勤勉で，家事も私たちの面倒もみながら，いつも夜中まで仕事をしていました。きれいな洋服をつくれる母がいたから，今の私と黛瑪詩があるわけですね」。

陳秀娜が幼少期に両親から受けた影響は，前出のクレド（経営理念・使命・価値観）につながっていく。

「両親は私たちきょうだいにとって大きな存在でした。厳しい父と優しい母がいたからこそ，両親からたくさんの愛を受けて育ったからこそ，私たちは畏敬の念をもち，『誠実』・『勤勉』・『愛』・『善』の大切さを知ることができたと思っています」。

インタビューのなかで陳秀娜が言及した「誠実」・「勤勉」・「愛」・「善」という 4 つの言葉は，まさに彼女が両親から受け継いだ家族精神であり，黛瑪詩が掲げるクレド（経営理念「美と愛の伝承」，価値観「積善之家必有余慶」など）のなかにしかと埋め込まれている。

3-2　越境移動と後継者教育

陳秀娜の後継者である長女 Olivia と次女 Monica はともにカナダ籍である。それは幼少期に両親とともにカナダへ移民したからである。

「2003 年，元夫と一緒に，娘 2 人を連れてカナダへ移民しました。当時，周りの人たち，特に企業経営者の間で海外への移民がブームになっていました。金銭的に余裕があれば，次世代により良い環境を提供したかったんでしょうね。当時はカナダへの移民がそんなに難しくなかったので，移民先にカナダを選ぶ人が多かったんです。私も様々な洋服ブランドの代理商をしていまして，外国出張が多かったので，カナダへ移民したほうが，ビザの免除などメリットがたくさんあると思ったんです。もう1つの理由はやっぱり子どもの教育ですね。私は大学を出ていませんので，子どもたちに先進国のレベルの高い教育を受けさせたかったのです」。

このように，ビジネス上の便宜性と子どもたちの教育環境を考慮して，陳秀娜は一家でのカナダへの移民を決断し，すぐに行動した。当初，彼女は「人生の大きな決断で，中途半端の決心ならきっとうまくいかない。移民するのであれば中国国内にあったビジネスをすべて売却し，カナダでゼロから再出発しよう」と考えていたが，友人に止められ，方針を変更した。

「代理商ビジネスをすべて売却してカナダでゼロから出発しようと思っていましたが，『万が一カナダでうまくいかなかったらどうするの？　とりあえず現地へ行って様子をみるほうが安全だよ』と親友に止められました。友達のいう通りでした。娘たちは当時16歳と14歳で，現地の学校に通うだけだったので良かったのですが，私は左も右もわからなくて，外国の生活になかなか馴染めなかったんです。しかも，英語もろくに喋れなかったので，1か月ほどで中国に戻りました。娘たちはカナダに定住し，私は中国に戻ってビジネスをやるべきだと思ったんです。娘たちと離れ離れになってとても辛かったですが，幸い元夫がいましたので，娘たちはお父さんと一緒にカナダで生活することになりました。私も年に1度だけビザをとってカナダへ行き，1か月ほど娘たちと一緒に過ごしました[10]。…

できることなら，娘たちのそばにいたかったですよ。でも，中国でビジネスをしなければ収入を得られない。このままで本当に良いのか，ずっと悩んでいました。娘たちも大変だったと思います。最初は英語がわからなかったでしょうし，友達もいなかったと思います。でも，2人はとても良い子でした。事情をちゃんと理解し，頑張ってくれました。現地の生活に徐々に慣れ，学校で友達もできて，勉強も頑張りました。今振り返ってみますと，2人の強い自立性は，その時から少しずつ養成されたんでしょうね。とんでもないお母さんがいるから…（笑）」。

2008年，長女Oliviaがカナダの名門，トロント大学に入学した。その2年後には，次女Monicaも同じトロント大学に入学した。並々ならぬ努力によって世界で通用する学位へのアクセス権を獲得した子どもたちに対して安堵と誇りを感じた陳秀娜であったが，それから程なくして大きな決断をする。

「私はいろいろ考えていました。2010年に代理商ビジネスをやめて，メーカーに転身し，『黛瑪詩』というブランドもつくりました。そのようにしたのは，やっぱりビジネス，そして娘たちも含めて私たちの将来を考えた結果だったんです。遅かれ早かれ，娘たちは私がやっているファッションビジネスを受け継がなければなりませんので，2人ともそのままトロント大学で勉強するより，世界で一番有名なファッション関係の大学，パリにあるESMOD[11]に進学してもらったほうが良いと思いました。それで2人と話し合って，納得してもらいました。その後，2人はすぐさまトロント大学を退学し，ESMODに進学しました」。

OliviaとMonicaはフランスでも様々な苦労を経験したが，カナダで培われた高い自立心と英語力，そして，姉妹の支え合いにより，無事に2年間のフランス留学を終えた。2012年にESMODを卒業した2人は，陳秀娜のもとに戻り，黛瑪詩に入社した。

「寂しい思い，つらい経験がたくさんあったと思いますが，わがままをいわず，本当によく頑張ってくれました。その経験は，彼女たちの自立心の形成に役立ったと思います。何でも自分でやりたがるし，チャレンジ精神がとても強い。自分の主張もしっかりもっているし，一緒に海外で様々な困難を乗り越えてきたから，2人の間にはとても強い絆ができています。何より，2人は予定通り会社に加わり，私をしっかりサポートしてくれています。本当に自慢の娘たちです」。

3-3 『黛瑪詩家族憲章』の制定

このように，陳秀娜とその子どもたちの関係は極めて良好であるが，インタビューによれば，最近，陳秀娜は，家族経営を維持していくうえで，家族関係のあり方に一抹の不安を感じるようになっている。

「将来はやはり娘たちに会社を託すことになりますが，もちろん，私の希望としては，2人にずっと仲良くしてもらって，力を合わせて会社を経営し，もっと発展させてほしいと思っています。姉妹の関係はとても良く，まったく問題がありませんが，2人ともすでに結婚しており，旦那さんのことや旦那さんのご家族のことなど，いろんなことで私がバランスをとらなければならず，なかなか複雑で，ややこしいなぁと感じています。以前は3人の女だけでしたので，何でも喋れて，そんな心配はいっさいありませんでしたけれど…」。

陳秀娜の心配の種は2人の娘婿のバランスをとることにあった。インタビューによれば，長女Oliviaの夫は結婚後に黛瑪詩に入社し，現在，営業部門の責任者として全国各地の店舗をマネジメントしている。一方，次女Monicaの夫は公務員であり，グループの経営には携わっていない。

「長女の旦那さんの実家は裕福な家庭ではなかったようです。彼は苦労して大学を出た人で，本当に誠実で，一生懸命に頑張ってくれています。次女の旦那さんは優秀な人で，公務員なので，入社していませんが，必要な時にはいつでも協力してくれます。彼のお父さんは鄭州市の有力者で，家庭も裕福です。ですので，2人の娘婿は出身家庭がかなり違います。それと，娘婿にはやっぱり遠慮してしまいますので，思ったことを何でも喋れるというようなこともできません。そこまで考える必要はないかもしれませんが，母親である私はやっぱり2人の娘のバランスをしっかりとらないといけません。難しいですね。少しでもバランスがとれないと，家族の関係はギクシャクしてしまう恐れがありますからね。考えすぎかしら…（笑）」。

中国本土の家族企業では，結婚によって新しく加入する家族メンバーが問題を起こし，もともと良好であった家族関係にヒビが入り，やがて崩壊してしまうケースが珍しくない。こうした家族関係における心配の種を解消する方法を模索した結果，陳秀娜は1つのアイデアにたどり着いた。

「こういう問題があるから，なかなか眠れないんですよ。友人とも相談して，他の家族のやり方もいろいろ参考にさせてもらいましたが，私たちにとって一番良い方法はやっぱり家族憲章を作成し，ルールをもって家族関係を維持していくしかないと思いました。憲法のようなルールがあると，ルールの前ではみんな平等で，誰もが守らなければなりませんから，バランスをとりやすくなります。中国の一部の大きな家族企業はすでに家族憲章をつくっていると聞きます。ですから，私もずっとつくりたかったのです。しかし，その前にまた細かい問題が多くあって，なかなか実行できずにいました」。

陳秀娜がすぐさま実行に移せなかったのは，家族憲章の名称がなかなか定まらなかったからである。そこには中国の伝統的な家族制度（伝統的に中国では姓が父系ラインに沿って受け継がれ，男女を問わず姓が一生変わらない）の影響が見え隠れしている。

「私は2009年に離婚しました。私自身は陳姓ですが，娘たちは元夫の姓を受け継いでいますので，鄭姓です。家族憲章の名称は『王氏家族憲章』とか『劉氏家族憲章』とか創業者の姓が付されている場合がほとんどですが，うちではそのようにできないと思いました。私の姓だと『陳氏家族憲章』になりますが，娘たちは鄭姓ですし，娘婿たちはそれぞれ別の姓です。さらに，娘の子どもたちの姓は娘婿の姓を受け継ぎますので，やっぱり陳姓だとダメだなぁと思いました。2代目が鄭姓ですから，『鄭氏家族憲章』にすればいいかというと，そういうわけにもいきません。ですから，本当に入口で行き詰まってしまい，前に進めなくなっていました」。

中国には「行不更名，坐不改姓」（行きて名を替えず，座して姓を改めず）という古いことわざかあり，姓を大切にしないことは親不孝であるとされてきた。この点で中国の姓は日本の苗字（フレキシブルに変更可能）と大きく異なっている。「女強人」の異名をとった陳秀娜も伝統的な制度・規範から自由ではなかったようである。

しかし，陳秀娜を悩ませた家族憲章の名称問題は，前出の経営コンサルタントからの助言により一瞬にして解決されることになった。

「先生に相談したところ，また素晴らしいアドバイスをいただきました。それは，『「黛瑪詩家族憲章」でどうですか？　家族，社員も含めて，みんなが黛瑪詩という大家族にいるでしょう』ということでした。先生のお話を聞いて，本当にスッキリしました。ずっと悩んでいたことが一瞬にして解消されました。『たしかにそうだ！　黛瑪詩はみんなの黛瑪詩だ！』と。先生に『黛瑪詩家族憲章』の作成を依頼したところ，すぐに大まかな枠組みをご提示いただきました。でも，具体的な内容や条目はやっぱり創業者である私がしっかり考えて，娘たちやその家族と一緒に家族会議を開いて決めていかなければなりません。ということで，今，『黛瑪詩家族憲章』の具体的な内容の策定が私の重要な宿題の１つになっています」。

このように家族憲章に社名を付すことにより，陳秀娜は伝統的家族制度に由来する「制約」を回避することができた。

「弊社は大きな会社ではありませんが，私にとって３人目の子どものような存在です。将来，長く続いてほしいですし，日本の老舗企業のように，100 年企業になってもらいたいので，しっかり会社の経営をしなければなりませんし，家族のこともしっかり考えなければなりません。『黛瑪詩家族憲章』に関しても，いろいろと決めておかなければなりません。事業承継って本当に大変ですが，これは私の責務であり，宿命ですね」。

2022 年現在，陳秀娜はまだ 50 代半ばであり，彼女が経営の一線から退くのはかなり先のことであるだろうが，第２世代への事業承継を見据えて早くから積極的に準備を進めている。

4　黛瑪詩の財産経営

第5章に示した方太グループのケースでは，創業者の茅理翔が「ポケット原理」（子どもたちそれぞれに別々の「ポケット」（事業）を与える）を提起し，それにより，世代交代時に起きる株式分散リスクを抑制しようとした。方太グループの茅家とは性格が異なるが，黛瑪詩の創業者である陳秀娜も2人の子どもをもち，両名とも黛瑪詩に役員として勤務している。先述のように，彼女は2人の子どもたちが協力して黛瑪詩を経営し，さらに成長させていくことを願っており，それを実現するために『黛瑪詩家族憲章』の作成を進めている。現在の年齢（50代半ば）を考えると，まだ急を要する状況にはないが，第2世代への財産面のバトンタッチについて彼女はどのように考えているのだろうか。

「黛瑪詩の株式ですが，現在，私が80％，2人の娘たちがそれぞれ10％ずつ保有しています。本当はもっと娘たちにもってもらいたいのですが，2人はカナダ籍で，中国の会社法では外国籍の株主に関する上限の規定がありますので，ちょっとややこしいんですね。事業承継問題を考えながら，経営環境の変化を見極めて，2人の娘の国籍について，その子どもたちの国籍も含めて，戦略的に考えていかなければなりません。方太グループの茅会長は偉い方ですね。『ポケット原理』を聞いたことがあります。黛瑪詩は女性ファッションのブランドですから，今後の成長戦略の1つとして，同じ女性向けの化粧品市場に進出できたら面白いなと考えています。それが実現できたら，2つ目のポケットにもなると思います」。

このように，第2世代が外国籍であることは財産面でのバトンタッチに対して小さなからぬ影響を及ぼしている。また，陳秀娜は方太グループの先行例にも目を向けながら，自身と第2世代の当事者全員が納得できる合理的な財産の分け方を模索している。

現在，中国本土の家族企業経営者の間では近い将来に相続税が導入されると予想する者が多く，陳秀娜も例外ではない。

「中国にはまだ相続税がありませんので，今のところは特に問題がないのですが，しばらくすると中国でも相続税の徴収がはじまると思いますので，できるだけ早めに対策を講じておきたいところです」。

また，近年の中国本土では事業承継問題の大量発生をビジネスチャンスととらえ，その当事者に対してソリューションサービスを提供する業者が急増しており，この点について陳秀娜は次のように述べている。

「最近，中国では事業承継問題の解決方法を提供するコンサルティング企業が急激に増えてきています。もちろん，しっかりしているところもありますが，結構いいかげんなところが多いんですよ。私のところにもいろんなファミリーオフィスやプライベートバンクから，家族資産の保全や戦略的プランの設定，保険，信託などの提案が来ています。先日，有名な弁護士事務所から連絡が来まして，家族憲章から資産管理プランまでワンセットですべてつくるといわれたのですが，どうも怪しいんですよね。だって，家族憲章の具体的な内容は，やっぱり私たち家族で話し合って決めないといけないものなので…」。

5　まとめ

以上，企業経営・家族経営・財産経営の3側面から，黛瑪詩の事業承継経験について記述した。

改めて記述内容を整理すると，まず企業経営に関しては，創業者・陳秀娜ならびに第2世代（長女 Olivia，次女 Monica）がすべて女性であり，顧客ターゲットも一貫して女性である点に大きな特徴がある。また，創業者によるワンマン経営からの脱却を図るべく，経営コンサルタントの指導のもとで企業理念の明文化，中長期的な成長戦略の明確化，それにもとづく組織構造の再構築，社員のモチベーション向上のためのマネジメント改革など広範囲にわたる抜本的な経営改革が進められてきた点も重要な意味をなしている。それは数字上の結果として表れるとともに，第 2 世代に対して大きな成長機会をもたらすことにもなった。

家族経営に関しては，創業者・陳秀娜の家族精神（両親から受け継がれた「誠実」・「勤勉」・「愛」・「善」）が企業理念の明文化に際して重要な意味をもった。また，創業家の越境移動（一家でのカナダ移民，長期にわたる親子の遠距離別居生活，第 2 世代のフランス留学など）は，後継者育成に関して非常に大きな意味をなした。特に第 2 世代の英語能力や国際感覚，精神的自立，姉妹間の結束といった点に関しては，ポジティブな機能を果たしたようだ。さらに，創業者は家族憲章を制定するなど，第 2 世代への事業承継を見据えて早くから積極的に準備を進めている。

財産経営に関しては，創業者・陳秀娜の年齢（50 代半ば）を考えると，現時点ではまだ急を要する状況にはないものの，第 2 世代が外国籍であることは，財産面のバトンタッチに対して小さからぬ影響を及ぼしている。また，創業者は自身と第 2 世代の当事者全員が納得できる合理的な財産の分け方を模索している。

注

1　両名はともにカナダ国籍であり，ここでは英語名を用いる。

2　筆者（竇）は 2016 年より複数回にわたり陳秀娜に対してインタビューを行なってきた。

3　1980 年代以降に実施された社会人向けの大学進学制度を指す。「改革・開放」以前にあっては，特に文化大革命期（1966～1976）において多くの若者が就学できず，大学への進学機会を得ることができなかった。「改革・開放」以降，すでに社会人になっていた人々に対して高等教育機会を提供するために，中央政府は『高等教育自学試験暫定条例』を導入し，独学により大学入試に合格し，一定の期間内に必要な課程を終えた者に対して国家認定の卒業証書を与えた。

4　5S とは，整理・整頓・清掃・清潔・躾を指す。

5　クレドとは，企業において経営者や社員の拠り所となる価値観や行動規範を簡潔に表現したものを指す。

6　『易経』に由来するフレーズであり，善行を多く積み重ねた家には，その報いとして子孫に必ず良いことが起こるということを意味している。

7　TikTok の中国版。

8　「基金会」とは，英語の foundation，日本語の財団法人に相当する概念である。

9　『曽国藩家書』とは，清代末期の軍人，曽国藩が子孫のために残した覚書である。

10　このような現象は，1980 年代の香港を皮切りに中華圏で広くみられてきたものであり，妻子を移民先に残しつつ，出身地に戻って経済活動に従事し，両地間を頻繁に往来する男性に対して「太空人」という言葉が用いられてきた。それは表向き「宇宙飛行士」（太平洋上空を往来）を意味しているが，奥さん（「太太」）がそばにいない（「空」）ことを揶揄する言葉であった。陳秀娜一家は，女性が主体になっている点で「太空人」現象の典型から外れるが，とはいえ，中華圏諸社会の女性の社会進出を考慮するなら，極めて特殊なケースというわけでもないだろう。

11 ESMOD（École supérieure des arts et techniques de la mode）は，1841年にパリに創設された世界最古のファッション専門教育機関である。

第 7 章

大甲化工実業有限公司（台湾）のケース

本章は，台湾台中市に本社を構える工業用インクメーカー，大甲化工実業有限公司の事業承継経験に関するケーススタディである。

1　はじめに

大甲化工は 1981 年に台中市出身の薛明安（1952〜）によって創業された。創業以来 40 年余り，同社は一貫して工業用インクの製造に特化してきた。特にスニーカー用インクに関しては 20％超の世界シェアを占めており，その取引先にはナイキ，アディダス，プーマ，ニューバランスといった世界的ブランドが名を連ねている。

写真 7-1　大甲化工の台湾本社

出所：大甲化工提供

大甲化工の本社は創業より一貫して台中市に置かれてきた。グローバル市場に対応するため，1990 年に香港，1992 年に中国本土（広東省），2001 年にベトナムにそれぞれ拠点を設けてきた。現在，資本金は 5,000 万台湾ドル（当時の為替レートで約 2 億円）であり，社員数は約 300 人である。

大甲化工は純然たる家族企業であり，創業家の薛家が自社株式の全数を保有している。現在，創業者の薛明安が会長，長男の薛翰聲が社長をそれぞれ務めている。

以下では，インタビュー記録[1]をもとに，大甲化工の企業経営・家族経営・財産経営のあり方について記述する。

2　大甲化工の企業経営

2-1　創業経緯

薛明安は1952年，大甲という小さな町（台中市郊外に立地）の貧しい農家に5人きょうだいの長男として生まれた（下には妹3人，弟1人）。

「正直にいいますと，私の子どもの頃の記憶に楽しい思い出はほとんどありません。家は貧しく，両親は農業で忙しかった。長男ですから，物心がつく頃から家事の手伝いをやったり，下の子たちの面倒をみたり，家に豚とか鶏とかいろいろ飼っていましたので，餌をやったりしていました。少し大きくなると農業の手伝いもしました。両親は私にとても厳しかった。長男ですから当たり前ですけれど。子どもの時に一番楽しかったことは本を読むことでした。本を読むというより，活字を読むことが好きでした。本を買うお金がありませんでしたからね。母が市場で魚や豚肉などを買ってくる時には，だいたい新聞紙で包んでもち帰ってきますので，私はいつも汚れた新聞紙を大事にとっておいて読んでいました」。

このように，読書を唯一の楽しみとした薛明安であったが，早く稼ぎ手になって家族を支えたいと考え，中学卒業後，台湾省立台北工業専科学校（通称「台北工専」）[2]へと進学した。

「家に5人も子どもがいると，食費はもちろんのこと，勉強するための学費を用意することも両親にとって大変でした。貧しい農家でしたので，両親はいつも細かく計算しながら家計をやりくりしていました。子どもたちの学期がはじまると，飼っていた豚をいつ，どこへ売ったら，いくらになるか，収穫できた野菜を売ったらいくらの収入になるか，これで何人の学費になるのか，ちょっと足りないのであれば，親戚の誰からいくら借りたら良いのか，両親はいつもこのように計算していました。勉強は好きでしたが，家計を助けるためになるべく早くお金を稼ぎたかったので，台北工専へ進学しました」。

台北工専で化学工業に関する基礎知識と専門技能を学んだ後，薛明安は国の規定に従い兵役に就いた[3]。金門という離島（中国福建省から至近距離）に配属されたため，兵役期間中に帰省することはなかったが，家族思いの彼は頻繁に家族へ手紙を出すとともに，決して多くはない給与を貯金して両親へ仕送りした。また，台北工専時代の友人たちとも頻繁に手紙のやりとりをしており，ある日，友人から届いた1通の手紙がその後の彼の人生に大きな影響を及ぼすことになる。

「金門にいると，離島ですので外部との連絡はほぼ途絶えまして，連絡手段は手紙しかありませんでした。ある日，1人の友人から手紙が届きました。彼は私より1年下の後輩ですが，わけあって兵役を免除されていたので，その時すでに就職していました。その手紙によると，彼は新しく設立された小さな化学工場で働いていたのですが，その工場では人手が足りていなかったそうです。月給は3,500台湾ドルで，兵役が終わったら来ないかという誘いでした。兵役が終わったらすぐに就職できるのか，まったく自信がありませんでしたので，この誘いを受けて本当にうれしかったんです。月給3,500台湾ドルというのは高いのか安いのかわかりませんでしたが，これはチャンスだと思って，すぐに『兵役が終わったら行きますので，この話をキープしておいてください』と書いて返信しました。しかし，返信を出した翌日，別の友人からの手紙が両親経由で転送されてきました。その手紙も仕事のオファーでした。台北工専の先輩からの手紙で，紹介してくれたのは金属熱処理の大規模工場で，月給はなんと6,000台湾ドル。倍近い給料だったんです。『失敗したぁ』と悔やみましたが，先に3,500台湾ドルのオファーにOKを出していましたので，仕方なく6,000台湾ドルの仕事を断りました。ところが，最初に就いた仕事は給料こそ安かったのですが，その後の私の起業に役立ちました」。

薛明安によれば，兵役を終えてすぐに後輩に連絡し，紹介された化学工場に就職した。ベンチャー企業であったため，社員数こそ少なかったものの，社内は活気に溢れていた。当初は貿易会社として設立され，諸外国から工業製品や原材料などを輸入して台湾で販売していたが，一部の製品を自社生産に切り替えるなどして，規模を急速に拡大していた。

「入社したばかりの私は実験室に配属されました。実験室では様々な実験をやっていて，輸入品の工業原材料を自分たちでつくれないかと，社長自らが実験にかかわっていました。私はそのやり方に感銘を受けました。輸入品の工業原材料を研究して，自分たちで試しながら何回も実験したら，できてしまうんですね。『これなら自分も起業できるかも！』と思いました。製品は違いますが，私の起業も自分で実験をやることからはじまりました。後になってわかりましたが，6,000台湾ドルの仕事を断って良かったと思っています。だって，その金属熱処理の工場は大企業で，そこに入っていたら現場作業の仕事をずっとさせられていたかもしれませんからね」。

最初に就職したベンチャー企業で様々な仕事を経験し，特に実験室での業務を経験した薛明安ははじめて起業の夢をみた。このベンチャー企業に2年ほど勤務した後，別のベンチャー企業へ転職した。

「2回目の就職は失敗でした。今回の会社は，最初に就職した会社の株主の1人が立ち上げた会社でした。日本企業から技術提供を受けるという話がありまして，その株主から『自分について来ないか？』と誘われまして…。私も日本企業の技術に関心がありましたもので，彼について行くことにしました。たしかに日本企業から技術提供を受けたのですが，コストが高すぎて，ほとんど商売になりませんでした。それで，運営コストを削減するために，社員は私1人だけ，工場も小さかった。仕事の受注があれば生産をして，仕事がなければ工場でボーっとしていました。いつ倒産してもおかしくない状態でしたので，同窓会にも行けなかったんですよ。だって，面子が立たないでしょう。このままではまずいと思って，転職しようと，2社ほどの面接を受けましたが，いずれも失敗しました。本当につらかったです」。

このように転職に失敗し，つらい日々を送っていた薛明安であったが，ここでも友人から新しい仕事の誘いが舞い込んだ。

「転職して2年目のある日，やはり台北工専時代の先輩から連絡がありました。彼はその当時，大手ナイロン紡績会社で営業を担当していました。私の厳しい状況を知って，仕事を紹介するために連絡をくれたのです。彼が紹介してくれたのが，私にとって3つ目の就職先でした。その会社は桃園に工場がありました。先輩が働いている企業の取引先で，工業用インクを生産していました。先輩の会社はその会社の最大顧客でしたので，先輩のおかげでそちらに無事転職できました。何より大事なことは，その会社が工業用インクを生産していたことです。主に食品包装材料のグラビア印刷用インクで，現在の私のビジネスとは被ってはいませんが，その会社での約5年間は私の人生にとって非常に大きく，有意義な時間でした」。

3つ目の就職先において，薛明安は，まず半年あまり現場製造に従事した後，実験室に配属され，新製品開発にかかわる業務に長期間にわたって従事することになった。そこでの経験は，その後の彼の起業に大きく役立った。

この時期，薛明安は同僚の紹介により林淑清と出会い，結婚した。仕事も私生活も追風が吹きはじめた時期，彼の心境に大きな変化が生じた。

「3つ目の工場での仕事は満足していました。給料も良かったし，結婚もして，とても順調でした。でも，実験室での研究開発に従事したことで，最初の工場での経験を思い出しました。最初の工場では外国からの輸入品を研究して，実験室で実験をして自分たちで試しながらつくっていました。その時に『自分も起業できる』と思いましたので，3つ目の工場で研究開発の仕事をして，同じような経験をしていると，起業の夢が蘇りました。それで，家内とよく起業の夢を語り合いました，『将来お金持ちになりたい』と。でも，何をつくって商売するか，起業したら本当にうまくやっていけるのかについてまったく何も考えていませんでした。『実験したらなんとかなるだろう』と，今思うと，根拠のない自信があったようですね。恐れるものはないと（笑）。…　やはり子どもの頃に貧乏を経験しているので，起業してお金持ちになりたいという願望が強かったんでしょう。両親はいつも細かく計算してお金を使っていましたので，計算せずにお金を自由に使えるようになることが夢でした」。

こうして，1980年末，薛明安は安定した職を辞め，妻とともに起業という夢を実現するべく故郷・大甲に戻った。自らの貯金，両親の貯金，親族からの借金，そして金融機関からの融資を受けて，100万台湾ドルをかき集め，これを資本金として大甲化工を創業した。その際には父・薛傅徳が会社登録の手続きから工場建設にいたるまでサポートを惜しまなかった。

2-2　順調な船出

創業当初の薛明安は，「実験したらなんとかなるだろう」という彼自身の言葉が示すように，明確なビジネスプランを用意していなかった。

「最初は本当に創業して何をつくって売るか考えていませんでした。家内に話していましたけれど，仕事がなければ農業をやれば良いと。でも，なんとなく自分は台北工専で化学工業を学んでいまして，最初の仕事も最後の仕事も化学工業とかかわりがありましたので，自分のビジネスも化学工業関連にしようと思い，社名を大甲化工にしました。長くインク関係の仕事をしていましたので，自分自身はインクをつくろうとは思っていなかったのですが，周りの皆さんはこれからもインク関係のビジネスをするだろうと思っていたみたいですね。友人たちは，『あの工場が工業用インクを探している。

お前のところでつくれないか？』，『こういうインクがほしいけれど，つくってくれないか？』といったように，多くの情報を提供してくれました。結構需要がありました。仕事の経験もあって普通につくれましたので，とりあえず求められたインクをつくって納品していました」。

1980年代の台湾は高度経済成長期にあり（「天の時」），そのなかにあって台中は特に大きな製造業の集積地であった（「地の利」）。さらには，家族や友人のサポートという「人の和」にも恵まれ，大甲化工の船出は極めて順調であった。

台湾の工業用インク業界は1980年代に大きな新陳代謝をみせることになるが，この環境変化は大甲化工の成長を後押しすることになった。

「私は本当に運が良かったんです。ちょうど創業した年ですが，台湾の工業用インク業界に大きな変化がありました。布製品印刷用のインクはもともと需要が大きかったのですが，ナイロン製品が急速に成長したことで，ナイロン製品に印刷できるインクの需要が一気に高まりました。布製品印刷用のインクとナイロン製品印刷用のインクはまったく違うんです。ナイロン製品に布用のインクを使うと，インクはすぐに剥がれてしまいます。印刷方式も異なります。布製品印刷はグラビア印刷と呼ばれて，凹版印刷ともいいますが，ナイロン製品印刷はシルクスクリーン印刷です。私は最後の工場でナイロン印刷用のインクの関連知識とつくり方について少し研究していましたので，完全につくれるという確信はありませんでしたが，つくり方は何となく知っていました。それで，友人からナイロン印刷用のインクをつくってほしいと頼まれました。ナイロン印刷用のインクをつくるためには，ある特殊な樹脂を原材料として入れないといけませんが，その樹脂の値段が高かったんです。高い樹脂を使ってインクをつくって，1キロの値段を200台湾ドルにしたら3割の粗利が出るが，本当に200台湾ドルで売れるかなと，ずっと考えていました。普通のインクだと高くても90～95台湾ドル程度でしたからね。損するわけにはいきませんので，友人の紹介により，あるナイロン印刷工場を視察しました。その印刷工場では日本からナイロン印刷用のインクを輸入して使っていましたので，コストは非常に高かったです。その印刷工場の社長から『ナイロン印刷用のインク，200台湾ドルで本当につくれるのであれば，早くつくってもって来てほしい』といわれました」。

薛明安はすぐさまナイロン印刷用インクの開発に取り掛かった。必要とされる特殊な樹脂や他の原材料をとりそろえ，わずか2日でナイロン印刷用インクの試作品を作成し，依頼元の印刷会社に届けた。

「印刷工場の社長は驚いていました。その社長は，私が冗談をいっていて，本当にできるとは思っていなかったようです。実際に使ってみたところ，結果はダメでした。もちろん，全部がダメだったわけではありません。私がつくったインクは乾燥した後に剥がれなかったので，粘着性がとても高かったのですが，インクに泡が多すぎました。きれいに印刷できないということで，ダメだといわれました。この泡をなんとかしないといけない。しかし，やり方がわかりませんでした。いろいろ試してみましたが，なかなか解決できませんでした」。

このように，ナイロン印刷用インクの開発プロセスにおいて大きな壁に直面した薛明安であったが，ここでもまた幸運が舞い降りてきた。

「うちの工場は大きな道路に面していました。きれいに整備されていませんでしたので，インク用のバケツをいくつか道路沿いに置いていました。ある日，本当に突然なんですが，知らない人が工場に入ってきました。話を聞いてみると，外に置かれているバケツをみて，ここがインクをつくっている工場だとわかったようで，入ってきたそうです。その人は，工業用インクをつくるための原材料を取り扱っている業者の方でした。私は自分が抱えている泡の問題をその方に相談してみたところ，その人は，ある泡消し剤を紹介してくれました。実際に使ってみたら，なんと泡がきれいに消えたのです。すごいでしょ。偶然に通りかかった人が偶然に入ってきて，私が抱えていた難問を見事に解決してくれました。これは本当に幸運でした」。

このような偶然のめぐり合わせにより，薛明安は難題を解決し，依頼元の印刷会社から多くの注文を受けることになった。こうして，大きなビジネスチャンスを得た大甲化工であったが，まだ解決すべき課題が残されていた。

「『200 台湾ドルで本当につくれるのであれば，早くつくってもって来てほしい』といわれた時，私は『これは失敗した』と思いました。200 台湾ドルって明らかに安かったんですね。その後も値段交渉は一切ありませんでした。自分が提示した値段でしたので，どうしようもなかったのですが，他のところへ販売する際に値段をいくらにしたら良いか，よく考えて設定しなければなりませんでした。これも偶然でしたが，ある中学教師に出会いました。その先生は学校で設備担当を兼任しておられたんですが，ちょうどその学校もナイロン印刷用インクを必要としていて，先生はインクの調達を担当されていました。ビジネス界の人間ではないし，ダメもとで他社の値段を聞いてみたところ，その先生は他の業者の見積りを全部私にみせてくれました。色によって値段が違いましたが，ほとんどが1キロ 300 台湾ドル前後でした。これで私は値段を改定できました。その先生も私の恩人です」。

2-3　危機意識──「自分が稼いだ金も自分のものではない」

創業以来，薛明安は並々ならぬ緊張感をもって自社の経営にあたり，自社製品の品質に対して厳しい基準を守ってきた。それは工業用インクという製品の特徴を深く理解しているからである。

「工業用インクという製品は工業製品の付属品です。正直にいいますと，あってもなくても工業製品の使用価値はそんなに変わらないかもしれません。色やデザインを印刷して，商品をきれいにするということがインクの役割です。1商品あたりのインク自体は安いですが，品質に問題があると本当に命取りとなってしまいます。怖いんですよ」。

薛明安によれば，これまでに大甲化工は2回にわたり大きな品質事故に直面し，危機的な局面に立たされたという。

「1回目は銀色インクに品質問題がありました。創業して5年目くらいでしたね。ある常連の印刷会社から2キロほどの銀色インクの注文が入りました。それで，いつものように工場で銀色インクをつくって，印刷会社に納品しました。280台湾ドルの売り上げでした。翌日，その印刷会社から急に電話が来て，『大事故だ。来い！』といわれました。いきなり『大事故だ』といわれて，頭のなかが真っ白になりました。何があったのか，本当に不安でした。とにかく急いで印刷会社に行ってみると，商品に印刷した銀色インクがくっついていて，商品だけではなく，商品棚もその周りもいろんなところが銀色になっていました。原因を調べてみたら，うちの作業員が銀色をつくる際に原材料を間違えたようです。原材料の特性によって，銀色が樹脂の上に浮かんだり，下に沈んだりします。今回は樹脂の下に銀色を沈ませる原材料を使うべきでしたが，社員が間違えて樹脂の上に浮かんでしまう原材料を使ってしまいました。印刷時はわかりませんでしたが，時間が経つと銀色が浮かんできて，ねばねばして銀色になってしまいました。常連の印刷会社でしたので，その社長さんは何もいわなかったんですが，完全にこちらのミスでしたので，私は責任をとると申し出ました。印刷会社は1週間ほど仕事を止めて，社員たちにインクの洗浄作業をやらせました。私もその印刷会社に何人かの社員を派遣して一緒に作業をしました。全部の作業を終えた後，私は，その印刷会社の社員の1週間分の給料をもちました。結局，数万台湾ドルを払いました。つまり，280台湾ドルの売上を得ましたが，品質事故のせいで数万台湾ドルの賠償をすることになりました」。

この経験は薛明安に大きな危機意識をもたらすことになった。この事故からしばらくの間，会社の電話が鳴るたびに大きな不安に襲われた。不安状態は続き，寝食や仕事にも支障が出るほどであった。このような事故を防止するために，彼は原材料の管理を徹底し，社員の指導にも注力するようになった。しかし，それからしばらくして2回目の大きな危機が起きた。

「2回目は1990年頃でした。相手は台湾のバッグメーカーですが，ミャンマーに工場をもっていて，そこで毛皮のスポーツバッグをつくっていました。大甲化工から白色の工業用インクを買って，ミャンマーの工場へもっていき，そこでバッグに色やデザインを印刷していました。できあがった商品はコンテナ船でアメリカへ輸出していました。ある日，その会社の社長から急に電話がかかってきて，『最初のコンテナ船はアメリカに到着したけれど，商品に問題が発生した。あと３隻のコンテナ船は海上にあって，チェックしてみたら商品は全部ダメだった。すぐにミャンマーに来い！』と。その電話を聞いて，私は目の前が真っ黒になって，気づいたら床に倒れていました。１回目のきつい経験がありましたもので，恐ろしくて失神してしまいました。全部で４隻のコンテナ船の商品，賠償するとなると莫大な金額になりますから」。

バッグメーカーから連絡が来た翌日，薛明安は大きな不安を抱えながらミャンマーへ向かった。問題の原因を徹底的に究明するために，メーカー側はベルトの仕入れ先の社長もミャンマーに呼び出していた。ベルトの青い染料と大甲化工の白色インクとの間で色移り問題が発生していたからである。

「バッグメーカーの社長はものすごく怒っていました。私たちの顔をみるなり，『4隻のコンテナ船の商品，全部ダメだった。２人で相談して解決方法を出せ』という言葉だけを残して去って行きました。本当に頭が真っ白になりました。その後，冷静になって，ダメになった商品をよく確認してみたら，『これは違うぞ！　私たちのインクの問題ではない』と確信しました。そのバッグは白色と水色の本体に青いベルトがついていました。本体には私たちの白色インクが使われていましたが，ベルトは別の会社の青い染料が使われていました。この帯に圧迫されていたところに色移りが発生していたのです。それで確信した私はすぐにバッグメーカーの社長のところへ行き，『これはうちの責任ではない』と説明しましたが，社長に無視されてしまいました。信じてくれなかったんですね。『では，証明してみせましょう』といって，青いベルトをうちの白色インクを塗った毛皮生地の上に置いて，テーブルの足の下敷きにしました。それから２日が経つと，ベルトの青い染料が白色の毛皮生地に移り込んだのです。それをもって再び社長のところへ行って，実験の結果をみせながら，色移りの原因を説明しました。つまり，ベルトの青い染料に品質問題があったんですね。私の説明を聞いて，社長が納得したかどうかわからなかったのですが，『とりあえず帰って構わない。また何かあったら連絡する』といわれました。その後，私はミャンマーから戻りましたが，本件についてまた連絡が来るのではと，ずっと不安でしたが，結局はありませんでした。本当にずっと緊張していました。自分が稼いだ金も自分のものではないんですね」。

こうした必死の対応により，薛明安は2回目の危機を乗り越えることができた。「自分が稼いだ金も自分のものではない」という印象的な言葉は，彼にとって大きな教訓となった。薄氷を履むような企業経営を続けるなかで，常に高い危機意識をもって経営にあたってきた。このような経営トップの危機意識は大甲化工の品質維持能力をさらに高めることになり，ひいては業界内での自社製品の評価にもつながった。

2-4　グローバル展開——顧客企業に後押しされて

1980年代の中国本土では「改革・開放」政策により経済が活性化し，投資環境も徐々に整備されるようになった。台湾では多くの製造業者が安い人件費に惹かれて中国本土へ進出したため，急激な「産業空洞化」が生じた。1990年代に入ると，経済のグローバル化がいっそうドラスティックに進んだ。こうした台湾製造業の構造変容に反応して，薛明安も中国本土に目を向けるようになった。

「1980年代後半以降，台湾から多くの企業，特に製造業者がどんどん中国本土へ移転しました。私たちの顧客企業のなかにも結構多くみられました。多くの顧客企業が中国本土に行きましたので，私たちも本来ついて行かないといけないのですが，私は慎重派で，海外進出についてなかなか決断できませんでした。何回も中国本土へ視察に行き，いろいろと検討した結果，1990年，まず香港に倉庫をつくりました。香港なら大丈夫だろうと。この香港の倉庫を拠点にして，中国本土に進出した顧客企業への対応を行なっていました」。

経営環境や生活環境といった様々な要素を考慮して，中国本土への進出について慎重な姿勢をとっていた薛明安であったが，その後，親族関係にある企業経営者（大甲化工の顧客）に説得され，大きな市場への期待もあり，1992年についに中国本土への進出を決断した。

「中国本土への進出について，今考えてみると，私はいろんな面で考えすぎていました。たしかに当時中国本土の社会状況は不安定でしたし，経済状況もはっきりわかりませんでした。そして，生活環境もいろいろ不便で，あまり良くなかったんですね。台湾での生活水準よりずっと低かったんです。でも，人件費は明らかに安かったですし，成長のチャンスもいっぱいありました。私の知り合いのなかにも，中国本土に進出して急成長を実現した方が多くいました。しかし，私は保守的でした。香港の拠点で中国本土に進出した顧客企業に対応していましたけれど，やっぱり中国本土に進出しないと，思うように中国本土での新規顧客の開拓をできませんでした。本当に悩みました。…　バッグの製造工場を経営している従兄弟がいて，うちの顧客企業でもありますけれど，彼は1980年代末に広東省へ進出して，大きな工場を立ち上げました。ある日，彼から電話があって，『場所も営業免許も確保しておくから，ぜひ広東省に来いよ』といわれました。場所は広東省の茶山というところで，従兄弟の工場から近いし，とても良い場所でした。実際に現地を視察して，中国本土にすでに進出していた台湾企業の状況をみて，みんな良い状況だったので，私もついに『やってみようか』と思いました。台湾に戻ってから，弟と相談しました。弟は当時，会社で営業を担当していました。弟に選んでもらいたかったのです。弟が中国本土に行きたいのであれば，私が台湾を守るし，弟が行きたくないのであれば，私が中国本土へ行く。その後，茶山を視察した弟が『私が行きます』といってくれましたので，1992年，私たちは正式に広東省茶山で拠点をつくりました。…

弟には商才がありました。中国本土に出るまで，会社の営業を担当していまして，交渉能力が高かったんですね。うちの品質は良いですから，顧客企業はいつも『値引きしてくれ』と交渉してきます。弟はうまく彼らと交渉して，高い利益率を確保してくれました。1992年に弟は中国本土へ行きましたが，私が望んでいたのはまず新規顧客の開拓。中国本土の市場は大きいですので，利益率は若干低くなっても，とりあえず売上高を大きく拡大したかったんです。でも，弟はすごかったんです。顧客企業の心理をよく理解できていましたから，彼らの値引き交渉には，ほとんど応じていなかったんですね。結局，商品の利益率は台湾島内よりも高い水準でした。もちろん，新規顧客も多く増えていました。売上高も結構伸びました」。

このように，親族（顧客企業）に後押しされ，薛明安は弟を中国本土へ派遣し，本格的な中国本土進出を果たした。弟の貢献により，大甲化工は，台湾資本だけでなく，現地資本の新規顧客も多く獲得し，大きな成長を遂げることになった。2001年にはベトナムにも進出し，生産拠点を立ち上げた。実は，ベトナム進出もまた顧客企業の後押しにより実現したものであった。

「私たちの工業用インクは主にナイキやアディダスなどの大手スポーツ用品企業のスニーカーに使用されています。私たちの最終顧客はナイキとかアディダスといった大手企業ですけれど，実際に取引関係があるのはそれらの下請工場ですね。国際分業は細かくなっていますので，厳密にいうと，スニーカーに図柄や色などを印刷する工場が私たちの顧客企業となります。2000年頃から，ナイキやアディダスなどの大手企業はサプライチェーンに対する認証制度を実施しはじめました。下請工場の品質管理や社員管理などを厳しくチェックするようになりました。この連絡が私たちのところにも来ましたが，最初，私も弟も『関係ない』と思って，無視したんです。だって，直接に取引しているのは彼らではなく，印刷工場ですから。ところが，その半年後，ナイキもアディダスも同様に認証できていないところの製品を利用してはいけないという通達を出しまして，『これは失敗した！』と思いました。それまでの顧客企業はもう私たちと取引できません。さすがに焦りました。しかし，認証を受けたインクメーカーの製品は全然ダメだったようです。ナイキやアディダスの下請工場はみんな困っていました。しばらくすると認証を受けたインクメーカーから連絡がありました。彼らが私たちの製品を買って，ナイキやアディダスの下請工場に納品するという，ずるい話ですね。『ちょっと検討します』と返事して，悩んでいたら，広東省にあるナイキの支社から急に連絡が入りました。『30日の会議に出てほしい』と，2000年の10月24日に連絡が来ました。今もはっきり覚えています。下請工場で品質の良い製品がつくれないと，ナイキも困っていましたからね。いわれた通り，当日にナイキの会議室に入ったら，担当者のスペイン人にいきなり怒られました。『あなたが得たすべての金は全部ナイキが払っていた。どうして認証を受けてくれなかったんだ！』と。『申し訳ない。ぜひ認証を受けさせてください』と謝りましたけれど，ナイキは簡単に許してくれなかったんです。『水性インクをつくれ！　1週間以内に水性インクをつくってくれたら許してやる』と，その場でいわれました。それまで私たちは油性インクのみをつくっていましたが，すぐに研究して，なんとか1週間のうちに水性インクの試作品をつくりました。すぐにナイキに持参したところ，『いろいろ問題あるけれど合格だ』といわれて，これで認証してもらえると思ったら，『2001年末までにベトナムに拠点をつくれ』というもう1つの条件が提示されました。いきなり『ベトナムへ行け』といわれて，本当に困りましたが，条件をのむしかないと思って，その場で契約を結んで，ようやく認証をもらえました」。

最初は認証を受けるかどうかに関する経営判断のミスがあったが，後になって最大の取引先であるナイキから強いプレッシャーをかけられ，その交渉においてもまた厳しい条件を課された。海外進出にあまり積極的でなかった薛明安はここでも再び顧客企業に後押しされ，やむを得ずナイキとの約束を守り，2001年にベトナムへ進出した。

このように，大甲化工においては，中国本土への進出もベトナムへの進出も薛明安の積極的な経営戦略によるものではなく，むしろ受動的で，顧客企業の後押しによって実現されたものであった。自社の海外進出について彼は次のように振り返っている。

「今振り返ってみますと，当時の中国本土進出もベトナム進出も本当にやって良かったと思っています。中国本土進出を後押ししてくれた従兄弟もベトナム進出を『強要』してくれたナイキも今となっては私の恩人です。ナイキはその後ベトナムでも大きく発展し，水性インクをたくさん使ってくれました。私はやっぱり運が良かったんでしょうね（笑）」。

顧客企業に後押しされながら海外進出を果たしてきた薛明安は，インタビューのなかで「運が良い」という言葉をしきりに口にしていたが，実際，大甲化工の持続的成長とグローバル展開は，同社の高い研究開発力，優れた品質，丁寧な顧客対応などがあったればこそ可能になったといえるだろう。

台湾経済の高度成長という「天の時」，台湾有数の産業集積地である台中という「地の利」，そして両親や弟，従兄弟などの家族・親族，偶然に出会った人々，顧客企業の協力という「人の和」，様々な偶然と必然の巡り合わせにより，大甲化工は40年間にわたり成長を続け，世界の工業用インク業界において一目置かれる存在となった。

3　大甲化工の家族経営

3-1　父の教えと献身的サポート

薛明安と大甲化工の歩みにおいて「天の時」・「地の利」とともに大きな意味をなした「人の和」であるが，そこでは創業家メンバー，特に父・薛傅徳が重要な役割を果たした。

「父は普通の農家でしたが，本当に偉い人でした。幼い頃の私はいつも家事の手伝いをしたり，きょうだいの面倒をみたり，あまり楽しい記憶はありませんが，その当時，貧しい家はだいたいどこも同じような状況だったんですね。しかも，私は一家の長男ですので，両親から，特に父から厳しいしつけを受けていました。『長男だから家の責任をもて』とか，『長男だからしっかりしないとダメだ』とか，散々いわれていました。でも，厳しくしてくれたおかげで，今の私があると思います」。

大甲化工の創業時において薛明安は父・薛傳徳から並々ならぬ支援を受けており，2人は共同創業者といっても過言ではない。

「桃園の工場で働いていた時に，私は自分で起業しようと考えていました。起業について家内と話し合っていましたけれど，父とも相談していました。父は『起業するなら全力で応援するよ』といってくれました。父はずっと私を信じてくれていましたね。当時の私の仕事は安定していたし，給料も良かったし，そんな仕事を辞めて起業することは，私にとってなかなか決められないことでした。しかし，父は私が相談したときからずっと楽しみに待っていたようです。そして，積極的に動いてくれました。たとえば，100万台湾ドルの資本金のほとんどは父が集めてくれたものです。両親には貯金が少ししかなかったのですが，地元ではちゃんと手続きをすれば小額融資をもらえるということで，父はその手続きをしてくれました。当時，私はまだ桃園の工場で働いていましたので。お金をある程度準備できたら，父は自ら動いて，建設業者をみつけてきて，工場の建設も仕切ってくれました。ですから，私が仕事を辞める前に，大甲化工の工場建設がすでにはじまっていました。お金を節約するために，父も母も建設現場で働いてくれました。父が私を信じ，後押ししてくれたおかげで，私は仕事を辞め，大甲化工を無事に創業できたのです」。

その後，父・薛傳徳は大甲化工の重要な戦力となり，ビジネス面だけでなくメンタル面でも薛明安を支えた。

「父は本当に辛抱強い人でした。創業して1年目，社員は私と父の2人だけでした。昼間，私たちはバイクに乗ってあちこち回って顧客ニーズを探しました。そして，夕方に戻ってきて，夜は一緒に実験をやって，生産もやっていました。最初は仕事がなくて，工場を回しても，ほとんどどこにも相手にされませんでした。本当につらくて，心が折れそうになっていたのですが，父の心は強かったんです。そして，いつも父と一緒に仕事を回していましたので，頑張れましたね。…　最初は本当に仕事がなくて，少しの受注であっても，いくら遠いところであっても，生産して納品していました。当時，一番遠い顧客企業は南投にありました。100キロ以上の距離があり，しかも山道が多いんです。父は125ccバイクの後部座席に鉄製の荷物棚を取り付け，それにインクの入ったバケツを乗せて，1人で南投まで納品していました。父の頑張りと支えがあったからこそ，今の大甲化工があると思っています」。

3-2 「兄弟同心」

親子の支え合いにより，創業3年目あたりから，大甲化工の経営状況は安定しはじめた。それを受けて，薛明安は弟を会社に引き入れ，営業業務を担当させた。先述のように，1992年にはじまる中国本土進出においては，この弟が重要な役割を果たすことになった。

「当時，弟は自分から『中国本土へ行かせてください』といってくれましたので，広東省の茶山に行ってもらいました。もちろん当時の中国本土の生活水準はとても低かったので，現地で生活するといろいろと苦労するだろうと，私も弟もよくわかっていました。そして，事業が成功するかどうかもわかりませんでした。それでも，弟は頑張ってくれました。本当にありがたかったです」。

中国本土進出の翌年（1993年），薛明安は弟から相談を受けた。

「中国本土へ行って2年目になって，弟は『独立したいんだけど』と相談してきました。要するに，中国本土の事業を大甲化工の専門商社として独立させ，大甲化工から製品を仕入れて，台湾系企業や現地の企業に販売するという話でした。中国本土で新規顧客の開拓でいろいろ苦労しているし，たしかに独立して裁量の自由度が高くなれば，より迅速に顧客対応できると思いましたので，私は同意しました。弟はしっかり中国本土でやってくれるのであれば，大甲化工のビジネスも成長できますからね。もちろん，弟の仕入れ価格は格安でした。自分の弟ですし，独立した経営となりますので，支援していかないといけませんからね」。

こうして，薛明安が台湾で本社や香港倉庫のマネジメントに従事し，弟が中国本土の専門商社のマネジメントに従事するという分業体制がとられるようになった。その後，中国本土の事業が急速な成長を遂げたことで，大甲化工の売上高も大幅に拡大した。しかし，2008年になると状況が一変する。

「2008年，中国政府は広東省などの沿岸部において，『汚染企業』を排除しようとしました。実際に工業用インクの生産は環境に悪影響を与えていましたので，広東省政府は弟の会社に対して，内陸へ移せという行政命令を出しました。弟は当時，内陸へは行きたくなかったし，1992年から2008年まで16年間も中国本土でやってきて，『もう疲れた。リタイアしたい。中国本土事業を手放したい。買ってくれないか』と，私のところにいってきました。それで，中国本土事業をすべて買い取りました。16年間，弟は中国本土で本当によく頑張ってくれました。子どもたちにもよく話しています。『叔父さんが中国本土で頑張ってくれたから，今の大甲化工がある。だから，叔父さんに感謝しないといけないよ』と」。

2008年以降，中国政府は沿岸部地域においてハイテク企業などの技術集約型の外資企業を積極的に誘致する一方で，労働集約型のような付加価値の低い企業や環境汚染・破壊企業に対して基本的に認めないという新たな政策を打ち出した。中国政府の政策変更に対応できなかった弟は，中国本土での事業の継続をあきらめ，兄に売却した。これにより，薛明安は中国本土の事業を回収したのである。

3-3　妻の役割──「良い妻であるだけではダメ」

大甲化工の創業とその後の成長過程においては，薛明安の妻・林淑清が果たしてきた役割も非常に大きかった。妻との「二人三脚」について彼は次のように振り返っている。

「家内と出会えて，結婚もできて，本当に幸せです。桃園で働いていた時，2人はもう結婚していました。寮で一緒に住んで，家内とはいつも白昼夢をみていました（笑)。将来起業し，成功して億万長者になろうと。家内はいつも私を支えてくれました。仕事を辞めて故郷に戻る時も何の文句もなくついて来てくれました。…

台湾では当時，建設工事をしてくれる人たちに食事を提供することが一般的でした。朝の8時頃に彼らがやってきて，だいたい10時頃まで働いて，10分か20分の休憩時間がありますが，その時にお菓子を用意してあげないといけません。それからまたしばらく働いて，12時前くらいになったら，お昼の時間です。昼食もこちらで用意します。昼食を一緒に食べ，少し休憩して午後1時頃から再び働くことになりますが，3時になったらもう一度休憩時間です。もちろんお菓子もお茶も用意しなければなりません。それから，夕方の5時半か6時頃まで働きます。そして，夜も残業してもらいますので，晩ごはんもこちらで用意することになります。ですので，すごく大変です。その当時，家内はちょうど2番目の子を妊娠していました。私たちが住んでいたところは工事現場からちょっと離れていました。大きなお腹を抱えながら，家で人数分のお菓子やご飯をつくって，工事現場に運んでいました。1日に何往復も。それが半年以上続きました」。

写真 7-2　薛明安・林淑清夫妻

出所：大甲化工提供

2017年のインタビュー時には妻・林淑清にも話を聞くことができた。

「当時は本当に大変でしたけれ

ど，夢がありましたので，苦痛は感じていませんでした。いつも思いますけれど，主人と結婚して，良い妻であるだけではダメだなと。家のこと，会社のこと，何でもやらないといけませんからね（笑）。…

会社ができて4，5年くらい経った頃でしょうか，お金が回収できない時期がありました。商品はどんどん納品して，売上高もどんどん上がっていましたけれど，実際はほとんど売掛金で，全然回収できませんでした。主人は実験をやったり，生産したり，配達したり忙しくしていましたけれど，お金が回収できないと会社も困りますからね。それで，私は娘を連れて主人の代わりにあちこちへ行って売掛金を回収しました。今も鮮明に覚えていますけれど，6,000台湾ドルの代金，何回行っても払ってくれませんでした。それで，『六法全書』を買ってきて独学し，自分で訴状を書いたんですよ」。

「良い妻であるだけではダメ」という言葉は，妻・林淑清の覚悟を示すものであり，薛明安にとっては家庭生活とビジネスの双方における強力な支えを意味した。創業以来，大甲化工の持続的成長において妻のコミットメントは「内助の功」を大きく超越するものであった。

3-4 「言伝身教」で行なわれた後継者教育

薛明安夫妻には男女1人ずつ子どもがおり，長男・薛翰聲のみ大甲化工に勤務している。彼は大学で化学を専攻し，卒業後2年間の兵役を経て，2006年に大甲化工に入社した。後継者教育に関して薛明安は次のように述べている。

「後継者教育に関しては，私は特に何もしていません。子どもの頃に両親から厳しいしつけを受けていましたので，私も自分の子どもに厳しかったと思います。でも，やっぱり私も家内も仕事が忙しかったので，彼らへの教育は，特別に何かをやったというわけではありません（笑）。息子が兵役を終えて入社してからは，いつも一緒に仕事していますので，よく話して，いろいろ注意してほしいことや，やってほしいことについてコミュニケーションをとってきました」。

薛翰聲の入社以降，薛明安は後継者に対して会社経営のスキルを教えるだけでなく，緊密なコミュニケーションを通して自身のビジネスへの思いや人としてのあるべき姿，自らの期待などを伝えているという。この件に関するインタビュー内容を整理すると，薛明安が後継者・薛翰聲に伝えようとしてきたのは，主として①危機意識，②市場ニーズをしっかり掴んで応える，③感謝の心，④自ら積極的に行動する，⑤社員に優しい経営管理，の５点である。

「工業用インクがあってもなくても，工業製品の使用価値はそんなに変わりません。でも，いざ品質事故が発生してしまうと大変なことになります。賠償金額はとんでもなく大きいですからね。息子は小さい頃，いつも大変忙しい私をみていましたので，将来自分が社長になったら楽に仕事をしたいといい，みんな笑っていましたけれど，この業界の社長はそんなに楽にはできません。自分が稼いだ金も自分のものではない。私はずっと緊張感をもってやってきましたので，息子にもしっかりこのような緊張感，危機意識をもってほしいですね。…

市場ニーズの変化にしっかり対応することは当たり前ですね。それができないのであれば市場に淘汰されます。私はこれまで顧客企業に後押しされてやってきたところがありますが，顧客企業がそこまでやってくれた，その背後にはやはりうちの商品が良かったからということがあると思います。だからこそ，市場ニーズをしっかり掴んで応えなければなりません。でも，やはり後押ししてくれた顧客企業やすべての助けてくれた皆さん，会社に大きく貢献してくれた家族にも感謝の心をもたないといけません。またずっと受け身になって，後押しされるのは良くない。やはり自ら積極的に行動して，自分がほしい結果を掴みに行かないといけませんよね。私も反省していますけれど，息子にも積極性をもってほしいです。…

いつも思っていますが，私は本当に良い社員に恵まれています。みんないつも真面目に働いてくれています。ですから，私も彼らに良い待遇を与えられるように頑張っています。良い待遇は社員にとってとても重要ですからね。起業前，桃園の３つ目の工場で働いていた時，給料が良かったんですよ。毎年税務署で収入を申告していまして，税務署の職員さんは私の給料をみて，羨ましいといっていました。ですから，私は起業前から『自分の社員には良い待遇を与えよう』と心に決めました。実際にそのようにやってきたと自負しています。ですから，息子にも社員に優しい経営管理を続けてほしいですね」。

薛明安は，まさに「言伝身教」（言葉でわかりやすく説明し，身をもって教える）という方法をもって後継者・薛翰聲に接し，前出の5点を伝えようとしてきた。しかしながら，自社の経営管理について，父と子は異なる考え方をもっていたため，父から子への事業承継は円滑に進んだとはいえなかった。

3-5　試行錯誤の事業承継

大甲化工における父から子への事業承継は試行錯誤のなかで行なわれた。これまでの承継プロセスを簡単に振り返ると，2009年，薛明安は経営管理権を後継者・薛翰聲に譲り，社長の肩書きを保持したまま会社を離れ，「隠居」した。その経緯について彼は次のように振り返っている。

「息子と一緒に会社で仕事をしていた頃，いつも話をしていましたが，喧嘩も結構ありました。やっぱり会社の経営管理に関する考え方が異なっていましたね。今になって考えてみますと，私のやり方にも大きな問題がありました。会社の重要な意思決定はすべて私がやっていました。ですから，社員たちは幹部たちであっても，私が決めたことを確実にやってくれたら，それで良かったんですね。私はそれが問題だと思ってもいませんでした。しかし，息子の時代になって，成果主義の考え方とか，業績を査定して給料や処遇を決めるとか，特に幹部たちにあっては指示されたことを遂行するだけではダメだといってくるんですね。意見が合わないことがよく起こり，喧嘩になって関係も悪くなってしまいました。一生懸命に頑張ってきたのに，最終的に自分の息子と仲違いする，そんなことをしたくなかったので，2009年，私は南投で農園を買って農業をやることにしました。離れてしまえば息子と喧嘩しなくて良いと思いました」。

このように，後継者との仲違いを避けるためにあえて「隠居」という選択肢をとった薛明安であったものの，やはり手塩にかけて育ててきた会社のことが気掛かりであった。

「やっぱり心配でしたので，口出しはしませんでしたが，こっそり会社の様子をみていました。私がずっと注意深くみていたポイントは1つだけでした。問題があっても構わない。失敗から学べるものがありますので。でも，顧客を失って，挽回できなくなってしまうという状況になったらダメですね」。

薛明安が大甲子化工を離れた後，同社では問題がしばしば発生していたが，どれも大きな問題にはいたらず，彼は口出しをすることなく，後継者の成長を見守っていた。こうして，2014年，彼は正式に社長ポストを後継者に譲り渡し，会長に就任した。しかし，その翌年に大問題が発生した。

「2015年，2つの大きな問題が起こりました。1つ目は品質事故で，何百万台湾ドルもの賠償金を支払いました。お金を払って教訓となれば，それで良かったのですが，その半年後，2つ目の問題が発生しました。ある日，うちの最も重要な顧客企業であるナイキの社員が突然に現れました。その人は工場のあちこちを見回って，その日の夜にナイキ本社を含む，世界中の関係企業に1通のメールを送ったようです。うちの工場管理は目茶苦茶で，大混乱していると。それで，すぐにナイキ本社から警告が来ました。『これはまずい，もうこれ以上自由にさせることはできない』と思って，会社に戻ってきました」。

薛翰聲は自身の問題点と今回の危機の深刻さを認識し，薛明安の復帰と支援を強く望んでいた。しばらく経営の第一線から離れていた薛明安も薛翰聲への理解を示し，ともに問題を解決し，危機を乗り越えようと考えた。

「私の昔のやり方にも問題があります。時代が変わりましたからね。でも，息子のやり方にもやはり問題がありましたね。ですので，去年（＝2016 年：筆者注）からコンサルティング会社より 2 人の顧問を受け入れ，経営管理の建て直しを図っています。ビジネスってやはり信頼関係が大事ですからね。今は顧客企業の信頼を取り戻すために一生懸命に頑張っています。これもきっと息子の成長につながると信じています」。

こうして，薛明安は会社を救うために，会長として経営の第一線に復帰した。薛明安の勧めもあり，薛翰聲は台湾大学の EMBA コースに入学し，改めて企業経営の理論や方法について学習する機会を得た。「今回の危機は家族にとっても会社にとっても生まれ変わる良いチャンスだ」と，2017 年のインタビュー時に薛明安は強調した。

2021 年のインタビュー時に事業承継の現状をたずねると，薛明安から次のような答えが返ってきた。

「2020 年初頭，会社の経営管理を再び息子に任せました。もともと 2020 年の夏に東京オリンピック・パラリンピックが開催されることになっており，それによりスポーツ用スニーカーの需要が急激に増えるだろうし，息子の成長にとって良いチャンスだと思っていました。しかし，コロナ禍が突如発生し，東京オリンピック・パラリンピックが 2021 年に延期になり，大混乱でしたね。うちも生産計画の修正を余儀なくされ，大きな影響を受けました。外出制限などの影響でうちの売上高もある程度減りましたが，しかし，息子の経営に関しては満足しています。当初の予想よりずっと良く対応できていますから」。

このように，紆余曲折を経ながら，父から子への事業承継は新たなステージに入ったといえよう。

4　大甲化工の財産経営

大甲化工創業時の株式保有のあり方について薛明安はインタビューのなかで

次のように振り返っている。

「創業時，父はたくさんのことをしてくれました。会社の登記も父がやってくれましたし，最初の資本金，100万台湾ドルの一部も父が用意してくれました。ですので，最初の株式に関しては，両親が20%を保有し，残りの80%を，私と弟とで平等に40%ずつ保有していました」。

先述のように，大甲化工の創業時，資本金100万台湾ドルは薛明安1人で用意したものではなく，両親の貯金や親族からの借金，融資によってかき集められたものであった。融資による資金は，父・薛傅徳が所有している住宅を担保にして得たものであった。そのため，大甲化工の株式の配分に関して薛明安は父の意思に従うことにした。「諸子均分」，きょうだい間で平等に財産を分けることが伝統中国の家族制度に一般的な規範（理想）であり，父もその影響下にあった。そのため，薛明安は父の意向を汲んで，弟との間で株式を平等に分け合うことになった。

先述のように，2008年，弟は中国本土の事業をすべて薛明安に売却したが，その際には弟が所有していた大甲化工の40%の株式も売却した。その結果，薛明安は大甲化工の80%の株式を保有することになった。さらに，2017年には両親が亡くなり，薛明安は大甲化工の全株式を保有することになった。

では，第2世代への自社株式の承継に関して，薛明安はどのように考えているのだろうか。2021年のインタビューのなかで彼は次のように述べている。

「近年，私たち夫婦は息子に株式を少しずつ譲渡しています。毎年贈与の免税枠がありますので，少しずつわたしていますが，今のところは，とりあえず49%までにして，私たち夫婦が51%を保有しようと考えています。いずれ娘にも6%をわたそうと思っています。会社に家族が多すぎると将来の事業承継がややこしくなりますから，娘は現在会社で働いていませんし，今後もないと思います。私たち夫婦と息子，娘の4人の間ですでにある約束をしています。それは，娘が50歳になった時，保有する6%の株式を全部息子に売却し，それに対して，息子は必ずその時の株価で買い取る，ということです。このようなことを事前に約束しておくと，兄妹の関係が維持しやすくなりますからね。しかも，娘の生活も保障できます。…　やっぱり最終的には後継者に全株をもってもらわないと，その後の事業承継が困りますからね」。

このように，薛明安は，将来の自社株式の所有をめぐって，その分散リスク対策（後継者１人に一極集中させる）を講じている。

5　まとめ

本章では，企業経営・家族経営・財産経営の３側面から大甲化工の事業承継経験について記述してきた。

改めて記述内容を整理すると，まず企業経営に関しては，「自分が稼いだ金も自分のものではない」という創業者・薛明安の言葉が端的に示すように，工業用インクメーカーの宿命として常に危機と隣り合わせにあり，実際に起きた危機（品質事故）への対応に苦労しながら，品質維持能力を高めてきた。経営者としての薛明安は一貫して慎重な姿勢をみせつつ，親族や顧客企業の強力な後押しもあって，中国本土やベトナムへの進出を果たした。「天の時」・「地の利」・「人の和」に恵まれ（偶然的要素にも恵まれ），大工加工は創業より 40 年間にわたり持続的成長を遂げてきた。

家族経営に関しては，大工加工の創業時における父の献身的サポート，中国本土進出時における弟との協力関係（「兄弟同心」），妻の「内助の功」を超越したコミットメント（「良妻であるだけではダメ」）などが非常に重要な意味をなした。創業者・薛明安による後継者教育は「言伝身教」という方法で行なわれた。後継者・薛翰聲への事業承継は薛明安の思惑通りには進まず，新たな危機を招くことになったが，その経験は後継者にとって大きな成長機会になっている，と薛明安は解釈している。

財産経営に関しては，創業以来一貫して創業家の薛家が自社株式の全数を保有しており，現在，創業者・薛明安から後継者・薛翰聲への漸次的な自社株式の贈与が進められている。将来の自社株式の所有をめぐって創業家主要メンバー4人の間で話し合いが行なわれており，その分散リスク対策がとられている。

注

1　筆者（竇）は2017年より複数回にわたり薛明安に対してインタビューを行なってきた。

2　同校は1910年代に台湾総督府によって設立された工業講習所（後に工業学校）を起源とし，戦後初期に中華民国政府に接収された。1980～90年代に複数回にわたる改組が行なわれ，1997年，国立台北科技大学となった。100年以上の歴史をもつ同校からは多くの企業経営者が輩出されてきた。

3　1949年から2018年まで台湾では徴兵制度が実施され，兵役適齢年齢の男性は軍隊に入隊しなければならなかった。

第8章
海天堂有限公司（香港）のケース

本章は，香港に本社を構える食品製造販売業者，海天堂有限公司の事業承継経験に関するケーススタディである。

1　はじめに

海天堂は1991年に香港出身の呉耀明（1956〜）によって創業された。海天堂では創業時より一貫して「亀苓膏」がメニューの中心をなしてきた。亀苓膏とは，伝統中国医学にもとづく健康増進食品であり，亀，蜂蜜，土茯苓，金銀花，甘草など10種以上の薬材でつくられる。ゼリー状の形態であるため，日本語では「亀ゼリー」と表現されることが多い。中国明代の著名な医薬書『本草綱目』[1]によると，亀苓膏には清涼解熱，解毒，整腸，滋養強壮などの効果があるという。また，コラーゲン含有量が豊富で，美肌効果も高いとされ，女性消費者の間で大きな人気を集めてきた。

2018年現在，海天堂は香港および中国本土（主に広東省などの東南部）で100店舗以上をチェーン展開しており，年間売上高は約10億香港ドル（当時の為替レートで約141億円）に上る。

海天堂は創業以来一貫して家族企業であり，創業家の呉家が自社株式の全数を保有している。現在，創業者の呉耀明が会長，長女・呉苑清の夫である徐浩然が社長をそれぞれ務めている。

以下では，インタビュー記録[2]をもとに，海天堂の企業経営・家族経営・財産経営のあり方について記述する。

2　海天堂の企業経営

2-1　創業者・呉耀明の生い立ちと海天堂の創業

呉耀明は1956年，香港新界エリアに立地する粉嶺の農家に11人きょうだいの第5子として生まれた。現在の粉嶺は高層住宅が立ち並ぶニュータウンであるが，1950年代当時は伝統的な中国農村部の風情を色濃く残していた。実家は農家であり，様々な野菜を栽培していた。戦後初期の貧困と多産が当たり前であった時代，呉耀明の両親は11人もの子を養うために懸命に働き続けた。呉耀明のきょうだいは苦労する両親の姿をみて育ち，皆が自発的に家事や農作業，子守などを手伝うようになっていった。一家の生活は経済的に豊かではなかったものの，呉耀明は温かい家庭環境で幼少期を過ごしたため，自ずと「真心」をもって家族や他人と接するようになっていった。

伝統的な中国農村社会では「同姓結合」が非常に重要な意味をなしており，かつての粉嶺も例外ではなかった。当地において呉姓は少数派であり，幼少期の呉耀明は多数派の姓の子どもたちから理不尽ないじめを受けた。こうした日常の暴力から身を守るべく，実家の近くにあった中国武術の道場，比麟堂に入門した。

比麟堂は清朝末期の道光年間に広東省で設立された私塾を起源とする。初期には塾生に四書五経などの学問を教授していたが，その後，列強の侵略を受けて中国社会が混乱を極めるようになると，「武術で自らを守り，国を救う」というスローガンを打ち出し，塾生に対して武術を教えるようになった。1940年代には比麟堂の主要メンバーの1人であった何財が香港へ移住し，禅港比麟体育会という団体を設立した（後に比麟堂香港分会に改称）。その後，中国共産党による新中国建設の過程で広東省にあった比麟堂の本部が閉鎖されたため，比麟堂香港分会が比麟堂の本部となった。幼少期の呉耀明が比麟堂にて中国武術を教わることになったのは，香港の地で比麟堂の再興を図ろうとしていた何財その人であった。インタビューのなかで呉耀明の長女・呉苑清は父とその師・何財の出会いについて次のように述べている。

「父の話では，何先生は，武術はもちろんのこと，中国医薬の世界にも通じておられたそうです。とても優しい先生で，いつも地元の病人を親切に診ておられたため，住民はみんな何先生のことを尊敬していたそうです。父は何先生から武術だけではなく，中国医薬も学ぶことになりました」。

このように幼少期において中国医薬の世界にふれたことは，その後の呉耀明の経営者人生に多大な影響を及ぼすことになる。

若き日の呉耀明は，節約して貯めた資金をもとに小さな紡績工場を立ち上げたものの，資金繰りに失敗し，工場はあえなく倒産した。結婚後も，タクシー運転手や飲食店のアルバイトといった様々な仕事を転々としたが，家族を養うために安定した収入を求めるようになり，親族が経営する店で働くことにした。

「当時，父が働いていた店の名前は『海天野味』でした。海の幸や空を飛ぶもの，野生の動物などをいろいろと仕入れてきて売っていました。そのなかには亀もありました。当時の香港では，人が病気になったら，治療法はやはり漢方が中心でした。野生の動物，たとえば，鳩や亀は中国医薬において患者の体力回復に良い食材として広く認識されていて，店の商売は順調でした。父は比麟堂で中国医薬についても学んでいましたので，その仕事にはぴったりでした」。

親族が経営する海天野味でやりがいを感じながら働いていた頃，呉耀明は大きな転機を迎えることになった。それは彼の母（呉苑清にとっては祖母）の病気である。

「1989年，祖母が病気で倒れました。病院で検査した結果，ガンでした。これは我が家にとって本当に大変なことでした。父は非常に親孝行な人で，ほぼ毎日病院へ行って祖母の看病をしていました。ガンの治療はとても難しくて，手術はうまくいきましたが，その後の化学療法が大変で，副作用がきつかったんです。祖母はどんどん痩せていき，髪も眉毛もなくなってしまいました。そして，皮膚が黒くなっていき，食事も睡眠もままならない状況でした。父は昼間に店で働き，仕事が終わったらいつも家で祖母が食べられそうな料理をつくって，病院へもっていき，面倒をみていました」。

呉耀明は中国医薬に精通しており，亀の滋養効果を熟知していた。闘病中の母に何を食べさせたら良いか思案した結果，中国医薬の世界に亀苓膏があることを思い出した。勤め先から社員特別価格で亀を購入した彼は，それを主たる材料にして，他の体力回復効果のある漢方薬材を入れ，食べやすいように味付けをし，小さな土鍋で煮込んでみたら，ゼリー状の濃厚な亀苓膏ができあがった。

「父はできあがった亀苓膏を病院へもっていき，祖母に食べさせました。味付けが良かったせいか，まったく食欲のなかった祖母が全部平らげたのです。父はとても喜びました。それで，毎日のように亀苓膏をつくり，祖母に食べさせました。すると，奇跡が起こりました。食欲も睡眠も改善し，顔色もツヤが出てきて，本当に元気になったのです」。

「呉耀明の母が亀苓膏を食べてすっかり元気になった！」という情報は瞬く間に周囲に伝わった。彼のもとには親族や友人から亀苓膏を分けてほしいとの依頼が殺到した。それを受けて，勤め先での仕事を終えた後，毎日のように亀苓膏をつくり，依頼のあった人々に配った。

「父のつくった亀苓膏が滋養効果抜群という噂はどんどん広がり，毎日多くの人から問い合わせがありました。最初は親戚や友人が多かったのですが，知らない人からの問い合わせも増えていき，夜の時間に亀苓膏をつくっていた父もついに対応できなくなってしまいました。それをみた祖母が父にいいました，『あなたがつくった亀苓膏は素晴らしいものだし，こんなにも人気があるのだから，自分のお店を開いて商売したらどうだい？　多くの人が亀苓膏を必要としているようだし，きっと良い商売になるよ』と。それで，父は1991年，家族や親戚の援助を受けて，勤務先の海天野味の近くに店を構え，亀苓膏の専門店，海天堂を開業しました」。

海天堂を開業した後も，呉耀明は古巣の海天野味に籍を置いたままであった。まさに「二足の草鞋を履く」状態であり，生活は多忙を極めた。しかし，海天堂開業から半年が経とうとしていた頃，野生動物の売買を禁止する法令が香港政府によって発せられた。これにより，海天野味は商売を維持できなくなり，あえなく閉店となった。幸いにも亀苓膏の主要原材料である亀には最初から養殖物が使用されていたため，この政策転換による大きな影響を受けなかった。こうして，彼は「二足の草鞋を履く」必要がなくなり，海天堂の経営と亀苓膏の製造に専念できるようになった。

2-2　第1の危機──「大家姐事件」

呉耀明は亀苓膏の品質に対して徹底的にこだわった。毎日，自ら主要原材料の亀を厳選して仕入れ，下処理や洗浄，他の材料の計量，煮込みなど，すべての工程を厳しく管理した。その結果，海天堂の亀苓膏の知名度は瞬く間に高まり，店には連日長蛇の列ができた。こうして，海天堂は成長期に入り，香港各地の繁華街に支店を設けるなど，短期間のうちに企業規模を大きく拡大させることになる。

しかしながら，企業経営には危機がつきものである。創業初期の海天堂の経営状況は順調そのものであったが，そこで呉耀明は気づかぬうちに大きなミスを犯していた。海天堂の商標登録を行なっていなかったのである。このミスは海天堂に大きなダメージを及ぼすことになる。その経緯について呉苑清は次のように述べている。

「亀苓膏は消費者たちに歓迎されていましたので，海天堂の商売も順調に成長していました。父は品質にこだわっていましたので，重要な工程は必ず自分でやったり，チェックしたりしていました。母も手伝っていましたが，需要は高まる一方で，本当に忙しい毎日でした。そんな時に呉Aという女性からフランチャイズ店を経営したいとの申し出がありました。親戚関係ではないのですが，同じ出身地で，同じ呉という姓です。両親の幼い頃からの知り合いで，頻繁とまではいえないけれど，交流がありました。年齢は父よりちょっと上だったので，父は呉Aのことを『大家姐』（お姉ちゃん：筆者注）と呼んでいました。何よりちょうどその時期，両親も店のことでとても忙しかったので，フランチャイズの話を聞いて，父はすぐに同意したのです。父としては，できるだけ多くの消費者たちの需要に応えたいという気持ちが強かったのでしょう」。

呉耀明が呉Aと交わしたフランチャイズ契約は次の通りである。

① 呉耀明は亀苓膏のつくり方を呉Aに教え，海天堂本店の製品と同じ品質基準を要求する。
② 呉Aは海天堂の看板を用いて支店を開き，亀苓膏をつくって販売し，毎年呉耀明に一定のフランチャイズ料を支払う。

その直後，呉Aの娘も海天堂に入社し，本社で事務職を務めるようになった。

フランチャイズ1号店の滑り出しは順調であった。呉Aは，亀苓膏づくりに精を出し，呉耀明による厳しい品質チェックを何度もクリアした。本社で事務職を務める呉Aの娘もまじめに仕事をこなしたため，呉耀明は一部の管理業務から解放され，海天堂の新しいビジネスモデルの構築や新たな商品開発に集中できるようになった。しかし，1999年の某日，ある弁護士事務所から一通の文書が呉耀明のもとに届いた。

「『何これ！』と，弁護士からの通達文をみて，私たちはみんな呆然としていました。その内容は，父が呉Aの商標権を侵害したというもの。50％の株式を要求してきたのです。それに応じないと，海天堂の商標の使用をすぐにやめなければならないし，巨額の賠償金を支払わなければならないということでした。何かの冗談だと思っていましたが，本当のことでした」。

呉Aは，海天堂とフランチャイズ契約を結んだ後，たまたま呉耀明が海天堂の商標登録を行なっていないことに気づいた。そして，密かに政府部門に対して海天堂の商標登録を行ない，準備が整ったところで，海天堂の所有権を奪いに出た。信頼していた「大家姐」呉Aに裏切られるという予期せぬ事態となった。それでも，呉耀明は，フランチャイズ契約があるので，裁判では勝てると信じて疑わなかったが，本社の事務室に保存していたはずの契約書がなくなっていた。

「きっと呉Aの娘の仕業だと思います。あの親子は共謀して海天堂を奪おうとしたのです。オフィスのなかをひっくり返して探してみましたが，どこにも契約書がありませんでした。契約書が自分で消えるなんてありえない話ですよね。こうなったらもう裁判で戦うしかないと，私たちは覚悟しました。創業時の会社登録関係の書類や税務関係の書類など，すべて整理しました。弊社はよくメディアに取り上げられていましたので，新聞記事やインターネット情報など，集められる資料をすべて整理し，裁判所に提出しました。これにより，父が先に海天堂という名称を使ったことを証明できると信じて，呉Aの商標登録の無効を求めて提訴に踏み切りました。連日，この裁判の様子はメディアによって報道され，大きな注目を集めました。裁判では，裁判長が私たちの提出した書類を審査し，私たちの訴えを聞いて，午後に裁判の結果を言い渡すと宣言しました。どんな結果が出るのか緊張しましたが，絶対に勝てると信じて午後の開廷を待ちました。ところが，そこに呉Aの弁護士が急に現れて，『和解したい』と父にもちかけたのです。負けることが明らかになっていましたからね。私たちは呉Aのことを許すつもりがなかったのですが，父はなんと和解を受け入れたのです」。

裁判が呉耀明側に圧倒的に有利に進みつつあったなかで，呉Aからの和解の申し出を受け入れようとした彼の判断に対して，家族は納得できなかったが，いくら説得しようにも，彼の意志は変わらなかった。この事件が終息した後，呉苑清は父より和解の申し出を受け入れた本意を聞かされた。

「父は2つのことを考えていたようです。1つ目は，こういうことです。

私たちは逃げずに，裁判において真正面から相手と戦いました。様々な証拠を裁判所に提示して，海天堂は私たちのものであることを証明できたのです。メディアの報道により周知されていましたので，それで十分だと，父は思ったようです。2つ目は，父が呉Aの娘の人生を壊したくないと考えていた，ということです。裁判で徹底的に追及していくと，誰が契約書を盗んだのか，その真相が追及されることになります。明らかに呉Aの娘がそれを盗んだのですから，それが暴露されると，彼女の人生に汚点がついてしまいます。そんなの自業自得だと私は思いましたが，父はそれを望まなかったのです」。

もちろん，和解にあたっては，次のような条件が呉耀明側から呉A側へ示された。

① 呉Aはすぐさま海天堂の商標を放棄しなければならない。
② 呉Aは今後も亀苓膏の事業を行なっても構わないが，海天堂の名称を使ってはならない。

このように，理不尽極まりない裏切りにあっても，呉耀明は相手を完全に潰すところまで追い込まなかった。

裁判終了後，呉耀明はすぐに海天堂の商標登録を行なったが，その際には本

写真 8-1　海天堂の商標と亀苓膏

出所：海天堂提供

来控えめな性格の彼が珍しく「大胆な露出」に打って出た。新しい商標に自身の肖像を入れたのである。

「私たち家族にとって『大家姐事件』は本当に大変でしたが，もちろん，一番心苦しかったのは父だったと思います。信頼していた人に裏切られ，本当にショックだったことでしょう。それでも，父は呉Aを許したのです。改めて商標登録を行なう際に自分の肖像を入れたことに関して，父は，『自分の肖像を商標に入れてしまえば，誰も海天堂を狙ってこないだろう』と話していました。それと，この事件は，後から考えると，良いこともありました。裁判の様子が連日メディアによって大きく報道されましたので，海天堂はもちろん，父も有名になりました。テレビ局の取材を受けて，父は自分がどのようにして海天堂を創業したのかを詳しく紹介しました。中国武術の心得があること，中国医薬に通じていることも周知されました。そのおかげで，それから父はちょくちょく映画やドラマの撮影に呼ばれるようになりました。もちろん，主役じゃないですけれど（笑)」。

こうして，「大家姐事件」という危機を乗り越えた海天堂は，期せずして知名度を向上させるとともに，企業としてさらなる拡大発展を遂げることになる。

2-3　中国本土への進出

2009年，より多くの消費者に海天堂の亀苓膏を届けるべく，呉耀明は中国本土への進出を計画しはじめた。中国本土への事業展開に踏み切った父の心境について呉苑清は次のように述べている。

「父はいつも私たちに『根本を忘れるな，感謝を忘れるな』と話しています。私たちは今裕福な生活を送ることができていますが，それはすべて亀苓膏のおかげです。亀苓膏は中国医薬の，中華文明の宝物であり，私たちの根本はやはり中華文明にあります。私たちの事業はうまくいっていますが，それは私たちが賢いとか，有能であるとか，そういうことではなくて，亀苓膏が香港の市民に健康をもたらしてくれているから，そして，香港の市民が私たちを応援してくれているからです。ですから，私たちは感謝の気持ちをもって，亀苓膏をより多くの消費者に届けていくべきです。中国本土の消費者たちにも私たちの亀苓膏を食べていただいて，健康と幸せになっていただきたいですね。このような考えで，父は中国本土への進出を決心したのです」。

2010年，呉耀明は，香港から近い広東省恵州市の工業団地に大規模な自社工場を建設し，中国本土進出の足掛かりとした。

「恵州工場は深圳市，恵州市，東莞市の接しているところにあります。香港から車で1時間程度の距離で，とても便利です。新しい工業団地で，風景がとてもきれいだし，交通も便利な場所なので，産業観光の振興にも非常に相応しい立地です。これは私たちにとって一番魅力的な点でした」。

恵州工場建設の総責任者を務めたのは，呉耀明の娘婿（すなわち呉苑清の夫）である徐浩然であり，当時を振り返って彼はインタビューのなかで次のように述べている。

「2010年，義父はこの場所を選定した後，恵州工場の設計と建設工事をどんどん進めました。香港にある多くの店舗の管理もやらないといけないし，新工場のこともいろいろやならいといけないので，義父は本当に多忙でした。私は自分のビジネスをやっていましたが，それほど忙しくなかったので，義父のお手伝いということで，ほぼ毎日恵州工場の建設現場に立ち会っていました。…

恵州工場の敷地は結構広いんです。産業観光の振興に非常に相応しいところですので，設計段階において，義父は亀苓膏の生産工場だけでなく，亀苓膏や中国医薬全般に関する展示宣伝施設もつくり，多くの人々に恵州工場に来ていただき，私たちの生産ラインをみていただきながら，亀苓膏や中国医薬への理解も深めてもらいたいという思いがありました。そのために広い敷地を確保しました。ですので，現在の恵州工場には，亀苓膏の生産工場はもちろんのこと，海天堂亀及中医薬博覧館も併設されています。

亀苓膏は食品ですから，基本中の基本として衛生的・安全的でなければなりません。私たちの生産工場も衛生・安全を強調しており，ガラス張りの設計となっています。また，海天堂亀及中医薬博覧館におきましては，世界各地の1,000種類近い亀の標本と，様々な中国医薬の原材料サンプルを展示しています。特徴，効能などの説明も細かく付けています。さらに，大人数の見学者も利用できる食堂も設置しています。食堂で提供している様々な惣菜の原材料の一部は工場内で有機栽培しているものです。敷地のなかには専用の養鶏場，養豚場，そして菜園があります。亀苓膏の生産で出てくる廃棄物は，鶏や豚の餌，野菜の肥料として活用できますので，恵州工場は環境に優しい工場となっています」。

「衛生」「安全」「中華文明」「中国医薬」「環境に優しい」といったコンセプトをもとに建設された海天堂の恵州工場は，2013年に稼働を開始した。産業観光事業への参入は，一定の収入を得るだけでなく，自社製品の良い宣伝にもつながっており，まさに「一石二鳥」を狙った事業展開である。

徐浩然によれば，2013年の恵州工場稼働開始により，亀苓膏の生産量が倍増するとともに，産業観光事業による宣伝効果も非常に大きかった。海天堂の店舗数は急増し，香港では80店舗超，中国本土では広東省を中心に100店舗

写真8-2　恵州工場と海天堂亀及中医薬博覧館

出所：海天堂提供

超へと拡大した。このように好調な事業拡大をみせはじめた矢先，予期せぬ危機が再び海天堂を襲うことになる。

2-4　第2の危機──「911事件」

「911」といえば，一般的には，2001年9月11日にアメリカで発生した「同時多発テロ」を指すが，それから12年後の2013年，海天堂において別の「911事件」が起きた。それは，前出の「大家姐事件」よりもさらに深刻なダメージを呉耀明一家と海天堂に及ぼすことになった。この事件について呉苑清は次のように述べている。

「2013年9月10日の夜は本当にいつも通りの夜だったんですが，広東省のテレビ局，珠江テレビが突然，海天堂に関するニュースを放送したそうです。私たちはその番組をリアルタイムでみていませんでしたが，知り合いからすぐに連絡が入ってきました。テレビ番組の映像も送られてきました。その映像をみて，本当にびっくりしました。ニュース映像では，インターネット上にアップされた1本の告発映像が取り上げられていて，海天堂のある店舗において，ある男性店員が亀苓膏の箱を開けたところ，たくさんカビが付着していました。その店員は水で洗い流しながら工具を使ってカビを取り除いた後，そのまま商品棚に陳列したのです。そのニュース番組のアナウンサーは，告発映像が事実かどうかを確認中であると述べました。これは本当にあり得ないことでしたが，翌9月11日には香港のテレビや新聞などがこの告発映像について一斉に報道しはじめたのです。朝から会社の電話が鳴り続け，批判や罵倒を浴びせられました。インターネット掲示板にも私たちへの誹謗中傷の書き込みが一気に広がりました。急に何があったのか，私たちはこの突然の出来事に対して頭の整理ができなくて，本当につらかったです」。

事件の発端は2013年9月10日に中国本土の地方テレビ局が放映した1本の映像にあったが，本格的な事件の展開は翌9月11日からであり，それゆえ，海天堂社内では「911事件」と呼ばれている。それに対して，メディアは「海天堂亀苓膏カビ混入事件」と呼んだ。しかし，「事件」はこれだけにとどまらなかった。追い打ちをかけるように発生したもう1つの「事件」について呉苑清は次のように述べている。

「9月12日になると，なぜか香港のある大学准教授が調査報告をメディアに公開して，私たち海天堂の亀苓膏には亀の成分が検出されなかったと告発したのです。その准教授とはまったく面識がありませんでしたし，なぜそんな報告を出したのかもわけがわかりませんでした。さらに，9月13日，香港のある新聞がトップページで『一連の不祥事に関する報道により多くの消費者からのクレームが海天堂に殺到し，返金や賠償などへの対応に追われている』と報道しました。たしかにお客様からたくさんの電話をいただきましたけれども，13日時点では私たちのところにはまだそんなに多くの返金や賠償の要求が来てなかったんですよ。しかし，この報道が出たところから，いよいよ混乱が生じまして，たくさんの消費者から返金や賠償の要求が殺到しました。…　この一連の出来事って何かおかしくないですか？　すべて仕組まれて起きたことのようにみえますよね」。

こうして，「海天堂カビ亀苓膏販売事件」に続き，「海天堂亀苓膏偽装事件」がメディアによって大きく報道された。たしかに一連の「不祥事」は，呉苑清のいうように，誰かが仕組んだとしか思えない形で発生した。

では，この海天堂の創業以来最大の危機はどのようにして収束していったのだろうか。その過程においては，政府当局が重要な役割を果たすことになった。海天堂の「事件」がメディアによって大きく報道されたことを受けて，香港の政府当局が海天堂に対して家宅捜索を実施した。その折の家宅捜索の様子について呉苑清は次のように述べている。

「9月11日の午前中，まず香港の食品監督管理部門の方々が海天堂本社と各店舗に突然現れました。こんな報道が出ていましたので想像はできましたが，すべての店舗と海天堂の倉庫を隅々までチェックして，多くの商品もサンプルとしてもって行かれました。食品監督管理部門の後には，税関当局からも多くの方々が急に本社にやって来ました。同じく一部の商品をサンプルとしてもって行かれました。政府当局の様々な部門の人たちが次々に海天堂の本社や店舗にやって来て，私たちはずっとその対応に追われ，本当に疲れました」。

動き出したのは香港の政府当局だけではなかった。中国本土の政府当局もまた海天堂の恵州工場に対して家宅捜査を実施した。その折の家宅捜索の様子について呉苑清の夫・徐浩然（当時，恵州工場の総責任者）は次のように述べている。

「香港当局が家宅捜査に動き出したので，中国本土の政府当局もきっとやって来ると，私たちは予想していました。それで，9月11日の午後，私は義父の指示にしたがい，恵州工場に向かいました。予想通り，中国本土の多くの政府部門の方々が恵州工場にやって来たのです。恵州市政府の方，衛生局の方，食品監督管理局の方，薬品管理局の方，品質管理監督局の方など，本当に次々と現れました。事件発生前には，政府の官僚は，お誘いしても，いつも『時間がない』といわれ，ほとんどの政府官僚と面識はなかったのですけれど，『911事件』の発生後には，次々と大勢の方々がお越しになり，工場の隅々まで調べられました。私は恵州工場の総責任者として工場のいたるところをオープンにして，いわれた通りに対応しました」。

海天堂の経営陣と社員は政府当局の問題追及への対応に疲弊させられたが，幸運にも政府当局の調査結果は速やかに発表された。この点について徐浩然は次のように述べている。

「まず，食品監督管理部門が約1週間後に調査結果を発表しました。それによると，私たちの商品にはカビを生み出す真菌が検出されませんでしたし，その他のバイ菌も検出されませんでした。それから，税関当局が検査結果を発表し，私たちの商品からちゃんと亀のDNAが検出できたとのことでした。要するに，私たちの商品にはまったく問題がなく，様々なクレームはすべてデタラメだということが，政府当局の調査により証明されました。もちろん，中国本土の政府当局からも同じような調査結果が出されまして，やはり私たちの製品には何の問題もありませんでした。私たちは業務改善命令も罰金も受けることがなかったのです。これだけは助かりました」。

海天堂の「911事件」が世の大きな注目を集めたこともあって，各メディアは香港ならびに中国本土の政府当局による調査結果を大々的に報道した。その後，珠江テレビで放映された「海天堂亀苓膏カビ混入事件」の告発映像がフェイク映像であったことが判明し，「海天堂亀苓膏偽装事件」を引き起こした大学准教授も自身の調査報告に誤りがあったことを認め，メディアで公開謝罪を行なった。これにより「911事件」は収束したのである。

「911事件」収束直後，呉耀明は自社の急速な拡大路線を見直し，香港にあった80余の店舗を30程度に絞り，中国本土にあった店舗の一部も閉鎖した。経営資源を集中させることを通じて，海天堂のイメージ回復と経営再建を図ろうとしたのである。

「911事件」という最大の危機を乗り越えた海天堂は，再び成長を遂げることとなり，事件の3年後には中国政府より「お墨付き」を得ている。この点について徐浩然は次のように述べている。

「2016年，恵州工場は中国政府から『AAA国家級観光スポット』という素晴らしい認定をいただきました。これは私たちにとって最高のご褒美であり，本当にうれしく思いました。この認定をいただいてから，毎年，中国本土各地から多くの見学者が恵州工場にお越しいただいています。2018年の実績はのべ50万人超でした」。

現在，海天堂は香港・中国本土の両市場において亀苓膏のトップブランドとして確固たる地位を築いている。

3　海天堂の家族経営

3-1　呉耀明の信念──「真的假不了」

中国には「真的假不了」ということわざがあり，「本物は偽物にならない」という意味である。このことわざは創業者・呉耀明個人の信念であり，呉家の家族精神でもある。このことわざについて呉苑清は次のように述べている。

「私には妹が１人います。幼い頃，父はいつも私たちに『真的假不了』と語っていました。父が経験した，いろんな出来事を教えてくれましたが，最終的にいつも結論となるのは，やはりこの『真的假不了』でした。父がずっと話していた言葉でしたが，今は私たち一家の信念となっています」。

呉苑清によれば，父・呉耀明は幼少期に両親から「正直であれ」，「誠実であれ」と厳しく叩き込まれた。また，７歳の頃に入門した比麟堂において，彼は師匠の何財から中国武術と中国医薬を伝授されるとともに，やはり人としてのあるべき姿を徹底的に叩きこまれることになった。

写真 8-3　呉耀明とその家族
呉耀明（上左から１人目），呉苑清（上左から２人目），徐浩然（上左から３人目）
出所：海天堂提供

「私たち姉妹が子どもだった頃，父はよく比麟堂での何先生との思い出話をしてくれました。中国武術にしても中国医薬にしても，学ぶ際には，まず基礎を鍛え，それからどんどん精進していくことが重要ですが，『一番重要なのは内心の鍛錬である』と，何先生から事あるごとにいわれていたようです。父の話を聞いて，『内心の鍛錬って何ですか？』と私が聞いたら，『「誘惑に負けない」とか「自分に負けない」とかいろいろあるが，要は，「嘘をつかない」，「本物であれ」ということだ』といわれました。特に医薬の世界では，薬草は絶対に本物でないといけない。薬草の分量は精確でないといけない。誤りがあると，患者の病気が治らないだけじゃなく，命を奪ってしまう可能性もあるとか，こういう話を本当に延々と語っていました」。

このように，幼少期の呉耀明は両親から「正直であれ」，「誠実であれ」と，そして，師匠の何財から「嘘をつかない」，「本物であれ」と叩き込まれた。双方の教えは共通しており，彼はそれらの教えを「真的假不了」という１つの理念に収斂させ，自身の最も重要な信念とした。それは呉家の家族経営においても海天堂の企業経営においても大きな意味をなすことになった。彼は長い時間をかけて「真的假不了」を基軸とした企業理念の浸透を図るとともに，自らそれに則った経営を実践し続けてきた。それがあったからこそ，海天堂は前出の「大家姐事件」，そして，「911 事件」といった大きな危機を乗り越えることができたといえよう。

3-2　呉家の行動規範――「一致団結」

自身の家族のあり方について呉苑清は次のように述べている。

「私たちの家族は本当に固い絆で結ばれています。何かあったらすぐに『一致団結』してみんなで対応してきました。家族メンバーの関係も非常に良いんです」。

前出の「大家姉事件」や「911 事件」のエピソードからわかるように，呉家は団結して厳しい危機を乗り越えてきており，家族メンバーにおいて良好な関係が維持されていることを読み取ることができる。

呉苑清の夫・徐浩然が海天堂の経営陣に加わるまでの紆余曲折の過程もまた一家の「一致団結」を具体的に示すものである。

「もともと私はワインが大好きで，自分でワインビジネスをやっていました。学生時代，私はオーストラリアの大学に留学しました。オーストラリアのワインはとても飲みやすく，香港でも結構人気がありました。それで，大学を卒業してから，香港に戻って会社を立ち上げ，オーストラリアからワインを輸入して香港で販売するという事業をはじめたのです。苑清と結婚した時もまだワイン輸入事業をやっていました。…　ワイン輸入事業は順調で，利益も結構上がっていました。それで，取引量を拡大するために，先物取引に手を出してしまいました。1豪ドルが7香港ドルに相当した時期に大量に購入しました。しかし，2008年にリーマンショックが発生し，1豪ドルが5香港ドルというところまで下落したのです。為替の変動だけで私は大きな損失を被り，資金繰りに大きな問題が発生しました。しかし，ワイン事業は依然として有望なビジネスでありましたので，お金がなくなってしまいましたが，ワイン事業をあきらめたわけではありませんでした。ビジネスモデルを変えて，香港でワイン用の倉庫を経営することにしました。ワイン輸入事業をやっていた時に，ワインを香港に輸入するのはそんなに難しいことではなかったのですが，ワインが大量に入ってきて，どこに置いて保存するか，その場所の確保がなかなか大変でした。それで，ワインの輸入をやめ，倉庫を借りて，ワインの貯蔵に相応しい内装と環境を整えました。それまでのワイン輸入事業で知り合った人たちに輸入ワインの保存場所を提供しながら，ワインの販売にも協力していました。少しずつではありましたが，ワイン倉庫事業も順調に成長していました」。

こうしてワイン倉庫事業が成長しはじめた時に起きたのが前出の「911事件」(2013年) であった。

「それまでもワイン事業に携わりながら海天堂の仕事を手伝っていまし

た。必要な時に協力するという程度でしたが…。恵州工場を建てた頃も，時折出張するという程度のかかわりで，ワイン倉庫の経営が主でした。しかし，『911事件』が発生し，状況が一変しました。その時，苑清は妊娠していましたし，義妹もまだ大学を卒業していませんでした。家族全員で危機対応をしていましたけれど，実際に戦力として第一線で頑張っていたのは義父だけでした。ワイン倉庫を経営しながら『911事件』に対応するのはとても無理で，まったく余裕がありませんでした。それで，私はワイン倉庫事業をあきらめ，海天堂の危機対応に専念することにしたのです。義父は香港で，私は恵州工場でそれぞれ対応しました」。

こうして，徐浩然は危機的状況下にあった海天堂を救うために，自身が10年近くにわたり手塩に掛けて育ててきたワイン事業を手放すという苦渋の意思決定を下した。

3-3　創業者から娘婿への事業承継──危機対応のなかでのバトンタッチ

「911事件」の後，徐浩然は呉耀明からの強い要請を受け，海天堂の2代目社長に就任した。その経緯について呉苑清は次のように振り返っている。

「父は浩然のことを気に入っていました。浩然は大学卒業後すぐに自分のワイン事業を起こし，たくさんの苦労をしていましたけれど，あきらめずに努力してなんとかビジネスを成功させていたんです。リーマンショックの時には，たしかに一時的に困難な時期がありましたが，ビジネスモデルの転換で困難を乗り越えました。彼はとても優しく，いつも快く海天堂の仕事を手伝ってくれ，特に『911事件』の際には大きな貢献をしましたので，家族や社員からの信頼も厚かったんです。両親には男の子どもがいないので，浩然が後継者になってくれて，父はとても喜んでいました」。

義父・呉耀明から社長就任を打診された際の心境について，徐浩然は次のように振り返っている。

「『911 事件』がなんとか解決した頃，義父に会議室に呼び出されました。『911 事件』の反省や今後の対応などいろいろ話しているなかで，急に『私の後継者として海天堂の社長になってくれ』と頼まれました。突然の話でしたので，びっくりしましたが，海天堂の規模も大きくなっていましたし，商品の種類も多くなっていました。特に『911 事件』のショックで義父はとても疲れているようにみえました。それで，私は覚悟を決め，『わかりました』とオファーを受け入れることにしました」。

このように，「911 事件」という存亡の危機を契機として，海天堂の経営権は創業者・呉耀明から娘婿・徐浩然へと円滑に移行することになった。

4　海天堂の財産経営

前節でふれたように，経営権にかかわる承継は円滑な形で実現されるにいたったが，それに対して，所有権をめぐる承継は，2018 年時点において，どのような様相をみせていたのだろうか。海天堂の第 2 世代には，徐浩然・呉苑清夫妻以外に，呉耀明の次女（つまり呉苑清の妹）・呉苑冰がおり，彼女も「911 事件」の後に海天堂に入社している。このように複数いる第 2 世代メンバーに対して，創業者・呉耀明は，どのように自社株式を分配し，所有権のバトンタッチを行なおうとしているのか。この件に関しては，残念ながら，呉耀明本人へのインタビューを行なうことができなかったが，呉苑清に質問したところ，次のような答えが返ってきた。

「今のところ，会社の株式はすべて父が所有しています。父は今年（＝2018 年：筆者注）で 62 歳，体はまだまだ元気です。浩然が社長として海天堂全体の経営や店舗の管理などを担っていますので，父の負担はかなり軽減されていると思います。今，父は会長として会社の経営戦略とか新しい商品の開発などに注力しています。株式のバトンタッチはまだ早いんじゃないかなと思います」。

一方，現社長の徐浩然はインタビューのなかで慎重に言葉を選びつつ次のように述べている。

「それは難しい質問ですね。今後の株式の分配とバトンタッチについて義父はどのように考えているのか，私にはわかりません。義父にも聞けませんしね。そもそも私も考えたことがありませんでした。義父はまだまだ元気ですし，80歳まで仕事を続けるとするならば，まだ20年近くありますので，株式のバトンタッチに関しては，今すぐに考えなくても大丈夫でしょう。…私の考え方ですけれども，株式は別になくても…。私が果たすべき責務は海天堂の経営をしっかりやることです。これだけです」。

今後，海天堂の創業家における財産承継は，中国の伝統的な家族制度・規範（「諸子均分」）に即したものになるのか，あるいは，経営的合理性（企業経営においては自社株式を極力分散させないほうが合理的）を追求するものになるのか，はたまた，第5章でふれた方太グループの「ポケット原理」のような折衷案をとることになるのか，現時点では予想を立てるのが困難である。

5　まとめ

本章では，企業経営・家族経営・財産経営の3側面から海天堂の事業承継経験について記述してきた。

改めて記述内容を整理すると，まず企業経営に関しては，創業にいたる経緯（創業者の親孝行エピソード），中国本土への事業展開（大規模工場の建設，産業観光の振興），そして，2度にわたる存亡の危機（「大家姐事件」，「911事件」）といった重要事項のすべてにおいて中心にあったのは，海天堂の代名詞というべき亀苓膏であり，創業者・呉耀明および創業家メンバーは，創業以来一貫してその品質と信用を維持するために最大限の努力を払ってきた。2度の危機は，どちらも「青天の霹靂」のように発生し，海天堂の経営に深刻なダメージを及ぼしたが，これらをきっかけにマネジメントや組織体制の改善が図られることになり，長期的にみれば，企業体としての耐性向上ならびに持続的成長につながったといえよう。

家族経営に関しては，創業者・呉耀明が自らの人生のなかでたどり着いた1つの信念「真的假不了」（本物は偽物にはならない）が非常に重要な意味をなしており，これが創業家の家族精神，ひいては海天堂の企業理念の基軸をなしてきた。2度にわたる危機への対応においても，この信念が大きな役割を果たした。また，危機対応のなかで，海天堂は徐浩然という能力と人望を兼ね備えた後継者を得ることになり，創業者から第2世代への経営面のバトンタッチは円滑に進んでいる。

財産経営に関しては，2018年のインタビュー時点において創業者・呉耀明（当時62歳）が自社株式の全数を保有しており，財産面のバトンタッチは手付かずのままであった。

注

1　明代の医学者・李時珍（1518～1593）が著した本草学の集大成である。

2　筆者（竇）は2018年に創業者の長女・呉苑清と，その夫で現社長の徐浩然に対してインタビューを行なった。

第9章
株式会社コメクス（韓国）のケース

本章は，韓国京畿道城南市に本社を構えるスマートホームセキュリティシステムの専門メーカー，株式会社コメクスの事業承継知見に関するケーススタディである。

1　はじめに

コメクス[1]は1968年に邊鳳德（ビョン ボンドク，1940～）によって創業された。韓国最初のインターホンを開発し，創業5年目の1973年にやはり韓国ではじめてインターホンの輸出に成功した。1980年代にはテレビドアホン，1990年代にはホームオートメーション，2000年代にはホームネットワークシステムといったように，約10年周期でイノベーションを起こし，それを通じて，韓国における居住文化のパラダイムシフトをリードしてきた。今日のコメクスは顧客の安全と生活の価値を創造するスマートホームシステムの専門企業であり，国民の約8割が同社のドアチャイムのメロディを覚えているといわれるほど，韓国人の生活の一部となっている。社名のコメクス（英語ではCOMMAX）はCommunication Maximizationの略であり，コミュニケーションの最大化を意味している。近年では人工知能（AI），クラウド，ビッグデータ，IoTなど，第4次産業革命の技術を積極的に取り入れ，AIホーム専門企業に飛躍している。

コメクスは常に変化する社会環境に合わせて技術革新を実践してきた。現在においては，PM2.5から家庭を守るヘルスケア関連システム，セキュリティシステム，モバイル通信を用いて住居環境をコントロールできる機能など，環境変化に対応するために新たな技術開発に向けた取り組みを促進している。

コメクスブランドの様々な製品は現在，韓国国内の自社工場，中国本土（天津）の自社工場，外部委託の３系統で生産されており，生産量全体に占めるそれぞれの比率はおよそ３分の１ずつとなっている。また，コメクスは現在，世界130か国と取引を行なっており，海外売上高が同社売上高全体の約５割を占めている。2021年現在，売上高は1,405億ウォン（当時の為替レートで約140億円），社員数は183名を数える。社員全体の25％以上が研究開発人材で占められており，この数字から研究開発人材の育成に力を入れていることがわかる。

2017年には長年にわたり輸出実績，品質競争力，雇用創出など社会的責任を果たしてきたことが認められ，コメクスは，韓国政府中小ベンチャー企業部が認定する「名門長寿企業」第１号に認定された[2]。2018年には韓国の産業発展に大きく貢献した人物に授与される最高位勲章である「金塔産業勲章」が邊鳳德に授与された。近年では創業者から後継者への事業承継を「軟着陸」させることに成功しており，韓国国内において長寿企業や事業承継への関心が高まるなかで大いに注目を集めている。

現在，コメクスでは創業者・邊鳳德が取締役会長（代表権なし）を務め，そ

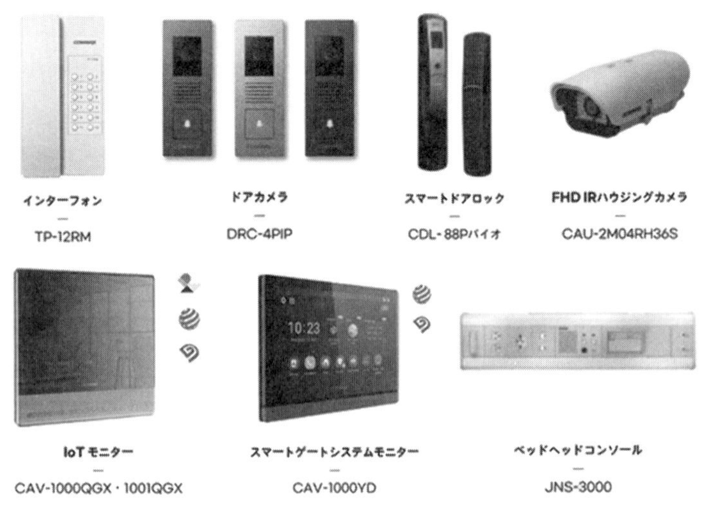

写真9-1　現在のコメクスの主要製品

出所：コメクスのホームページ

の長男・邊又碩（ビョン ウソク，1972〜）が代表取締役社長を務めている。

以下では，インタビュー記録[3]，邊鳳德自身の手による自叙伝（邊 2020），その他関連資料（会社ホームページ，関連ウェブ記事など）をもとに，コメクスの企業経営・家族経営・財産経営のあり方について記述する。

2　コメクスの企業経営

2-1　創業からテイクオフへ

邊鳳德は，1960 年代半ばに兵役を終えてからの約 3 年間，家族や親族，友人からの借金を元手に様々な事業に挑戦したものの，失敗を重ね，ただ借金だけが増えていくという苦難の日々を送った。このように切羽詰まった状況下にあって起死回生を図るべく，彼は新たに借金して資本金 200 万ウォンをかき集め，ソウルの清溪川 4 街（かつて小規模な電器店が林立したエリア）において中央電業社（コメクスの前身）を創業した。1968 年のことである。

中央電業社が最初に手掛けた製品は電話交換機であった。当時の韓国では電話を設置することに大きなコストがかかったため，一般家庭にはまだ普及していなかった。電話を設置できたのは主にホテルやオフィスなどであり，それも電話局から回線を引っ張り，交換機を通じて使用していた。

大学時代に数学を専攻した邊鳳德にとって通信分野は未知の領域であったが，これからは通信産業が伸びるという確信のもと，未知なる業界に飛び込んだ。新しく建設されているビルをみつけては，電話交換機の売り込みのために自ら建設現場に駆け込んだ。しかし，世間では電話交換機がまだほとんど知られておらず，門前払いされることも少なくなかった。ビルのオーナに対して，「電話交換機を設置すれば，物件の価値や家賃収入が上がる」，「ビルのなかで電話交換員を雇い，電話の貸出し事業をすれば収益も安定する」などといった「殺し文句」を用いて，懸命に説得にあたったという。

こうした邊鳳德の努力はすぐに実を結んだ。中央電業社の電話交換機は，好意的な口コミが広がったことで，徐々に販売台数を増やしていった。こうして創業から 3 年後には早くも電話交換機の確固たる市場が韓国国内に形成されるにいたった。その後さらに大きな発展を見込めるインターホン市場に参入することになるが，その経緯について彼はインタビューのなかで次のように述べている。

「韓国は産業化の歴史が浅く，1960年代には繊維産業やかつら産業などが主力産業でした。これからは情報通信産業の発展が予測され，電話交換機をつくりはじめました。しかし，情報通信産業においては国の統制が厳しく，市場拡大がとても難しかったのです。情報通信機器に対する規制が非常に厳しいため海外輸出も容易ではありませんでした。そのため，当時規制の少なかったインターホン市場に参入しました」。

当時の韓国は，国内での激しい政治闘争を経験した後，経済再建を掲げ，工業化に邁進していた。工業化が進むなかで，都市部には多くのビルが建設され，その影響により通信設備の需要も拡大した。さらに，経済が発展し，資本が蓄積されると，住宅建設ブームが起きた。当時の韓国の一般的な住宅では玄関と居住部の間に庭があったため，インターホンの需要が急増した。この時期，コメクスもビルの通信設備と住宅のインターホン市場において大きな成長を遂げることになった。

1963年から1997年までの期間に韓国経済は年平均9.1％の高度成長を遂げており，住居形態も大きな変化をみせた。「現代的なアパート」（日本の高層マンションに該当）の登場により，都市生活者の住まいは単独住宅から大規模集合住宅へと変化した。こうした環境変化のなかで，コメクスは新しい需要に対応するインターホン製品を次々と開発していった。初期のシンプルな音声だけのインターホンからテレビドアホンへ，白黒テレビドアホンからカラーテレビドアホンへ，そして，近年ではホームネットワーク機能が搭載されているホームIoTへと進化を遂げることになった。

1999年，邊鳳德は社名を中央電業社から現在のコメクスに変更するとともに，もともと自社工場が置かれていた城南市に本社ビルを新築し，ソウルにあった管理部と営業部を移転させた。

インタビューのなかで邊鳳德は創業前後の苦労経験を振り返って次のように述べている。

「除隊後の３年ぐらい，いろんな事業に手を出しました。４回チャレンジし，すべて失敗に終わりました。しかし，そこで蓄積された経験があったからこそ，今のコメクスがあると思います。失敗を繰り返しましたが，その経験が今の成功を導いたのだと思います。もちろん，失敗を経験すると誰もが心が折れそうになりますが，そうなったら死ぬ気で頑張るしかないでしょう」。

2-2　海外進出

1970 年代，韓国政府は，従来のような海外からの援助，輸入に依存する産業構造からの脱却を図るべく，輸入代替工業化，国内産業の保護育成に努めるようになった。さらに，その当時，韓国政府は，国際収支の改善のため，輸出増大を各企業に奨励していた。このような当時の社会環境にあって，邊鳳徳は国内における自社製品の販売ネットワークを整えるとともに，次のステップとして海外市場進出を狙うことになった。その当時の心境について彼はインタビューのなかで次のように述べている。

「アレクサンダー大王が広い領土を手に入れたのも，コロンブスが新大陸を発見できたのも，彼らが命をかけて外に出て行ったからです。夢を叶える第一の条件は挑戦することです。挑戦しないと成功も失敗もないわけですが，成功と失敗は少なくとも何かに挑戦したという証でしょう」。

自身の海外営業について邊鳳徳は「挑戦したから，うまくいった」と述べている。海外営業をはじめた当初，自らアメリカへ赴き，紹介状すらもたずに果敢に「飛び込み営業」を行なった。両手に大きなバッグを抱えてマンハッタンを歩きながら，電器店をくまなく回った。しかし，このような方法では時間と体力の無駄が大きいことに気づいた彼は，夜に滞在先のホテルで現地の地図と電話帳を開き，翌日の営業活動のための作戦図を作成した。この戦術は兵役時代に経験した陣地駆逐訓練（地図に表示された次の作戦地域に迅速に移動する）を応用したものであり，兵役の経験が海外営業の現場でも大いに役立つことになった。

「米軍の通訳兵，KATUSA[4]として勤めていましたが，そこで英語を学べたので，コメクスが海外進出する際に非常に役に立ちました。さらに，戦略を学べる良い機会でもありました。軍事戦略と経営戦略はとても似ており，コメクスの経営戦略を立てる際に非常に役に立ちました」。

海外進出当初，邊鳳德は単身で営業活動を行なっていたが，その折に携帯するバッグの重さは40～50kgであった。いったん海外に出ると帰国までに数か国を回ったので，バッグのなかには出張先の気候に合わせた衣類，書類の束，製品のサンプルが入っていた。そのため，時にはバッグの重さが70 kgを超えることもあったという。

1970年代当時，韓国政府からの外貨持出規制が強化されたため，500ドル以上を両替することが許されなかった。そのため，邊鳳德は幾度となく食事を抜くことを余儀なくされ，現地でタクシーに乗ることすらできなかった。その一方で，宿泊先に関しては，多少無理してでも高級ホテルに宿泊することにした。その理由は，高級ホテルから営業先に電話を掛ければ，相手に見くびられることが少なくなるからであった。さらに，知恵を働かせ，「ぜひ貴社を訪問したいので社用車をこちらに回してもらえませんか」と要求することもあった。中央電業社という社名はもちろんのこと，KOREAという国名すら聞いたこともないアメリカ人が多くいた当時にあって，それは暴挙のようにもみえるが，実際には，多くの企業が彼のアプローチに関心をもち，ホテルに社用車とスタッフを寄こしてきたという。

こうした創業者の努力の甲斐あって，中央電業者は海外市場への足掛かりを得た。その後も同社は一貫して海外市場の拡大に努め，現在，世界130か国に対してコメクスブランドの製品を輸出している。海外売上高はコメクスの売上高全体の約5割を占めている。海外市場のなかでも人気が高いのは中東であり，特にイラン市場では多くのコピー品が出回るほどコメクス製品は高いブランド力を誇っている。

邊鳳德は自社製品をコメクスというブランド名で輸出することに関して並々ならぬこだわりをもっている。かつて「Made in Korea」製品といえば，委託者の商標を付けて販売するODM方式が主流であったが，苦労して開発した自社製品を他社ブランドで販売することに抵抗感を覚えたため，ODMよりも自社ブランドでの輸出に重きを置いてきた（『Forbes Korea』（ウェブ版，韓国語），2012年9月23日付）。

2-3　危機とイノベーション

1968年にはじまるコメクスの50余年の歩みは，必ずしも順風満帆であったわけではなく，幾度か倒産の危機を経験している。1970年代初頭，同社のインターホンが売れはじめると，すぐさま注文が殺到した。ところが，しばらくすると，雲行きが怪しくなり，顧客からのクレームが増加した。すぐに調査したところ，新しく交換したスイッチの部品に問題があり，直近2か月間に生産された製品がすべて不良品であることが判明した。大きな苦労を経てようやく掴んだチャンスがまたもや無に帰すのかと絶望の淵に追い詰められた邊鳳德であったが，まさに人生の土俵際で踏み留まり，莫大な損失額が生じても，直近2か月間に生産された製品をすべて無料で交換するという大きな賭けに出た。「リコール」という言葉がまだ韓国社会に普及していなかった時代にあって，倒産の危機に直面しながら，リストラという手段をとることなく，顧客1人1人に対して誠実に対応し続けた。こうした危機的状況下での努力により，多くのステークホルダーから信頼を得ることになった。

2008年，リーマンショックを契機に世界規模で起きた金融危機は，韓国国内では特に輸出志向型中小企業に大きな損失を与えることになった。韓国では「KIKO事件」と呼ばれている。「KIKO（Knock-In Knock-Out）」とは，2007年から国内銀行が輸出志向型中小企業に対して集中的に販売しはじめた金融派生商品の1つであり，為替が一定範囲内で変動した場合，あらかじめ決められた為替相場に約定した外貨を売る，というものである。当時，コメクスには金融の世界に詳しい人材がおらず，邊鳳德自身も為替の変動が一時的なものにすぎず，そのうち安定するだろうとの楽観的な見通しをもっていた。2008年度のコメクスの売上高は953億ウォンであったが，「KIKO」事件の前に63～64％であったコメクスの負債比率は500％にまで跳ね上がり，その損失金額だけでも600億ウォンを超えた。

巨額の貸出ではなく，為替の変動による莫大な損失が計上されたことで，この時期の韓国では多くの中小企業が損失に耐えられず，銀行に所有権をわたすケースが多く発生した。コメクスにおいても銀行に返済しなければならない金額が約400億ウォンにまで膨れ上がり，その後，銀行を相手にした訴訟と交渉の日々が待っていた。幸いにも「KIKO事件」で危機に直面した優良中小企業を応援したいという銀行が現れ，その救済を受けることができたため，一部返済が可能となった。しかし，その銀行から貸出を得るためには，それに見合った担保の提示が条件であったが，すでに自社株式の価値が下がっており，現金に変えられる会社の資産もすでに処分していたため，担保が足りない状況であった。そこで，邊鳳德は躊躇することなく自らの私財を担保として提供しようとした。経営者が自らのすべてをかけて会社を守る姿勢をみせたことで，貸出が認められた（邊 2020: 105–122）。

また，ある時期には強力なライバルが登場し，3年にわたり激しい競争を繰り広げたこともあったが，その時期において企業体質が大いに強化された，と邊鳳德は振り返っている。厳しい競争を勝ち抜き，コメクスの「一人勝ち」となったが，独占状態になると，また別の問題が生じてくる。それは，激しい戦いを経て「平和」が訪れると，今度は社内において競争力が失われるという，経営者にとって頭の痛い問題である。実際，同社では，新製品の開発を怠ったことにより，競争力が急速に失われた。こうした現実を前にして，彼は「企業経営には必ず競争相手が必要である」と痛感するようになった。独占状態は企業にとって理想的な状態と一般に考えられがちであるが，実際には，むしろ危険な状態である。ライバルとの競争がないと，企業は「免疫力」を失い，将来に向けての原動力がなくなってしまう。経営者としての豊富な経験知から，彼はそのように考えている。

先述のように，コメクスは2008年の「KIKO事件」により莫大な損失を出し，経営危機に陥った。その際には「革新のみが生きる道である」という精神のもと，全社をあげて様々な新規事業に取り組み，同社最大の危機を乗り越えた。その後も技術革新による生産性向上，コスト削減，人材育成，コミュニケーション強化など，多様なイノベーション経営を通じて，持続的な成長を遂げてきた。こうしたイノベーション経営の積み重ねが高く評価され，コメクスは2017年に大韓商工会議所が主催する「第24回企業革新大賞」大会において

「国務総理賞」を受賞した（『Chosun Biz』（ウェブ版，韓国語）2017年12月1日付）。

2-4　企業理念と人材育成

コメクスの企業理念は「生活の価値を創造し，未来の技術を開拓し，顧客と一緒に成長する企業になろう」であり，そこには創業者・邊鳳徳の価値観が反映されている。

邊鳳徳の企業経営において最も重視されてきたのは人材育成であり，インタビューのなかで彼は「たくさんの人材を受け入れ，仕事を通じて成長する人材を多く育成できる企業になりたい。それを次世代に伝えたい」と明言している。

2018年の創業50周年を記念して，邊鳳徳は自伝『人生は竹のように育つ』を執筆し，その翌々年に刊行した。そこでは自社のビジョンや企業理念とともに，人材育成に関する彼の経験知が詳細に記されている。

さらに，コメクスにおいては「一度縁を結んだ者とは最後まで同行する」という企業文化が備わっている。実際，コメクスを離れた後も代理店を経営するなど，「古巣」との縁を維持する元社員が少なくない。前出の「KIKO事件」にあってコメクスが存亡の危機を乗り越えることができたのも，そうした企業文化があったればこそであった。韓国中小企業中央会（KBIZ）がまとめた報告書のなかで邊鳳徳は次のように述べている。

> 「『KIKO事件』の嵐のなかで会社を守ることができたのは，これまで築いてきた『普段同行すれば難しい時に共生する』という共生経営のおかげだと思います」（韓国中小企業中央会編 2019: 19）。

3　コメクスの家族経営

3-1　創業者の家族背景

邊鳳徳は1940年，平壌にて8人きょうだいの末子として生まれた。当時，彼の父は平壌で最大規模の病院を経営しており，腕利きの医師であった。戦後，北に共産党政権が誕生すると，多くの知識人層がそうであったように，父も危うい立場に置かれることになった。病院は政府に没収され，厳しい監視下で，いつ粛清されるかわからない不安な日々が続くなか，一家は幾度か北緯38度線を越えて，南に逃げようとしたが，すべて失敗に終わった。父は持病が悪化し，失意のなか他界した。1946年のことである。

1950年に朝鮮戦争がはじまると，戦火から逃れるため，母は子どもたちを連れて38度線を越えて釜山へ避難した。邊鳳德は11歳であった。釜山への避難中に一家は離れ離れになってしまい，その後ソウルで再会を果たすまでに3年もの歳月を要した。釜山での一家の避難生活は困窮を極め，靴磨きやアイスクリーム売りなどで食いつないだ。1953年の休戦後も平壌に戻ることができなかったため，一家はソウルに移り，東大門の近くで家族がやっと入れる狭くて古い部屋を借りた。そこでも長く住むことができず，その後10回も転居を繰り返した。邊鳳德の自伝によれば，これらの苦労や試練は人生における「予防接種」であり，その後の企業経営にとっての大きな原動力になったという（邊 2020: 38–41）。

戦後初期の韓国では，戦災による廃墟と貧困，疾病が広がっており，このような環境下にあって思春期を送った邊鳳德は，より公正な社会を思い描き，その実現のために何ができるかを考えるようになった。もともと高校卒業後は海洋大学校に進学し，広い世界を経験したいと考えていたが，残念ながら，希望の大学に合格できず，漢陽大学校の数学科に進学することになった。学生時代には，毎日，友人たちとともに，民族や国家に関する思想を語り合いながら社会問題について討論した。いわゆる「4.19革命」[5]が起きた際には，学生運動にも参加した。大学時代の友人の多くは政治家を目指していたが，彼はビジネスの道を選択した。この人生選択の背景には，貧困から抜け出したいという思いにくわえて，戦後初期の「北」からの難民が置かれた特殊事情（公的支援を受けられず，理不尽な差別に晒される厳しい社会環境のなかでビジネスが社会的上昇を可能にする数少ない選択肢の1つであったということ）が大きな意味をなしたのではないかと予想する[6]。

3-2　後継者のユニークな経歴と事業承継にいたる経緯

邊鳳德は夫人との間に1男2女をもうけたが，もともと子どもたちへの承継を積極的には考えていなかった。しかしながら，2006年になり，韓国のエレクトロニクス業界で名の知られる2社から相次いで買収提案を受けたことで，事態が大きく動きはじめた。彼はコメクスを第三者に売却しようとは考えていなかったので，このような想定外の提案を受けて非常に困惑した。それ以降，時間が経つにつれ，将来への不安が高まっていった。というのも，それまでの彼はただ企業経営に没頭しており，事業承継の準備をほとんどしていなかったからである（『Forbes Korea』（ウェブ版，韓国語），2012年9月23日付）。

自身の後を任せられる後継者が必要であったが，当時，長男の邊又碩（1972～）は家業とは無縁の世界にいた。幼少期よりプロの声楽家を志望していた彼はソウル大学校音楽学院を卒業した後，イタリアのミラノ・ベルディ国立音楽院に留学し，その後はミラノ・スカラ座の正式メンバーとして7年間にわたって活動していた。

しかし，邊鳳德は決断を迫られていた。出張で中東ドバイを訪れた際，イタリアから邊又碩を呼び寄せ，「あなたにこの会社を経営するつもりがないのであれば，会社を売却するしかない」と伝えた。邊又碩は父の覚悟を決めた姿に驚き，心を揺さぶられた。その後，約半年間にわたり悩み続けたが，ある時，彼の脳裏に幼い頃に目にした父の姿が浮かんだ。ある雑誌記事のなかで彼は次のように述べている。

> 「夜明けにトイレに行こうとしたら，父が電気の消えたリビングルームのソファに座って，真剣に悩んでいる姿をみました。とても疲れているようでしたが，父の目はキラキラしていました。その時の父の姿を思うと，やはりコメクスの価値は金銭的に評価できるものではないと思います。コメクスは父の人生がそっくりそのまま込められたものなのです」（『Forbes Korea』（ウェブ版，韓国語），2012年9月23日付）。

こうして，邊又碩は家業に加わることを前向きに考えるようになるが，その際にはもう1つ彼の意志決定を後押しするものがあった。それは，イタリア滞在中にヨーロッパの老舗企業（その多くが家族企業）が社会から尊敬される様子を目の当たりにした，ということに他ならない（韓国中小企業中央会編 2019: 13）。結局，約10年間の海外生活を経て母国に帰国した彼は，2006年にコメクスに入社し，改めて後継者としてOJTを施されることになった。帰国当初は音楽活動とビジネス活動の「二足の草鞋」を履くことを考えていたが，2,000種以上の自社製品とその技術，業務プロセスを理解するのに悪戦苦闘するなかで，自ずと音楽活動から足が遠のいていった（『Forbes Korea』（ウェブ版，韓国語），2012年9月23日付）。

2018年，邊又碩は父・邊鳳德とともに共同代表取締役に就任した。そして，2021年，邊鳳德が代表取締役から退き，邊又碩が単独で代表取締役を務めることになった。その後，邊鳳德は代表権のない取締役会長として重要な意思決定に対して助言を行なっている。なお，邊鳳德の2人の娘はともにコメクスの経営には関与していない。

3-3　家族企業の強み

インタビューを行なった2018年当時，コメクスはまさに創業者から後継者への事業承継の重要局面にあった。長男・邊又碩への承継を進めるにあたり，邊鳳德は無理することなく，できる限り自然な形で進めようと心掛けていた。後継者に求めるものとして，彼は「儲けよりも，精神や哲学を大事にすること」と述べている。

インタビューのなかで「どのような後継者教育を行なってきたのか？」という質問を邊鳳德に投げかけたところ，次のような答えが返ってきた。

「あまり文句はいいません。事業というのは，成功ばかりではなく，失敗やミスがつきものであるので，責任をとる私がいる間は，最も重要な決断以外は自由にできるように，息子に任せています。…　必ず1週間に1度は家族と食事をするようにしていますが，食事以外にも息子は相談があれば気軽に私のところに来て，助言を求めています」。

邊鳳德の側で経営管理について指示すべきことがある場合には，気軽に邊又碩を呼び出してコミュニケーションをとるようにしているという。

現在，コメクスは世界130か国と取引を行なっているが，先述のように，もともと同社の海外市場は創業者自身によって開拓されたものであり，長期にわたって信頼・協力関係を維持してきた現地のエージェントが世界各地に数多く存在している。コメクスの海外営業は「1つの国に1つのエージェント」という基本方針をとってきた。世界130か国の多くの顧客と直接取引するとなると非常にコントロールが難しくなるため，「間接輸出」という方法をとり，それぞれの国での販売やアフターサービスに関しては，その国のエージェントに大きな権限を与えてきた。一方，近年ではコメクスの海外協力企業（エージェント，生産工場）でも経営陣が創業世代から第2世代へ移行するケースが増えつつある。こうしたケースに対しては邊又碩が積極的に対応し，協力関係のさらなる強化に努めている。海外の協力企業において世代交代が起こる際，事業形態も大きく変わってしまい，協力関係が解消される場合も少なくないので，第2世代経営者間での個人的なつながりは非常に重要な意味をもっている。この点は家族企業ならではの1つの強みであるといえるだろう。

4　コメクスの財産経営

2018年のインタビュー時には，コメクスの財産経営に直接関係する質問を行なうことができなかったため，本節では，公開されている株式情報や関連記事などをもとに，同社の財産経営のあり方について記述する。

コメクスは現在においても創業家が会長職ならびに社長職を務める家族企業であるが，その一方で，2000年に韓国の新興株式市場KOSDAQ[7]への上場を果たしている。1990年代初頭から株式公開に向けた準備を進め，1997年には上場する予定だったが，その年に発生したアジア通貨危機により延期を余儀なくされた。その後，1998年に金融監督院から指定監査を受け，十分な資格を認められていたので，その翌年には韓国を代表する証券取引所であるKOSPI[8]に上場する見通しであったが，証券会社に諮問を求めたところ，当時のITバブルに合わせてKOSDAQ活性化政策が出されたことを踏まえて，KOSDAQに上場することになった。ある雑誌記事によれば，コメクスがKOSDAQに上場した際には，友人から「たくさん稼いだろうから，一杯おごれよ」などと揶揄されたが，当の邊鳳德は株式公開について「会社の株式を利用した財テクには興味がなく，コメクスがもっている真の価値を対外的に認めてもらいたかった。株式公開は企業が社会に還元できる方法の1つである」と考えていた（『毎日経済』（ウェブ版，韓国語），2000年11月8日付）。

先述のように，2006年には，邊又碩がコメクスの経営に携わるようになったが，しかしながら，創業者から後継者への事業承継，特に財産面のバトンタッチがすぐに進展したわけではなかった。2012年に発行された雑誌記事のなかで邊鳳德は「これまではコメクスを成長させるのに精一杯であったため，税金対策や経営権確保など財務的な部分まで気にする余力がなかった」と述べている（『Forbes Korea』（ウェブ版，韓国語），2012年9月23日付）。その記事が出た頃から，財産面のバトンタッチに関する話し合いが本格的に進められるようになった。

その後，事態が大きく進展するのは，筆者がインタビューを行なった2018年においてである。先述のように，その年よりコメクスでは邊鳳德・邊又碩父子が共同で代表取締役を務めることになった。その際，前者が株式の23.98％，後者が8.42％をそれぞれ所有することになった。この状態が3年ほど続いた後，2021年に邊又碩が単独で代表取締役を務めることになった。2022年3月31日，邊鳳德が所有していた株式のうち13.2％（201万869株）が邊又碩に贈与され，前者の持株率が10.83％（165万5,202株）に縮小した。一方，邊又碩の持株率は，既存のものを合わせて合計21.57％（329万7,405株）となった。2022年現在，邊鳳德・邊又碩・特殊関係者（9名）を合わせた創業家の持株比率は48.59％（1,528万7,331株）となっている（『BUSINESS WATCH』（ウェブ版，韓国語），2022年4月13日付）。

韓国の贈与税に軽くふれると，贈与日を基準に贈与を受けた月の末日から3カ月以内に申告しなければならない。株式評価額の算定方法は評価基準日の前後2カ月（合計4カ月間）の相場平均値で計上されている。さらに，筆頭株主および特殊関係者に対しては20％が割増される。ここで算出された課税額が30億ウォンを超えると，10～50％の贈与税率のうち最高税率の50％が適用される。2022年3月31日現在のコメクスの株式価格は1株あたり4,465ウォンであったため，邊又碩への贈与分の総額は約 90 億ウォンになる。さらに，筆頭株主に該当されるため 20%が割増され，課税対象額は約 110 億ウォンに上り，50%の最高税率が適用される。しかし，2020 年に「相続税と贈与税法」が改正され，20%の割増に「株式割増評価適用特例」[9] が適用されることになった。したがって，邊又碩への最終的な課税対象額は，90 億ウォンに最高税率 50%が適用された結果，約 45 億ウォンと算出される（国税庁編 2022: 42, 68；金 2020: 26）。

近年，韓国では家族企業の円滑な家業承継を支援するため，「家業相続控

表 9-1　韓国における家業相続控除および支援対象の拡大

相続開始日	控除対象	家業相続控除額	控除限度額
2007.12.31. 以前	5 年以上経営した中小企業	家業相続財産価額	1 億ウォン
2008.1.1. 以後	15 年以上経営した中小企業	次の①，②のうち大きい価額 ①家業相続財産の 20% ② 2 億ウォン（未達時その価額）	30 億ウォン
2009.1.1. 以後	10 年以上経営した中小企業	次の①，②のうち大きい価額 ①家業相続財産の 40% ② 2 億ウォン（未達時その価額）	家業継続期間別 ・10 年以上：60 億ウォン ・15 年以上：80 億ウォン ・20 年以上：100 億ウォン
2011.1.1. 以後	中小企業レベルを超越しても売上高が 1,500 億ウォン未満は控除可能	同上	同上
2012.1.1. 以後	同上	次の①，②のうち大きい価額 ①家業相続財産の 70% ② 2 億ウォン（未達時その価額）	家業継続期間別 ・10 年以上：100 億ウォン ・15 年以上：150 億ウォン ・20 年以上：300 億ウォン
2013.1.1. 以後	中小企業レベルを超越しても売上高が 2,000 億ウォン未満は控除可能	同上	同上
2014.1.1. 以後	中小企業レベルを超越しても売上高が 3,000 億ウォン未満は控除可能	家業相続財産価額	家業継続期間別 ・10 年以上：200 億ウォン ・15 年以上：300 億ウォン ・20 年以上：500 億ウォン
2016.1.1. 以後	共同相続を許可	同上	同上
2018.1.1. 以後	同上	同上	家業継続期間別 ・10 年以上：200 億ウォン ・20 年以上：300 億ウォン ・30 年以上：500 億ウォン

出所：国税庁編（2022）

除」,「家業承継贈与税課税特例」,「株式割増評価」,「相続税の年賦延納」などの制度が設けられており，これらにより，家族企業経営者の贈与税および相続税の負担額が大幅に軽減された。表 9-1 は韓国の家業相続控除および支援対象を示すものであり，その対象が年々拡大されていることを容易に見て取れる。コメクスの場合，すでに家業相続控除要件をクリアしており，相続時に「家業相続控除制度」を活用できるようになった。たとえば，同制度の相続人要件には,「相続人が 2 年以上代表を務めることを充足しなければならない」(国税庁 2022: 24) と記されており，2018 年に邊父子が共同代表取締役に就任したことによって，それを充足している。

このように，コメクスでは，突出して早い時期から熱心に相続対策に取り組んできたわけではないが，幸運にも後継者・邊又碩が家業に加わった時期に事業承継支援政策が大きな進展をみせたこともあって，財産経営を計画的に見直すことができたようだ。

5　まとめ

本章では，コメクスの企業経営・家族経営・財産経営の 3 つの視点から考察した。まず，企業経営に関しては，やはり創業者・邊鳳德個人の先見の明，行動力，リーダーシップが大きな意味をなしてきた。1970 年代初頭以降，海外市場の開拓に乗り出し，現在，世界 130 か国にコメクスブランドの製品を輸出し，海外売上高が売上高全体の約 5 割を占めている。さらに，不良品の全量回収事件や金融危機の際に莫大な負債が発生した事件など，何度か倒産の危機に瀕したが，その都度，邊鳳德の強力なリーダーシップのもとで全社一丸となって危機を乗り越えるとともに，数々のイノベーションを起こしてきた。

家族経営に関しては，もともと創業者自身が親族内承継を想定していなかったところ，長男の心境変化（積極的な家業へのコミットメント）によって円滑な形で承継が進められることになった，という点がユニークである。後継者の邊又碩は，イタリアへの音楽留学中に，父の覚悟を決めた姿に心を揺さぶられたこと，さらに，ヨーロッパの老舗家族企業が社会から尊敬される様子を目の当たりにしたこともあって，家業に加わることになった。このエピソードは近年，家族企業の事業承継が「富の継承」とネガティブにとらえられがちな韓国社会において非常に示唆に富んでいる。また，今回の調査を通して明らかになった，第2世代経営者間の個人的なつながりが協力企業間の関係維持・強化に寄与しているという点は，今後，家族企業（ファミリービジネス）研究において重要なテーマとなり得るのではないだろうか。

財産経営に関しては，コメクスは2000年にKOSDAQへの上場を果たしており，2021年現在，創業家の持株比率は48.4%となっている。2018年以降，創業者から後継者への株式贈与が円滑に進められてきた。第1章でふれたように，韓国では家族企業の事業承継時に発生する相続税の負担が非常に大きく，2000年代以降，相続税負担軽減にかかわる支援政策がとられてきた。コメクスも，こうした近年の韓国において進展をみせてきた事業承継支援政策の恩恵を受けてきたのである。

注

1　創業時の社名は中央電業社であり，1999年に現在のコメクスに改称された。

2　「名門長寿企業」認定制度について詳しくは第1章を参照されたい。

3　筆者（洪）は2018年に邊鳳德に対してインタビューを行なった。

4　KATUSA（Korean Augmentation Troops to the United States Army）は在韓米軍管轄下に置かれた韓国軍兵士である。一般的な兵役部隊とは異なり，選ばれた韓国軍兵士が在韓米軍に派遣され，アメリカ軍の指揮に従い服務する。

5　1960年3月に起きた不正選挙に端を発して，同年4月に学生と市民たちが立ち上がった事件。この民衆デモにより，当時の大統領・李承晩が下野した。「4.19革命」は，韓国の民主化運動における原点となり，その後の運動に大きな影響を与えた（倉持 2014: 46）。

6　邊鳳德は自伝のなかで「自分は北から避難してきた『38タラジ』で，ソウルでの生活は誰も助けてくれる人がいなかったのです」と述べている（邊 2020: 42）。「38タラジ」は北から38度線を越えて逃げてきた人を指す蔑称である。

7　KOSDAQは1996年に設立された韓国の証券市場である。有望な中小・ベンチャー企業の資金調達を目的とした証券市場で，米国のNASDAQと同様の機能をもつ。

8　KOSPIは本来，韓国取引所有価証券市場の総合株価指数を表すものであるが，近年ではその意味が拡大され，韓国取引所有価証券市場をKOSPIと称するようになっている。

9　中小企業の株式に限り，継承・贈与された場合，最大株主であっても株式価額を評価する際に割増額を評価しない（「相続税と贈与税法」第63条第3項）。

第10章
三海商事株式会社（韓国）のケース

本章は，韓国ソウル特別市松坡区に本社を構える韓国風味付け海苔のパイオニア，三海商事株式会社の事業承継経験に関するケーススタディである。

1　はじめに

三海商事は1968年に金光重（キム グァンジュン，1935〜）によって創業された。今日世界的に知られる韓国風味付け海苔（塩とごま油をベースに味付けされる海苔）の「生みの親」であり，これまでに広範囲にわたって数々のイノベーションを起こし，持続的な成長を実現してきた。

三海商事は2014年に韓国中小企業中央会家業継承支援センター（中小企業庁傘下）が認定する「優秀企業」に選ばれたが[1]，主な選定理由は以下の通りである。

① 海苔製品一筋で，50年近く続いてきた長寿企業[2]であるから。
② アジア通貨危機を信頼で乗り越えた企業であり，積極的な海外市場の開拓により，海苔業界においてははじめて輸出額2千万ドルを達成した企業であるから。
③ 最初に韓国風味付け海苔を開発し，そのニッチ市場を開拓した企業であるから。

三海商事はこれまでに約20件の海苔関連特許を取得しており，海苔の生産・流通に関して非常に高い専門性を備えている。国内市場だけでなく，タイやインドネシア，日本，アメリカ，メキシコ，ロシア，ポルトガル，ドイツなど

20か国以上に自社製品を輸出しており，韓国風味付け海苔のグローバル化を牽引している。

2019年現在，三海商事の売上高は1,106億ウォン（当時の為替レートでは約111億円）であり，社員数は282名である。創業より50年の長きにわたって同社は創業家が自社株式の全数を保有する家族企業であったが，2018年に大手食品メーカー・CJグループの傘下に入ったことにより「純然たる」家族企業（創業家が経営と所有を独占する企業）ではなくなった。ただし，創業者の長男にあたる3代目社長・金徳述（キム ドクスル，1963～）が専門経営者として残り，引き続き「家業」の経営に従事している。

以下では，インタビュー記録[3]や関連資料（会社ホームページ，関連ウェブ記事など）をもとに，三海商事の企業経営・家族経営・財産経営のあり方について記述する。

2　三海商事の企業経営

2-1　創業から事業が軌道に乗るまで

創業者の金光重は1935年，全羅北道益山にて8人きょうだいの次男として生まれた。高校卒業後，朝鮮大学校に進学し，法学を専攻した。きょうだいのなかで唯一大学教育を受けたが，1950年代の韓国では，朝鮮戦争の影響により深刻な生活物資不足が起きており，彼の生家も苦しい生活を強いられていた。大学卒業後は司法試験に挑戦する意向であったが，「家族の生計を担わなければならない」という父の言葉を受けて翻意した。ビジネスで成功すれば裁判官や検事に劣らず国家の発展に貢献できると考えた彼は，1961年，父の友人が経営していた三徳物産に入社した。同社は海外から肥料やセメント，木材，羊毛などを輸入しつつ，韓国産の海苔やいか，ちりめんじゃこなどの干物を輸出する農水産物専門の貿易商社であった。入社後は営業部門に配属され，干物の仕入れのために全国の漁港を回った。この時期，良い商品を求めて全国各地の漁港を訪ね回ったことで，干物の流通経路を開拓するとともに，広い人脈を築くことができた。

こうして迎えた1968年，金光重は，自身の貯蓄と貿易会社の退職金を元手に，ソウル市内の乙支路に立地する中部市場[4]にて干物の委託販売を行なう三海商事を創業した。本来，農畜水産業の事業を起こすことは非常に難しく，産地の出身者であっても，市場で長年の経験を積んだベテランでなければ不可能であった。しかし，彼は，このような弱点を，信用と迅速な資金繰りによって克服し，取引先の信頼を掴み取った。

創業から間もない頃，金光重は自らの事務所に見栄えの良い日本製の中古金庫を設置した。当時の中部市場において金庫は非常に珍しかったため，出入業者の注目を集め，その後，彼に現金を預ける業者が増えていった。創業当時の三海商事の主な仕入れ元は，遠方から上京する漁師であったが，当時の中部市場では，漁師が納品後にしばらく足止めをくらい（長ければ数日間），商品が売れてはじめて代金が支払われるのが一般的であった。この商習慣を改めようと考えた彼は，早朝に市場に到着する漁師を待たせることなく，納品後すぐにその場で代金を支払うようにした。この取り組みは漁師たちの間で好評を博した。当時の中部市場にあって彼は唯一の大卒者であり，いち早く複式簿記と貸借対照表を導入するなどして，資金の出入をシステマティックに管理した。こうして，創成期の三海商事は急成長を遂げ，1970年代半ばには中部市場所在地の税務署管内において最も多くの税金を支払う企業となっていた（『韓国経済新聞』（ウェブ版，韓国語），2010年2月18日付）。

このように，金光重は，干物の委託販売業をはじめた際，競合他社との取引方式において差別化を図り，迅速な資金繰りを実現したことで，参入障壁が高い業種への新規参入者であったにもかかわらず，短期間のうちに取引先の信頼を得ることができた。信頼関係を築いた取引先は，我先にと競って三海商事に商品を供給しようとした。これにより，高い品質の商品が優先的に同社に回ってくるようになり，競争力の向上，事業規模の拡大にもつながっていた。

2-2 「正道」経営

三海商事は，社訓として「正道」を掲げるとともに，経営指標として「流通報国」・「公正去来」・「福利増進」の3つを掲げている（写真10-1)。「正道」はもともと創業家の家訓であり，金光重は家庭内コミュニケーションにおいても常にそれを強調してきた。たとえば，孫に小遣いを手渡す際にも，大きな声

社訓
正道

経營指標
流通報國
公正去來
福利増進

写真 10-1　三海商事の社訓と経営指標

出所：同社会社案内「名家の道」

で「正道」をいわせるほど徹底している。

「正道」経営の象徴的な事例として，1970 年代半ばに起きた 1 つの事件をあげることができる。1970 年代の韓国では高度経済成長が実現されるとともに，貿易依存度が急激に高まった。この時期には第 3 次・第 4 次経済開発 5 か年計画が実施され，輸出志向型の経済成長政策が積極的に推進された。韓国政府は毎年の輸出目標を設定し，その達成のために輸出ドライブ政策を実行するとともに，各企業に対して輸出を奨励した。当時の輸出品目においては原材料や部品，機械設備を輸入し，国内で加工して輸出する軽工業製品の割合が高かったが，第 1 次産業が占める割合も依然として高く，魚介類およびその加工品の輸出に関する割合は 6.9％であった。その当時，サムスン物産や曉星（ヒョソン）物産をはじめとする国内大手総合商社 12 社が連合して，日本へ韓国産海苔を大量に輸出していたが，日本側から突然の通知があり，1974 年に納品された海苔が翌 1975 年にすべて韓国に返品されるという予期せぬ事態となった。その折に返品される海苔の総量は 680 万帖（1 帖あたり 10 枚）に上り，韓国年間取引量の 25％に匹敵する量であった。一度に大量の海苔が国内市場に流れると，海苔の流通体系が崩れ，結局，生産者（漁師）が大きな被害を受けることになる。そうした事態を懸念した金光重は，国内海苔市場の安定化を図るために，自社で日本から返品される海苔をすべて引き受けることに決めた。そして，生産者に悪影響がないように，新海苔の出荷期である 11 月を避けて，海苔の供給が落ち込む 9 月と 2 月に出荷した。多くの企業が輸出の目標達成に躍起になっていた時代にあって，彼はあえて大きなリスクを負いながら，日本から返品された海苔全量を受け入れることによって，海苔市場の安定を図った。それはまさに「正道」という家訓＝社訓に沿った行動であった（韓国中小企業中央会編 2014: 53；『ソウル経済』（ウェブ版，韓国語），2015 年 3

月 19 日付)。

経営指標に掲げられる「流通報国」は流通業を通じて戦後の荒廃のなかから立ち上がり，経済発展を実現しようとした国の発展に貢献したいとの創業者の思いを表している。また,「公正去来」のなかの「去来」は韓国語では「取引」を意味している。公正な取引を経営指標に掲げたことの背景には，創業当時，業界ではほとんど情報公開が行なわれていなかったため，価格の騙し合いやリベートの要求などが常態化しており，取引先との公正な取引を通じて，常に互いにとって満足できる結果を導きたいとの創業者の思いがその言葉に込められている。そして,「福利増進」は，まずは社員のことを大事に考えたうえで，顧客や仕入先，さらには，国家や人類全体に資することを行ないたいとの創業者の思いを示すものである。

2005 年 12 月 10 日，金光重の長男・金徳述が，2 代目の「中継ぎ」社長（後述）の後を受けて，3 代目社長に就任した。この日は三海商事の 37 回目の創業記念日であった。金徳述は，かねてより父・金光重から「オーナーが変わったら，経営指標を変えても良い」といわれていたので，社長就任後すぐさま経営指標の見直しを図った。2006 年に社内でワークショップを開催し，社員とともに経営指標のフレーズを 1 つずつ念入りに検討した。経営指標を変えることは至難であり，社内で異論も多く出た。金徳述は，社訓の「正道」，経営指標の「流通報国」・「公正去来」・「福利増進」を拡大解釈することで，自社の新たな経営ビジョンをつくることに決めた。3 回ほどワークショップを重ねたうえで日の目をみたのが下の経営ビジョンである。

「韓国人の嗜好食品である『海苔』製品を広く世界中に普及させ，人類の正しい食文化をリードしていく」。

2-3　韓国風味付け海苔の開発と商品化

かつて韓国の海苔市場では，湿気の多い季節を避けて商品が流通していたが，それに対して，金光重は，海苔を包装することにより，季節に関係なく流通させることに成功した。彼が主に海苔の卸売業に従事した 1980 年代の韓国では，1986 年のソウルアジア大会や 1988 年のソウルオリンピックの影響もあって空前の好景気が続いた。こうした世界的イベントにからむ特需を追い風に，彼は事業の方針転換を図り，新たに味付け海苔事業に乗り出した。韓国中小企業中央会（KBIZ）がまとめた報告書のなかで彼は当時を振り返って，次のように述べている。

「人生には3度のチャンスがあるといわれておりますが，私はその時がチャンスだと信じました。これは社会と国家が私に与えた使命だと考え，味付け海苔事業を進めることにしました」（韓国中小企業中央会編 2014: 48）。

三海商事が画期的な味付け海苔の開発に成功するのは1982年のことであるが，そこにいたるまでには並々ならぬ苦労があった。もともと同社による味付け海苔の商品化は，当時すでに日本で普及していた味付け海苔からヒントを得たものであり，日本から専用機械を輸入し，日本風（醤油ベース）の味付け海苔の生産に挑戦した。しかし，その思惑に反して，市場の反応は芳しくなかった。要するに，日本風の味付けは韓国人の味覚に合わなかったのである。その後，同社は韓国人の味覚に合う味付け海苔の開発を進め，試行錯誤の末，今日世界中で知られる韓国風味付け海苔の原形を生み出すことに成功した。

その後，三海商事の韓国風味付け海苔事業は拡大の一途を遂げ，1980年代半ばには大規模な新工場（24時間3交代制）が稼働しはじめた。また，その時期には自社商品のTVコマーシャルが製作・放映されるようにもなった。このように韓国風味付け海苔の量産が実現されたことで，韓国人の食生活にも大きな変化がみられ，一般家庭の食卓においても弁当においても味付け海苔が欠かせないものになった。

1988年，三海商事は，即席で海苔を焼いて販売できる「味付け海苔焼き機」の開発に成功した。それを世に送り出すにあたり，金光重があえて特許申請を行なわなかったため，複数の機械メーカーがこの機械を量産するようになった。この機械は世界各地に輸出され，韓国風味付け海苔の市場拡大に一役買うこととなった（韓国中小企業中央会編 2014: 48）。

2-4　味付け海苔市場からの撤退と再チャレンジ

三海商事の味付け海苔が爆発的な人気を博すようになると，大手食品メーカーもそこに商機を認め，同様の商品を市場に大量供給することになった。1984年にはじまる大手食品メーカーの味付け海苔市場への参入は，それまでの流通秩序を大きく変えた。大手食品メーカーは納品価格を落とすとともに，多様な品揃えを活用して，瞬く間に巨大な流通網をつくり上げた。その結果，資本力に劣る三海商事は激しい競争に打ち勝つことができず，自らがつくり出した味付け海苔市場から押し出されることになった。苦労して育ててきた味付け海苔事業は1988年，大手食品メーカーの思潮（サジョ）グループに売却され，「三海海苔」というブランド名も「思潮海苔」に改称された。味付け海苔事業を失った三海商事は，乾燥海苔事業（国内流通および輸出）を残すだけとなった。

その後，しばらく停滞期が続いたが，1990年代に入ると，再びチャンスがめぐってきた。1992年，国内のデパートやスーパーマーケットが，高価の割に質のともなわない大手食品メーカーの味付け海苔商品に対して不満を示した。こうした新しい時代の需要を機敏に把握した金光重は，一度は手放した味付け海苔事業への再チャレンジを決意した。インスタントラーメンに入れる海苔から，団体給食用の海苔，デパートのPB商品，高級海苔にいたるまで，顧客からの多様な要求にフレキシブルに対応した。三海商事は，ニッチ市場をターゲットにして，多品種少量生産方式をとることにした。その後，2010年頃までの間に同社によって市販された味付け海苔商品は120種類にも上った（『韓国経済新聞』（ウェブ版，韓国語），2010年2月18日付）。

2-5　海外市場の開拓

1980年代末頃より，金光重は，限られた国内市場での過当競争を避けるべく，海外市場を意識するようになっていたが，海外事業が本格的に動き出すのは2000年代に入ってからである。2000年，三海商事は，日本の海苔卸最大手，小浅商事グループの株式会社ヤマコと合弁で「三海雅瑪珂株式会社（SAMHAE YAMAKO Co., Ltd.）」を設立した。資本金は5億ウォンで，三海商事とヤマコが50%ずつ出資した（『食品飲料新聞』（ウェブ版，韓国語），

写真 10-2　三海商事の海苔製品

出所：同社会社案内「名家の道」

2000 年 12 月 21 日付)。翌年には日本の株式会社ザ鈴木が所有していた「おにぎり用海苔包装」の特許を韓国で独占的に使用できる権利を取得し，韓国セブンイレブンと共同で「コンビニのおにぎり」用海苔の市場を切り開いた（『農水畜産新聞』(ウェブ版，韓国語)，2001 年 9 月 26 日付)。

近年ではアメリカやイギリスを中心に欧米でも徐々に市場を広げている。2015 年，海苔業界ではじめて 3 千万ドルの輸出を達成し，勲章を授与された。同年，ロサンゼルス工場が稼働を開始した。近年，欧米市場では，健康ブームを背景に，栄養素に優れた海苔が大いに注目を集めており，海苔加工食品の需要が高まっている。欧米では白米を主食として食べる習慣がないため，味付け海苔そのものではなく，スナック菓子のような商品を多く供給している。

2018 年，三海商事は大手食品メーカー・CJ グループの傘下に入った（その背景については第 4 節で詳述)。大手食品メーカーの海外営業ルートを活用できるようになったことで，三海商事による海外市場の開拓は，いっそう拍車がかかることになった。

3　三海商事の家族経営

3-1　創業者による事業承継計画と後継者教育

金光重の長男・金徳述は韓国外国語大学で日本語を専攻し，卒業後にしばらく日本へ留学した。彼が日本語を専攻したのは，1980年代当時の韓国の海苔卸売業界にあっては日本とのかかわりが大きかったため，将来の実用性を見据えてのものであった[5]。

日本から帰国した1987年，金徳述は三海商事に入社した。この時期には，先述のように，三海商事の主力であった味付け海苔事業が大手食品メーカーの思潮グループに買収されており，年間売上が前年比3分の1水準まで落ち込んでいた。当時の韓国では後継者が家業を継承する前に他社で経験を積むことが一般的であったが，「一度ネクタイを締めると簡単に戻れない」（つまり，他社でサラリーマン生活を送ると，家業に戻れなくなってしまう）という父・金光重の意向を受けて，金徳述は家業の三海商事の一員として社会人生活をはじめることになった。

もとを正せば，金光重は長男・金徳述への事業承継を積極的に考えていなかった。1960年代の韓国社会では儒教文化に由来する社会規範（「士農工商」）が根強く残っており，特に卸売商に対するネガティブなイメージが蔓延していた。また，彼は身近なところで事業承継の失敗例を多く目にしていた。一例をあげるなら，近しい友人が親世代から家業を受け継ぐ際に会社の負債も一緒に受け継がされたため，結局，ビジネスは長続きしなかったという。その後，海苔の取引を通して日本企業と深いかかわりをもつようになったことから，「日本のように長く続く会社をつくりたい」と考えるようになった。こうして，長男に家業を引き継がせることを決意し，早い時期から積極的に後継者教育を行なうことになった。彼は自身の引退時期を55歳（当時の韓国社会における公務員の定年退職年齢に該当）と定めたうえで，長男への事業承継のために10か年計画を立て，実行に移した。

創業者・金光重による後継者教育が本格的に開始されたのは，長男・金徳述が高校生の頃であり，その頃から父子間のコミュニケーションのなかで将来の事業承継に関する話題が頻繁に上がるようになった。また，当時の金家では独身社員が多く下宿しており，金徳述は若い世代の社員と日常的にコミュニケーションをとることを父から促された。さらに，大学受験が終わった後には，アルバイトとして三海商事に入り，銀行業務など重要な業務に携わるようになった。銀行を訪れた際には，支店長から直接声を掛けられ，将来のことについて相談に乗ってもらうこともあった。実は，それも将来を見据えた父の仕掛けであったと，金徳述は後になって気づかされることになる。

三海商事の事業承継の重要な特徴として，創業者と第2世代の間に親族ではない専門経営者（2代目社長）を迎え入れるという点をあげることができる。その人物は，金徳述が3代目社長に就任する2005年まで18年間にわたって会社の経営に携わりながら，創業者・金光重の意向を受けて後継者教育にも従事した。金光重が2代目社長に専門経営者を迎え入れた理由について金徳述はインタビューのなかで次のように推測している。

「どの企業をみても，創業者は特別な能力や才能をもっており，後継者が創業者の能力を追い抜くことは簡単ではありません。さらに，親子というのはだいたい性格も似ていますし，必ずしも良い創業者が良い教育者とはいえない。そのように父が考えたのだろうと思います」。

また，創業者・金光重は，「あなたがどんなに儲けても，競合他社はさらにそのうえを行くだろう」という言葉で，謙虚な姿勢の大切さを金徳述に伝えようとした。さらには，「二兎を追わず，現状を維持することが大事」，「金が目当てである企業は自然に消えてしまう。結局，生き残る側は現状を維持したほうである」といった言葉で，知足や自戒の大切さを伝えようとした。

3-2 「本業を守る」という創業者の教え

三海商事は創業当時から現在まで一貫して本業重視の経営を行なってきた。金徳述によれば，若い頃には本業以外のビジネスに「色気」をもつこともあったが，その際には父・金光重から次のように指導されたという。

「もし本業以外のことがやりたいのであれば，他の業界の有力企業に投資をしたほうが良いでしょう。もっと収益をあげたいなら，世の中にはもっと優秀で，良いアイデアをもっている企業がたくさんあるはずなので，それを実践している企業の株を買ったほうが良いでしょう。父はいつもそのようにいっていました」。

金徳述の解釈によれば，上場企業は各分野において群を抜いた業績を出しているのであって，簡単に上場企業を追い抜くようなことはできないのだから，それよりも自身が得意とするニッチ領域をみつけ，そこでトップになる方法を考えるほうが良い，との考えがその言葉に込められている。金光重は，他社の株の購入をすすめることによって，「儲ける」ことと「本業を守る」ことの本質的な違いを伝えようとした。

経営者の立場にある者は，しばしば会社の命運にかかわる意志決定を迫られることになるが，重要な選択をしなければならない時，「本業を守る」という姿勢がしかと備わっていれば，判断に迷うことが少なくなり，迅速な意思決定を行なうことができる。この点は，企業経営にとって大きなメリットとなる。本業以外について考える必要がなかったため，三海商事は今日まで生き残っている，と金徳述は考えている。

実際，金光重から金徳述に受け継がれた「本業を守る」という姿勢は，これまでに三海商事が直面してきた多くの危機において重要な意味をなしてきた。1998年に起きたアジア通貨危機は深刻なウォン安を引き起こし，三海商事も大きなダメージを受けたが，その際には，長年取引を行なってきた日本企業の社長が三海商事の窮状を知り，30億ウォンもの大型契約に応じてくれたという。この件について金徳述は次のように述べている。

「その社長は，父が本業を大事にし，約30年間にわたって三海商事の経営にすべてを捧げてきたこと，そして，多くの有名デパートと取引を行なう弊社のブランド力を高く評価してくれていました。また，事業承継のために私がすでに10年間にわたって訓練を受けていたこともご存じでした。私が承継のために日本語を専攻したことも印象的だったと語っておられました」

（韓国中小企業中央会編 2014: 51）。

このように，「本業を守る」という姿勢が存亡の危機に直面した三海商事を救ったのである。

3-3　ネポティズムの否定

三海商事における重要な経営方針の 1 つとして，金光重はネポティズム（縁者贔屓）を否定し，親族の会社と取引することすら消極的であった。金徳述によれば，金光重は「親族 1 人が会社に入ると，優秀な社員 2 名が会社を離れる」とよく口にしていたという。それは，小規模の会社に創業家の縁者が多く入社すると社内に派閥が生まれ，結局，優秀な社員が会社を離れることになるという意味である。この方針は創業当初より現在にいたるまで固く守られてきた。

創業家の家族関係について金徳述は次のように述べている。

「昔は 4 世代が同じ家に住んでいましたが，今はみんな独立し，それぞれマンションに住んでいます。しかし，自分の家から両親の家までは歩いて 10 分程度と近く，また，妹たちは学校の先生や専業主婦をやっていますが，彼女たちも両親の家から車で 10 分以内のところに住んでいるので，時々実家に帰っています。家族関係は非常に良好で，1 年に 5 回ぐらいは全員で集まります。また，年に 1 回は家族旅行を行なうようにしています」。

このように家族関係は良好であるが，創業者・金光重は，長男・金徳述以外の子どもたちには経営にかかわらないよう釘を刺し，企業経営と家族関係のバランス維持に細心の注意を払ってきた。金徳述には会社の株式を与え，それ以外の子どもたちには不動産を分け与えた。自社株式とそれ以外の財産を分離することで，事業と家族の双方を守ろうとしてきたのである。

金光重は，家族・親族のなかで金徳述だけを三海商事に迎え入れたが，彼に対して厳しく接するように努めた。この点について金徳述は次のように述べている。

「1980年代当時，海苔の国内営業は百貨店と伝統市場に二分されていましたが，伝統市場のシェアが伸びていた時，父は私を百貨店の営業に回し，逆に，百貨店のシェアが伸びていた時には，父は私を伝統市場の営業に回しました」。

金光重は，金徳述が困難な環境で誰の目にも明らかな成果を出すことにより，社員たちから後継者として認められるようになることを期待した。

2005年に経営の一線から退いた後も，金光重は会長として自社の経営にかかわってきた。金徳述は毎朝，父と運動・サウナ・朝食をともにすることを日課としている。会社の話を気兼ねなくできるのはこの時間だけであるので，非常に貴重な時間である，と金徳述は考えている。

「私が経営者になった時，父はまるでプロ球団の厳しい監督であり，オーナーのようでした。現在は観客に変わって，私がうまくできたら拍手を送ってくれますが，うまくできなかったらヤジを飛ばしてきます。しかし，父は，自分のアドバイスを聞くか聞かないかは，グラウンドプレイヤーである私次第である，とよくいっております」。

3-4　今後の事業承継に向けて

インタビューを行なった2018年2月当時，金徳述は次の事業承継を意識しつつも，誰を後継者にするかを決めかねている様子であった。彼の子どもたち（娘が3人）は全員がまだ学生の身であるため，その意向を確かめるには時期尚早であった。ある時，彼は長女にたずねた，「将来，お父さんの仕事をやってみないか？　おじいさんもそう願っている。もしあなたが嫌なら，将来あなたの旦那さんにやってもらっても良い」と。しかし，長女は個人的な理由から父の申し出を拒否した。気を取り直して次女にたずねたところ，「お姉さんが本当に嫌なのなら，私がやってみても良い」と前向きな回答が返ってきた。

金徳述は，まだ中学生であった頃の次女を前に「自分の時代は日本語が必要だったが，これからの時代は英語が必須で，少なくとも英語で法律関係書類は読まなければならない」と熱弁をふるった。これを受けて，彼女は自らの意思でカナダへ留学した。近年，欧米において海苔が健康食品として脚光を浴びており，その需要が高まってきていることから，後継者の英語教育（留学を含む）は必要不可欠である，と彼は考えている。2018年2月のインタビューのなかで彼は後継者の選択基準について次のように述べている。

「能力より意志や忍耐力をみて決定したいです。人の能力は借りることができますが，忍耐強さは借りることができません。ビジネスの世界には優秀な人材がたくさんいて，借りてくることができます。しかし，自分の意志をもてるかどうかは，経営判断において最も大事であり，将来，後継者を決める際には，それを基準にして考えたいと思っています」。

ただし，次世代への事業承継計画が円滑に進まない場合には，経営と所有（オーナーシップ）を分離し，専門経営者に経営を委ねることも検討したい，と金德述はインタビューのなかで口にしていた。

4　三海商事の財産経営

三海商事の財産経営は2018年を境に大きな転換がみられた。その年の7月，同社は大手食品メーカーCJグループの傘下に入り，「純然たる」家族企業ではなくなった。まずは，2018年2月のインタビュー時に金德述から得た情報をもとに，その時点までの同社の財産経営のあり方について整理する。

2018年2月のインタビュー時，三海商事の自社株式は，金德述が90%，残りの10%を母やきょうだいが保有していた。自社株式を極力分散させず，彼だけに集中させたのは，海苔・乾物卸売業特有の市場環境（「速さ」が求められる）にあって，そうした形態をとることが合理的であると判断されたからである。

インタビュー当時，金德述は自社の上場を一切考えていなかった。彼の考えを整理すると，こうである。事業の長期継続を考えると，所有も経営も1人に集中することが望ましい。利益を出さなかったとしても，誰かに責任を問われることもない。しかし，上場すると，株主に対して説明責任を果たさなければならないので，経営者は常に利益創出のプレッシャーにさらされ，経営判断を誤る可能性が高くなってしまう。そして何より，上場は海苔・乾物卸売業の業界特性にそもそも合っていない。

その一方で，インタビュー時の金徳述は，海苔・乾物卸売業の構造変容（グローバル化の進展）を見据えて，自社の財産経営を変える可能性にも言及していた。その要点を整理すると，拡大の一途をたどる海外市場の需要に応えるためには，大資本と手を組んで事業規模を拡大しなければならず，それゆえ経営と所有の分離という選択肢も前向きに検討する，ということであった。その前年あたりから具体的にその検討を行なうようになっており，それに対して父・金光重も同意していたという。

以前には，金徳述は自身の代わりとなる社員を社内で発掘・育成しようと積極的に考えていた時期もあったが，彼の思惑通りにはならなかった。将来，次女への事業承継が期待通りに進まない場合は，専門経営者を社長に据え，創業家メンバーが株主として経営を管理・監督するしかないだろう。このような現実的に起こり得る状況に備えて，彼は2018年2月のインタビューのなかで「まず，原理原則をしっかり定め，専門経営者が短期実績だけを追わないよう規制しつつ，株主が専門経営者をサポートする環境をつくりたい」と述べていた。

こうして迎えた2018年7月，三海商事が大手食品メーカーの傘下に入るというニュースがメディアによって大きく報じられた。それは，大手食品メーカーCJグループの系列会社・CJ第一製糖が三海商事と業務提携を結び，後者の株式の49％を取得するとの内容であった（『毎日経済』（ウェブ版，韓国語），2018年7月26日付）。

さらに，2019年4月にはCJ第一製糖が三海商事の株式の80％を確保し，筆頭株主となった。それに対して，金徳述はオーナー経営者ではなくなったものの，改めて専門経営者として三海商事に残り，引き続き経営に従事することになった。M&Aを受け入れた理由について彼はインタビュー記事のなかで次のように述べている。

「私は，CJ第一製糖がもっている体系的な管理システムとグローバル営業能力を高く評価しました。三海商事が今後 100 年以上続くために，さらに韓国を代表する海苔会社として世界に誇れる企業になるために，この決断をしました」（『東亜日報』（ウェブ版，韓国語），2019 年 12 月 30 日付）。

CJ 第一製糖側も三海商事の企業体質を非常に高く評価していたため，不満をもった社員が離職するケースはほとんどなく，安定的に新しいアライアンスが構築された。CJ グループの傘下に入ってからの約 1 年間で，三海商社の売上高が 27％もの上昇を示すとともに，46 人の職員が補充されるなど，目にみえる形で結果が出た。

親会社の CJ 第一製糖は，長年にわたり国内の海苔生産者との確固たる信頼関係を構築・維持してきた三海商事を傘下に収めたことで，海苔製品の供給能力を大幅に高めることになった。さらに，日本や中国本土を中心に海外の取引先とも信頼関係を維持してきた三海商事が傘下に加わったことにより，CJ 第一製糖のグローバル営業能力も大いに高まった。それは，CJ 第一製糖の海苔製品の売上に顕著に反映されており，2018 年度に 670 億ウォンであった売上高が翌年には 2,430 億ウォンにまで跳ね上がった（『ソウル経済』（ウェブ版，韓国語），2020 年 2 月 17 日付）。

5　まとめ

本章では，企業経営・家族経営・財産経営の 3 側面から三海商事の事業承継経験について記述した。

以上の内容をまとめると，まず企業経営に関しては，創業経緯と創業直後の事業展開（取引先との信頼関係の構築，そのための迅速な資金繰り），業界に先駆けた韓国風味付け海苔の開発と商品化（量産化），味付け海苔事業からの撤退と再チャレンジ，海外市場の開拓といった重要事項のすべてにおいて，創業者・金光重の起業家精神が重要な意味をなしており，それによって，韓国風味付け海苔をはじめ数々のイノベーションが起きてきた。また，三海商事の企業経営においては，社訓（企業理念）に掲げられる「正道」が非常に大きな意味をもっており，同社が日本から大量に返品された海苔を全量引き受けるエピソード（韓国国内の海苔生産者を守るために）は，「正道」経営のあるべき姿を顕著に表している。

家族経営に関しては，創業者による早い時期からの周到な事業承継計画，専門経営者（2代目社長）による後継者教育，徹底したネポティズムの否定（家族・親族を入社させない，親族が経営する企業と取引しない）といった点が重要な意味をなしてきた。創業者・金光重は，後継者・金徳述（3代目社長）との長きにわたるコミュニケーションのなかで一貫して「本業を守る」ことの大切さを説いてきた。

財産経営に関しては，2018年7月を境に大きな転換がみられた。それ以前の三海商事は，創業家が自社株式の全数を保有する典型的な家族企業であった。ただし，次世代への事業承継に対する不安もあって，3代目社長・金徳述は，専門経営者を受け入れ，経営と所有の分離を図ることを検討していた。そして迎えた2018年7月，三海商事は，大手食品メーカー・CJグループの傘下に入ったことで，「純然たる」家族企業ではなくなった。とはいえ，創業家の金徳述は専門経営者として三海商事に残り，引き続き「家業」の経営に従事し，現在にいたっている。この意思決定は金徳述にとって「苦渋の決断」であったに違いないが，結果からみると，買収した側と買収された側の双方にとってプラスの効果を生むことになった。

家族企業の事業承継を研究する際，知らず知らずのうちに創業家が代々家業を受け継いできたケース（「わかりやすい」承継の成功例）にばかり目を向け，そうではないケースを等閑にする嫌いがある。しかし，三海商事のように，中小家族企業が大手企業グループの傘下に入る（換言すれば，M&Aにより創業家が所有権を放棄する）ことをもって承継の失敗例とみなすのは，みすみす議論の可能性を放棄するようなものである。金徳述の意思決定は，考えようによっては，「本業を守る」という父から受け継いだ教えの実践とみなすこともできるだろうし，もしかすると，グローバル時代の社会環境に「合う」承継の形といえるかもしれない。

注

1　三海商事のホームページには「2014年10月31日，名門長寿企業（中小企業庁）表彰」と記されている。「名門長寿企業」認定制度がはじまるのは2017年であるので，厳密にいえば，それは誤記であるが，とはいえ，このホームページ情報から，韓国中小企業中央会家業継承支援センターによる「優秀企業」認定制度が「名門長寿企業」認定制度の前身的なものとして認識されているであろうことを容易に見て取ることができる。「名門長寿企業」認定制度について詳しくは第1章を参照されたい。

2　2013年当時の韓国には創業から50年を超える企業が480社しかなく，その意味で三海商事の社歴は長い部類に入るといえよう。

3　筆者（洪）は2018年に金德述に対してインタビューを行なった。

4　ソウルの旧都城内には東大門市場と南大門市場があったが，ソウルへの人口の一極集中が進むなかで両市場だけでは膨らむ需要を満たすことができなくなったため，1950年代末に中部市場が設置された。当初は一般的な市場であったが，1960年代半ばから干物市場に特化するようになった。

5　実際に将来設計は実を結び，金德述の日本語能力や日本留学経験は，三海商事入社後に様々な局面で活かされることになる。

終章
総括と展望

本章では，第Ⅱ部で取り上げた８つのケースの要点を改めて整理し，そのうえで，第Ⅰ部の内容を踏まえつつ，今後のさらなる研究展開（深掘り）を可能にする，いくつかのリサーチクエスチョンを抽出し，結びに代えたい。

1　総括

序章でふれたように，第Ⅱ部で記述した８つのケースは，それぞれの社会の家族企業全体に対して，ある程度の代表性・普遍性を示すとともに，企業規模や業種，所在地域，社歴など様々な面において「偏り」がある。それゆえ，安易な比較検討（「一足飛び」の一般化・抽象化）は避けるべきである。

1-1　ケーススタディの要点整理

表終-1は，８つのケースそれぞれの企業経営・家族経営・財産経営の要点を改めて整理したものである。

表終-1　８つのケースの要点整理

	企業経営	家族経営	財産経営
松栄堂（日本）	「本業重視」・「適正規模」の経営（家族精神から企業理念へ），戦中～戦後初期に直面した存亡の危機，「くすぶり」から生まれた数々のイノベーション	家族精神「細く 長く 曲がることなく いつも くすくす くすぶって あまねく 広く 世の中へ」，「ガラス張り」のコミュニケーション，地域連携による後継者教育，創業家女性メンバーの積極的役割	自社株式を極力分散させない（後継者へ一極集中させる）という基本方針，承継時における生命保険の有効活用

生田産機（日本）	創業者より代々受け継がれてきたイノベーション経営，2代目社長急逝（突発的発生）による危機と3代目社長の奮闘，積極的な海外への事業展開	創業精神「天命に従い人事を尽くす」，3代目社長による「送恩経営」，モラロジーを基軸としたコミュニケーション，地元企業との世代を越えた互助関係，創業家女性メンバーの積極的役割	自社株式を極力分散させない（後継者へ一極集中させる）という基本方針，承継時における生命保険の有効活用
方太グループ（中国本土）	創業者が経験した3度にわたる存亡の危機，創業者から後継者への事業承継を契機としたイノベーション，企業理念の明文化（「三品合一」），儒教経営の実践	周到な突発的発生リスク対策,「院政」の否定,ネポティズムの否定，世代間のオープンなコミュニケーション，創業家女性メンバーの積極的役割	自社株式分散リスク対策としての「ポケット原理」の考案・実践
黛瑪詩（中国本土）	創業者も後継者も顧客ターゲットも女性，創業者のワンマン経営に起因する経営危機,抜本的な経営改革(企業理念の明文化，中長期的な成長戦略の明確化，組織構造の再構築など)	家族精神「誠実」･「勤勉」･「愛」･「善」，創業家の越境移動(一家でのカナダ移民，第2世代のフランス留学)，家族憲章の策定	上記「ポケット原理」への共感,本業とは別の「ポケット」の模索，第2世代が外国籍であることのリスク
大甲化工（台湾）	度重なる品質事故，「自分が稼いだ金も自分のものではない」と表現されるほどの創業者の危機意識と慎重な経営姿勢，それにより実現された高度な品質維持能力	創成期における創業者の父･弟･妻の積極的なコミットメント，「言伝身教」による後継者教育，円滑に進まなかった事業承継とそれによって得られた後継者の成長機会	自社株式を極力分散させない（後継者へ一極集中させる）という基本方針
海天堂（香港）	「亀苓膏」の品質・信用維持のための弛まぬ企業努力，2度にわたる存亡の危機とそれへの対応による企業体としての耐性向上と持続的成長	家族精神「真的假不了」(本物は偽物にはならない)，危機対応のなかでの創業者から娘婿への円滑な経営権のバトンタッチ	創業より一貫して創業者が自社株式の全数を保有，現時点では第2世代への財産承継の方針が不明
コメクス（韓国）	創業者個人の先見の明・行動力・リーダーシップ，積極的な海外への事業展開，度重なる存亡の危機，持続的なイノベーション経営	創業者の家族背景（エリートから難民へ），後継者のユニークな経歴（声楽家志望，イタリア留学）と紆余曲折を経た事業承継，第2世代経営者間の個人的なつながりの重要性	2000年に上場，創業家の持株比率は5割弱（2021年），事業承継支援制度を活用した創業者から後継者への円滑な財産承継

三海商事（韓国）	創業者の起業家精神，韓国風味付け海苔をはじめとする数々のイノベーション，大手との熾烈な競争と市場からの撤退，積極的な海外への事業展開，「正道」経営の実践	創業者による周到な事業承継計画，専門経営者（2代目社長）による後継者教育，ネポティズムの否定，「本業を守る」という創業者の教え	M&Aによる大手食品メーカーへの事業売却（2018年），創業家3代目社長の留任（専門経営者として）

出所：筆者作成

1-2　ケーススタディにもとづくディスカッション

先述のように，8つのケース間（あるいは，それらが代表する諸社会間）の比較検討を行なうことが本書の目的ではないが，ここであえて多くのケースに共有されるキーワードを抽出するなら，企業経営に関しては，「企業理念の生成・継承」，「危機対応とイノベーション」，家族経営に関しては，「家族精神と後継者教育」，「オープンなコミュニケーション」，そして，財産経営に関しては，「自社株式の分散リスク対策」といった語をあげることができる。ここでは，ケーススタディを通して得られた5つのキーワードを中心に，3つの経営に関する考察を行なう。

①　企業経営──企業理念の生成・継承

企業理念（経営理念，社訓，社是，クレド）とは，企業の活動方針の基礎となる基本的な考え方を指し，その重要性について，ここでは組織，個人，「非市場」的要素という3側面に分けて検討する。

まず，企業理念と組織のかかわりについて検討する。改めていうまでもなく，組織は多数の人間によって構成されている。人間にはそれぞれに個性が備わっており，こうした多様な個性からなる集団・組織を指して，「ダイバーシティ」という概念が広く用いられるようになっている。「ダイバーシティ」には，年齢や性別，国籍，人種など先天的に与えられる「表層的ダイバーシティ」とともに，価値観や考え方，嗜好など生まれ育つ環境のなかで形成される「深層的ダイバーシティ」がある。近年，このような「ダイバーシティ」を企業経営に活かそうとする経営のあり方が注目を集めており，「ダイバーシティ経営」と呼ばれている。それは，組織内において多様な個性・価値観・能力を備える人材を積極的に登用・活用することにより，イノベーションを起こして価値創造につなげ，組織の競争力を高めようとする経営を指す。このような経営の前提には，画一的な価値観に縛られる組織よりも，多様な個性・価値観を認め，積極的に取り入れる組織のほうがイノベーションを起こしやすいという考え方がある。しかしながら，こうした組織のあり方は「諸刃の剣」である。1つの組織のなかにあまりにも多種多様な価値観が溢れ，安定的にコントロールできなくなると，全体最適が得られず，企業組織としての力が弱体化してしまう恐れがある。組織の強みは，つまるところ，「1＋1＞2」の関係図式にあるといえよう。「綱引き」のように，いくら個々の力が強くても，メンバー全員が同じ方向に全力で引っ張らないと勝利を掴むことができない。同じことは企業組織にもあてはまり，全体最適を追求するためには，明確な企業理念をもって，何かしらの価値観を共有し，組織としての方向性を明確に定めておくことが必要である。この点については，特に方太グループ，黛瑪詩，コメクス，三海商事のケースが示唆に富む。

次に，企業理念と個人のかかわりについて検討する。経営者の判断は企業経営のあり方に大きな影響を及ぼすので，経営者の責任は極めて重大である。常に適切な判断を求められるが，経営者もまた生身の人間であり，大きな重圧のなかで難しい判断を迫られることが頻繁に起きる。その際に重要な意味をなすのが企業理念というリファレンスに他ならない。明確な理念が備わっていない企業組織においては，経営者の判断基準が往々にして首尾一貫性を欠いたものになり，現場が混乱することになる。それゆえ，企業組織が成長を遂げ，創業者のワンマン経営から次のステップへ移行しようとする際には，企業理念・企業文化の構築が重要な課題となる。この点については，特に黛瑪詩のケースが示唆に富む。

当然ながら，企業理念は事業承継プロセスにおいても当事者である個々人に対して大きな影響を及ぼすことになる。創業者は強い信念や願望をもって事業を起こし，その後，強い愛着をもって経営にコミットしがちであるが，その後を引き継ぐ者が必ずしも同じような信念，願望，愛着をもっているとは限らない。それゆえ，事業承継プロセスにあっても，企業理念（その基盤となりがちな創業家の家族精神も含めて）は必要不可欠であり，後継者にとって有効なリファレンスとなり得る（この点は，後述する家族経営（家族精神と後継者教育）ともつながっている)。この点に関しては，特に松栄堂，生田産機，方太グループ，三海商事のケースが示唆に富む。

さらに，企業理念と「非市場」的要素のかかわりについて検討する。かつてはケインズ主義など政府による市場経済への介入を強調する考え方が大きな影響力をもつ時代があったが，1980年代以降の世界では総じて市場競争原理を何よりも重視する「新自由主義」が大いに幅を利かせてきた。しかしながら，近年においては，政府ではない，新しい「非市場」的要素（たとえば，CSR，SDGsといった概念で表される動き）が注目を集めている。いわゆる「セルフメディア」が巷に溢れる今日においては，企業活動が予期せぬところで「炎上」を起こし，攻撃の対象になるリスクが高まっている。企業経営は，自社の経済的利益だけでなく，場合によっては，一般消費者のいわゆる「主流の価値観」に合わせるために，あえて「経済合理的ではない」選択肢をとり，経営判断を下さなければならないこともある。たとえば，2020年にアメリカのミネアポリスで起きた，白人警官による黒人男性への暴行致死事件の際には，アディダスが，スポーツウエア業界の最大のライバルとされるナイキによるツイッター投稿「For Once, Don't Do It（今回だけは，それをするな)」に対して，「Together is how we move forward. Together is how we make change（協力することで前に進むことができる。協力することで変革を起こすことができる)」というメッセージとともに引用リツイートし，ビジネス上のライバル関係を超えて一致団結することの重要性を訴えた。アディダスの行動は市場競争原理に沿ったものではなく，「人種差別反対」という「非市場」的要素にもとづくものであったといえよう。このように企業を取り巻く社会環境がますます複雑化し，様々なリスクが新たに生まれるなかで，長期的視野に立った企業理念の重要性が高まっている。この点に関しては，特に大甲化工，海天堂，コメクスのケースが示唆に富む。

②　企業経営──危機対応とイノベーション

企業経営は常に危機と隣り合わせであり，すべての危機は経営環境の変化によるものである。ここでいう経営環境とは，主体的に活動しようとする企業を取り巻く環境の総体であり，外部環境と内部環境の２つに区分することができる。まず，外部環境は，政治的要素（たとえば，政権，政策，法律，条例など），経済的要素（たとえば，世界経済や市場の状況，国内経済や市場の状況，サプライチェーンや業界の状況など），社会的要素（たとえば，人口動態やライフスタイル，雇用慣行，労働市場の供給状況など），技術的要素（たとえば，工業革命やIT通信技術，5G，人工知能など），自然的要素（たとえば，天災やパンデミックなど）で構成される。一方，内部環境は，組織構造のあり方，人材，企業文化，現場の雰囲気，マネジメントのあり方，事業内容や商品の強みなどで構成される。企業は，こうした外部環境ならびに内部環境の変化を迅速かつ正確に察知・認識し，適切な方法をもって対応しなければならないが，察知が遅れ，認識を誤ると，企業は誤った判断を下し，危機的な局面に陥ってしまうことになる。

このようにいつ起こるかわからない危機に対して企業はどう対応すべきかを考える際には，イノベーションという概念が非常に重要な意味をもつだろう。イノベーションとは，モノ，仕組み，サービス，組織のあり方，経営手法，マネジメントの仕方，市場，販路，ビジネスモデルなどに新たな考え方や技術を取り入れて新しい価値を生み出し，社会に大きな変革をもたらすことを意味している。企業が存亡の危機に瀕することは，従来の方法（常識，当たり前）がほとんど意味をなさなくなることを意味しており，こうした状況下にあって企業が存続を図ろうとする場合，「脱常識」的な発想が喚起され，イノベーションへの機運が高まることになる。もちろん，それが成功するか否かは，当該企業の自助努力だけでなく，様々な外部要因とのかかわりのなかで決まるといえよう。

第Ⅱ部で取り上げた８社はどれも存亡の危機を一度ならず経験しており，様々な危機対応をイノベーションの契機としてきた企業ばかりである。たとえば，戦後初期に存亡の危機にあった松栄堂では，当時の社長と社員の奮闘努力により，国内における販売ルートの多様化，海外における原材料調達ルートの開拓という２つのイノベーションが起きた。これにより，同社は存亡の危機を脱するとともに，その後の持続的成長のための経営基盤を獲得することになった。その他のケースにあっても，先代経営者の急逝による事業承継の突発的発生（生田産機），創業者による新規事業の失敗（方太グループ），創業者のワンマン経営に起因する経営混乱（黛瑪詩），度重なる品質事故（大甲化工），フェイク動画に由来するスキャンダル（海天堂），「KIKO 事件」に起因する巨額損失（コメクス），大手との熾烈な競争と市場からの撤退（三海商事）といったように，存亡の危機をめぐるエピソードが備わっており，どのケースにあっても危機対応のなかでイノベーションの契機をつかんできたといえよう。

また，危機的状況下にある企業にとって，事業承継のタイミングはイノベーションの好機であるといっても過言ではないだろう。この点に関しては，特に生田産機と方太グループのケースが示唆に富む。

③　家族経営――家族精神と後継者教育

家族経営においては，やはり後継者教育が中軸をなす。少子化・個人化が急激に進む同時代社会環境にあっては，まず後継者そのものを得ることが難しくなっており，運良く後継者を得られたとしても，次は一定以上の能力を備える後継者に育てることがまた大きな困難をともないがちである。第1章でふれた各社会の事業承継支援政策も，こうした後継者問題にかかわるものが非常に多い。

第Ⅱ部で取り上げた8社はそれぞれに後継者教育をめぐるユニークなエピソードを備えている。たとえば，松栄堂は地域連携（地域の様々なアクターとの互助関係）による後継者教育を実践してきた。生田産機はモラロジーを基軸とした後継者教育を行なってきた。方太グループは「三三制」と称される独自の方法を考案し，計画的に後継者教育を実践してきた。黛瑪詩では後継者教育のために移民や留学といった手段を積極的に活用してきた。大甲化工では創業者が「言伝身教」（言葉でわかりやすく説明し，身をもって教える）という方法をもって後継者教育にあたってきた。同社の事業承継は後継者（創業者長男）の経験不足もあって円滑に進まなかったが，その経験も後継者にとって貴重な成長機会とみなされている。海天堂では創業者が娘婿（有能なビジネスマン）を自社経営に少しずつ引き込みながら，同社最大の危機的状況への対応において積極的な役割を任せることで，周囲に彼への承継の正当性を認めさせた。コメクスでは創業者が若き日の長男（声楽家志望）に自由な時間を与えつつ，絶妙のタイミングで覚悟の姿勢を示したことにより，家業へのコミットメント，承継への主体性を喚起した。結果論ではあるが，後継者の音楽にかかわるユニークな経歴は，同社の事業内容（音にかかわる多角的ビジネス）にとって有益なものであるに違いない。そして，三海商事では創業者が早い時期から長男への綿密な承継計画を実施するとともに，専門経営者（2代目社長）を受け入れ，ニュートラルな立場から後継者教育にあたらせた。

家族企業における後継者教育は，後継者の入社後にはじまるのではなく，その幼少期から家庭内コミュニケーションのなかで日常的に施されるものであり，そこで重要な意味をもつのが家族精神（家訓，創業精神）に他ならない。家族精神は創業家において代々受け継がれる価値観の総体であり，後継者教育において有効なリファレンスとなる。特に顕著な例としては，松栄堂の「細く長く 曲がることなく いつも くすくす くすぶって あまねく 広く 世の中へ」，生田産機の「天命に従い人事を尽くす」，黛瑪詩の「誠実」・「勤勉」・「愛」・「善」，海天堂の「真的假不了」，三海商事の「正道」・「本業を守る」などをあげることができ，これらはどれも企業理念の基盤となっている。

④　家族経営――オープンなコミュニケーション

企業経営においては，事業規模の拡大とともに，セクショナリズムが発生して様々な弊害をもたらすことが多くあり，それゆえ，いかにしてセクショナリズムを抑制し，組織内の「風通し」を良くするかが大きな課題となる。家族経営においてもやはり似たような問題が起こりがちであり，創業者がワンマン経営を行なう段階では，創業家の組織的な問題はさほど重要ではないが，時間の経過とともに，創業家メンバーが拡大するにつれ，メンバー間での信頼関係とオープンなコミュニケーションをいかにして構築・維持していくかが大きな意味をなすようになる。それが備わっていないがために，経営権や財産権をめぐる骨肉の争いに発展するようなケースは枚挙に暇がない。後継者が得られない，あるいは，後継者が育たない状況も，オープンなコミュニケーションの不在に起因することが多い。

第Ⅱ部で取り上げた8社はどれも創業家メンバー間のオープンなコミュニケーションを実現してきた。たとえば，松栄堂では「ガラス張り」という言葉をもって創業家内（特に先代経営者と後継者の間）でのオープンなコミュニケーションの重要性を示し，日常生活のなかでそれを実践している。これにより，世代間での経営面のバトンタッチや財産相続のための準備（先代経営者にとっては「終活」）が円滑に進められた。方太グループでは，創業当初の事業転換と社名変更にはじまり，段階的・漸次的な経営権移譲，企業理念の明文化，儒教経営の実践，「院政」の否定，ネポティズムの否定といった重要事項がすべて創業者と後継者（創業者長男）の間のオープンなコミュニケーションによって実現されたものである。黛瑪詩では創業者（女性）と後継者（創業者長女・次女）の間で一貫してオープンなコミュニケーションがとられてきたものの，創業家メンバーの拡大とともに，こうしたコミュニケーションを維持していくことが徐々に難しくなっていることから，創業者が主体となって「転ばぬ先の杖」というべき家族憲章の策定を進めている。その他のケースにあっても，創業家メンバー間のオープンなコミュニケーションが，会社の命運にかかわる経営判断や危機的状況への対応といった重大局面において重要な意味をなしてきた。

また，創業家メンバー間のオープンなコミュニケーションにおいては，女性メンバー（特に後継者にとっての母や祖母）が果たしてきた「橋渡し」的役割も重要である。この点に関しては，特に松栄堂，生田産機，方太グループのケースが示唆に富む。

⑤ 財産経営――自社株式の分散リスク対策

家族企業の財産経営のあり方を考える際，自社株式の分散は経営混乱の原因となるため，創業家メンバーが拡大するなかで，これをいかにして抑制するかが大きな課題となる。家族企業の財産経営とは，自社株式の分散リスクをいかにして回避するか，そのために，後継者を含む財産相続の当事者全員をいかにして納得させるか，という点に尽きるといっても過言ではない。それは，伝統的に家族の財産を「分けない」傾向にある日本だけでなく，「分ける」傾向（「諸子均分」）にある中華圏諸社会においても意味をなしており，家族企業の事業承継（財産経営）をめぐる普遍的なテーゼであるといえよう。

方太グループの創業者・茅理翔が考案した「ポケット原理」は，伝統的に

「分ける」社会（社会主義イデオロギーとも一致）にあって「極力分けない」（後継者に一極集中させる）ことの難しさを示すものであるとともに，それを円滑に実現するための現実的な「落としどころ」であるといえよう。黛瑪詩の創業者・陳秀娜は，この「ポケット原理」への共感を口にするとともに，実際に本業（アパレル事業）とは別のポケット（化粧品事業）を設けようとしている。大甲化工においては，後継者（創業者長男）への自社株式の一極集中を基本路線として，財産権のバトンタッチが進められている。

2　今後の展望

序章でふれた通り，本研究プロジェクトは，事業承継そのものの内部構造（企業経営・家族経営・財産経営）だけでなく，それを取り巻く社会構造（特に文化的被拘束性，流動的社会環境）にも着目しており，ケーススタディを通して，内部構造ならびに社会構造に関するリサーチクエスチョンを多く抽出することができた。

2-1　事業承継そのものの内部構造に関するリサーチクエスチョン

まずは，事業承継そのものの内部構造（企業経営・家族経営・財産経営）に関するリサーチクエスチョンを整理する。

まず，企業経営にあっては，「企業理念の生成・継承」と「危機対応とイノベーション」の２点が重要な意味をなすだろう。第Ⅱ部のケーススタディを通してみえてきた企業経営をめぐる核心的なリサーチクエスチョンを端的に表すなら，「持続可能な企業経営に資する企業理念の生成・継承はいかにして可能か」，そして，「危機対応を契機としたイノベーションはいかにして可能か」となるだろう。

また，家族経営にあっては，「家族精神と後継者教育」と「オープンなコミュニケーション」の２点が重要な意味をなすだろう。第Ⅱ部のケーススタディを通してみえてきた家族経営をめぐる核心的なリサーチクエスチョンを端的に表すなら，「家族精神を基軸とした円滑な後継者教育はいかにして可能か」，そして，「創業家メンバー間のオープンなコミュニケーションはいかにして可能か」となるだろう。

そして，財産経営にあっては，「自社株式の分散リスク対策」（後継者１人に一極集中させる）が重要な意味をなすだろう。第Ⅱ部のケーススタディを通してみえてきた財産経営をめぐる核心的なリサーチクエスチョンを端的に表すなら，「円滑な自社株式の分散リスク回避はいかにして可能か」となるだろう。

ここで財産経営に関して付言すると，第10章（三海商事のケース）の末尾でふれたように，従来の家族企業（事業承継）研究にあっては，知らず知らずのうちに創業家が代々家業を受け継いできたケース（「わかりやすい」承継の成功例）にばかり目を向け，そうではないケースを等閑にする嫌いがある。しかし，三海商事のように，中小家族企業がM&Aにより大手企業グループの傘下に入る（換言すれば，創業家が所有権を「失う」）ことをもって承継の失敗例とみなすのは，みすみす議論の可能性を放棄するようなものであろう。急激な少子化・個人化を背景にかつては「当たり前」であった家族内に後継者を得ることすらますます困難になっている現状に鑑みれば，「M&Aによる事業の存続とさらなる発展はいかにして可能か」というリサーチクエスチョンも今後いっそう重要な意味をなすことになるだろう。

2-2　事業承継を取り巻く社会構造に関するリサーチクエスチョン

ここでは，事業承継を取り巻く社会構造（特に文化的被拘束性，流動的社会環境）に関するリサーチクエスチョンを整理する。

まず１点目はジェンダーに関する問いである。東アジア諸社会では，急激な少子化にともなう自然な流れにより，家族企業における後継者の選択肢として創業家女性メンバーの重要性が高まってきている。第Ⅱ部で取り上げた多くのケースで確認できたように，もともと家族企業の事業承継に関して創業家女性メンバーが果たす役割は決して小さくなかったが，とはいえ，事業承継の当事者たる男性メンバーをサポートする「脇役」的な立場に置かれることが一般的であったといえよう。男性中心に構築された事業承継の「舞台」において女性がその「主役」を務めることになった場合，どのような「調整」が必要となるのであろうか。

この点は，伝統的家族制度（厳密には相続制度における女性の位置づけ）に由来する様々な文化的制約とも複雑に関係している。第2章でふれたように，日本の伝統家族の特徴（相続制度において女性メンバーを排除しない）は，少子化時代における家族企業の事業承継にとって有利な条件であるのに対して，中国・韓国の伝統家族の特徴（相続制度において女性メンバーを排除する）は，事業承継にとって不利な条件であり，このような文化的制約をいかに克服するかということも承継プロセスにおける1つの課題になるのではないだろうか。

また，伝統家族の差異は姓（苗字）にも色濃く表れている。日本の苗字は容易に変更可能であり，女性が家業を承継する場合，何の制約にもならない。女性が婿養子を迎え入れる場合，その次の世代は女性の実家の苗字を受け継ぐ（つまり，女性の実家の苗字は断絶することなく続いていくことになる）。それに対して，中国・韓国の姓（厳密な父系出自原理にもとづく）は原則変更不可であり，女性が家業を承継する場合，大きな制約が生まれる。女性自身は結婚後も自身の父方の姓を名乗り続けるが，その次の世代は女性の夫の姓を受け継ぐことになる。つまり，女性の実家の姓は次の世代で断絶することになる。それは伝統的な社会規範にあっては由々しき事態とされたに違いないが，はたして今日の中国本土・台湾・香港・韓国（高度な近代化ならびに急激な少子化を経験してきた社会）にあっても事業承継当事者の行動・思考様式に大きな影響を及ぼすのであろうか。

この点に関しては，黛瑪詩のケースが示唆に富む。創業者が今後のファミリーガバナンスのための家族憲章を策定しようとした際，やはり姓をめぐる伝統的な家族制度・規範が制約となったが，結局は，姓ではなく社名を家族憲章に冠することにより，現実的な「落としどころ」を見出すことになった。はたしてこのような発想転換は，個別ケースの枠を超えた，何かしらの普遍性をもち得るのだろうか。

2点目は越境移動に関する問いである。第2章でふれたように，日本以外の東アジア諸社会（「移動を前提とした社会」へ移行）では，リスクヘッジ（「保険」の獲得）としての移民・留学が社会的に意味をなしており，それが家族企業の事業承継にも大きな影響を及ぼしている。この点に関しては，特に黛瑪詩と海天堂のケースが示唆に富む。黛瑪詩の創業家はビジネス上の便宜性と子どもたちの教育環境を考慮して，2000 年代に一家でカナダに移民しており（ただし創業者は夫と子どもたちを移民先に残して中国本土へ帰還），子どもたちは家業のためにフランスへ留学している。海天堂の 2 代目社長（創業者の娘婿）はオーストラリア留学経験者であり（その国籍に関する情報は得られていない），彼のライフヒストリーには，1980 年代以降の香港が体現してきた「移動を前提とした社会」が色濃く表れている。それに対して，このような関係図式は，これまでのところ日本（「定着を前提とした社会」を維持）においては成立しにくい。生田産機の 3 代目社長は 20 代の頃にアメリカ留学を経験しているが，それはリスクヘッジ（「保険」の獲得）を意識したものではなかったに違いない。

日本以外の東アジア諸社会において後継者の越境移動が家族企業の事業承継に対して何かしらの影響を及ぼしていることは間違いないが，管見の限りでは，この点に着目する先行研究は見当たらない。こうした現状にあって，研究協力者の陳介玄（台湾・東海大学教授）が本研究プロジェクト主催のワークショップ「東アジアの家族企業の事業承継―その共通性と多様性」（2019 年 6 月 22 日，立命館大学）で以下のような興味深い私見を述べている。

> 「台湾の家族企業経営者が子どもを海外へ留学させるのは次の 4 つの理由によっています。①地政学的リスク（両岸問題）を背景とした『保険』の確保，②父親の経営者付き合いにおける面子，③母親の『ママ友』付き合いにおける面子，そして，④欧米式教育への憧れ。興味深いのは，そこに将来の事業承継への配慮がほとんど含まれていない，ということです。ところが，皮肉なことに，子どもの留学は後になって事業承継に甚大な影響（必ずしもプラスの影響とは限らない）を及ぼすことになります。最近では留学のリスクに対する認識も広がっており，あえて子どもを留学させないという選択肢をとる経営者もみられるようになっています」。

今日の中国本土・台湾・香港・韓国（総じて「移動を前提とした社会」，リスクヘッジとしての移民・留学が活発）にあって，後継者の越境移動は家族企業の事業承継に対してどのような影響を及ぼしているのだろうか。

3点目は財団法人の設置に関する問いである。第Ⅱ部においては軽くふれる程度にとどまったが（方太グループの寧波家業長青接班人学院，黛瑪詩の黛瑪詩基金会など），これまでの筆者らの調査により，家族企業の創業家によって設立される財団法人が果たす顕在的・潜在的な機能も，事業承継との関係で重要な意味をなしている，ということが明らかになってきた。やはりこの点に着目する先行研究も見当たらず，ここにも多くの議論の余地があるだろう。

家族企業が設立する財団法人の類は，表面的には様々な社会貢献活動を担う機関であるが，さらに踏み込んで観察すると，企業経営に関しては，企業PRや人材教育，家族経営に関しては，経営の第一線から退いた経営者の「受け皿」，経営と所有の分離が行なわれた後の創業家の「受け皿」，そして，財産経営に関しては，法人税や相続税の負担軽減，といった潜在的機能を確認することができる。こうした多方面にわたる財団法人の顕在的・潜在的機能は具体的にどのような形態をみせるのだろうか。そして，社会によってどのような差異がみられるのだろうか。

最後の4点目はイデオロギーに関する問いであり，本研究プロジェクトの対象社会のなかでは中国本土に限定した問いである。社会主義イデオロギーとそれにもとづく社会体制は，中国本土の民営家族企業における事業承継のあり方にどのような影響を及ぼしてきたのだろうか。やはりこの点に着目する先行研究も見当たらず，ここにも多くの議論の余地があるだろう。

たとえば，方太グループと黛瑪詩の両ケースでは，創業家女性メンバーが多方面にわたって非常に大きな役割を果たしてきたが，社会主義イデオロギーに由来する「男女平等」の理念とどのように関係しているのだろうか。

また，黛瑪詩の創業者が述べているように，近い将来における相続税導入が現実味を帯びてきている。本来，相続税という制度（社会における経済格差を前提としたもの）は社会主義イデオロギーの理想には反するものであるが，社会の実態（経済格差の拡大とそれによる社会的不満の蓄積）に鑑みれば，避けて通れない道といえよう。実際に相続税が導入される時，家族企業の事業承継をめぐって，どのようなことが起きるのだろうか。来るべき相続税導入に向けて，事業承継の当事者たちはどのような対策を行なっているのだろうか。

さらに，中国本土では民営企業にあっても一定規模以上になると社内に共産党組織（「党委員会」）が設置される傾向がある。方太グループのケースでは，この点にふれなかったが，社内に「党委員会」が設置されている。こうした共産党組織との関係構築は事業承継のあり方にどのような影響を及ぼすのだろうか。

2-3　結びに代えて

このように，事業承継そのものの内部構造（企業経営・家族経営・財産経営），それを取り巻く社会構造（特に文化的被拘束性，流動的社会環境）の双方において，今後いっそうの「深掘り」を行なうべきポイントが明確にみえてきた。もちろん，家族企業の事業承継という研究対象は複雑構造を呈するものであり，以上にふれた点をもって，すべての顕在的・潜在的リサーチクエスチョンを網羅できているとは考えていない。序章でふれたように，筆者らは，もとより本書を本研究プロジェクトの「集大成」と位置づけておらず，今後も継続的に実施するケーススタディや制度・政策研究を通して，すでに得られた，あるいは，今後得られるであろう，様々なリサーチクエスチョンの解明にあたりたい。

引用・参考文献

〈英語〉

De Gues, A. (1997), *The Living Company*, Longview.（堀出一郎訳『企業生命力』日経BP出版センター，2002年。）

Gersick, K. E. et al. (1997), *Generation to Generation: Life Cycles of the Family Business*, Boston: Harvard Business School Press.（犬飼みずほ他訳『オーナー経営の存続と継承』流通科学大学出版，1999年。）

Kenyon-Rouvinez, D. and J. L. Ward (2005), *The Family Business: Key Issues*, Palgrave Macmillan.（秋葉洋子訳『ファミリービジネス　永続の戦略―同族経営だから成功する』ダイヤモンド社，2007年。）

Miller, D. and I. Breton-Miller (2005), *Managing for the Long Run*, Boston: Harvard Business School Press.（斉藤裕一訳『同族経営はなぜ強いのか？』ランダムハウス講談社，2005年。）

〈日本語〉

アジア経済研究所・アジア租税研究会（1971）『韓国の租税制度』アジア経済研究所。

張慶燮（2013）「個人主義なき個人化―『圧縮された近代』と東アジアの曖昧な家族危機」落合恵美子編『親密圏と公共圏の再編成―アジア近代からの問い』京都大学学術出版会，39-65頁。

陳其南（1987）「東アジアの家族イデオロギーと企業の経済倫理」東アジア知識人会議編『東アジアの経済発展とその文化的背景』第一法規出版，194-206頁。

中小企業研究センター編（2008）『中小企業の事業承継に関する調査研究―永続的な成長企業であり続けるための事業承継』調査研究報告No. 122。

中小企業金融公庫総合研究所編（2008）『事業継承を契機とした経営革新』中小公庫レポートNo. 2008-1。

竇少杰（2021）「危機に強い日本の長寿家族企業―老舗『松栄堂』の事例を中心に」『商工金融』2021年4月号，一般社団法人商工総合研究所，28-47頁。

竇少杰・喬彬（2017）「老舗企業の事業承継とイノベーション経営―京都生田産機工業の事例を中心に」『立命館経営学』第53巻・第4号，25-43頁。

竇少杰・河口充勇（2014）「中国家族企業の事業承継に関する一考察―寧波方太厨具有限公司のケーススタディ」『立命館経営学』第56巻・第4号，41-57頁。

竇少杰・河口充勇（2015）「中国企業の事業承継」『事業承継』第4号，事業承継学会，94-107頁。

竇少杰・河口充勇（2016）「『三方よし』理念と事業承継―ツカキグループの150年」『立命館経営学』第55巻・第3号，129-151頁。

ファミリービジネス学会編（2016）『日本のファミリービジネス―その永続性を探る』中央経済社。

後藤俊夫（2009）『三代，100年潰れない会社のルール』プレジデント社。

服部民夫（1988）『韓国の経営発展』文眞堂。

服部利幸（2009）「暖簾―京都老舗における信頼性」『立命館経営学』第47巻・第5号，193-215頁。

堀和生・木越義則（2020）『東アジア経済史』日本評論社。

洪性奉・尹秉燮（2021）「韓国中小企業における家族経営と事業継承の課題―三海商事の事例研究」『就実論叢』第50号，就実大学・就実短期大学，101-114頁。

姜紅祥（2013）「中小企業における事業承継の日中比較」松岡憲司編『事業承継と地域産業の発展―京都老舗企業の伝統と革新』新評論，185-213頁。

河口充勇（2004）「『回遊』型移住に関する一考察―香港を事例として」『ソシオロジ』第48巻・第3号，社会学研究会，67-82頁。

河口充勇（2009）「経営理念の継承―経営人類学者の視点（8）堀金箔粉株式会社」『PHP Business Review』第60号，PHP総合研究所，6-12頁。

河口充勇（2012）「京仏壇・仏具の老舗―株式会社若林佛具製作所」『事業承継』第1号，事業承継学会，102-108頁。

河口充勇（2013）「私の人生が私のメッセージ―合壁工業公司（台湾）の理念継承」三井泉編『アジア企業の経営理念―生成・伝播・継承のダイナミズム』文眞堂。

河口充勇・竇少杰（2013）「京都老舗企業の事業承継に関する一考察―株式会社半兵衛麩を事例として」『同志社社会学研究』第17号，同志社社会学研究学会，1-15頁。

河口充勇・竇少杰・洪性奉（2020）「東アジア諸社会の家族企業と事業承継―社会学的視点からの予備的考察」『立命館経営学』第59巻・第4号，59-81頁。

小池正明（2021）『知っておきたい相続税の常識』税務経理協会。

国民生活金融公庫総合研究所編（1997）『中小企業の後継者問題―世代交代期は経営革新のチャンス』中小企業リサーチセンター。

孔麗（2012）「中国における老舗企業の認定とその経営戦略―創業180年の瀋陽老辺餃子館を事例に」『北海学園大学経営論集』第10巻・第3号，139-162頁。

倉持和雄（2014）「韓国社会の光と影―韓国社会のひとつの見方」『横浜市立大学論叢社会科学系列』第65巻・第1・2・3号，13-59頁。

倉科敏材編（2008）『オーナー企業の経営－進化するファミリービジネス』中央経済社。

栗原克文（2018）『税から読みとく歴史・社会と日本の将来』きんざい。

前川洋一郎・末包厚喜編（2011）『老舗学の教科書』同友館。

松岡章夫（2021）『ゼミナール相続税法』大蔵財務協会。

守屋貴司（2019）「日本の中小企業の事業承継（継承）教育の現状と課題－立命館大学経営学部・大学院経営学研究科の『事業継承（承継）教育』の取り組みを中心として」『立命館経営学』第57巻・第5号，63-86頁。

落合恵美子（2013）「近代世界の転換と社会変動の論理―アジアとヨーロッパ」『社会学評論』第64巻・第4号，日本社会学会，533-552頁。

瀬地山角（1996）「韓国・台湾経済の文化被拘束性」服部民夫・佐藤幸人編『韓国・台湾の発展メカニズム』アジア経済研究所，269-293頁。

津谷典子（2004）「少子化の社会経済的要因―国際比較の視点から」『学術の動向』第9巻・第7号，日本学術協力財団，14-18頁。

横澤利昌編（2000）『老舗企業の研究―100年企業に学ぶ伝統と革新』生産性出版。

〈中国語〉

陳凌・馮晞（2012）『2012中国家族企業健康指数報告』浙江大学出版社。

陳凌・李新春・儲小平（2011）『中国家族企業的社会角色―過去，現在和未来』浙江大学出版社。

陳其南（1984）「伝的家族制度與企業組織―中国，日本和西方社会的比較研究」楊国樞・黃光国・莊仲仁編『中国式管理研討会論文集』国立台湾大学（中生勝美訳「日本・中国・西洋社会の比較―伝統的家族制度と企業組織，その1」『月刊中国図書』第3巻・第4号，1991年，2-8頁；「日

本・中国・西洋社会の比較―伝統的家族制度と企業組織，その 2」『月刊中国図書』第 3 巻・第 5 号，1991 年，7-12 頁。
儲小平・黄嘉欣・汪林・謝俊（2012）『変革演義三十年―広東民営家族企業組織変革歴程』社会科学文献出版社。
竇少杰・程良越・河口充勇・桑木小恵子（2014）『百年伝承的秘密―日本京都百年企業的家業伝承』浙江大学出版社。
経済部中小企業処編（2018）『2018 中小企業白皮書』経済部中小企業処，台湾政府。
李倩倩・陳揚・王森・江華（2018）『茅忠群―儒学商道』中国友誼出版公司。
茅理翔（2013）『百年伝承―探索中国特色現代家族企業伝承之道』浙江人民出版社。
中国民営経済研究会家族企業委員会編（2015）『中国家族企業伝承報告 2015』中信出版社。

〈韓国語〉

邊鳳德（2020）『人生は竹のように育つ―コメクス邊鳳德会長のビジネスインサイト』DANI B&B。
韓国中小企業中央会編（2014）『家業継承優秀成功事例集』韓国中小企業中央会。
韓国中小企業中央会編（2019）『家業継承優秀成功事例集』韓国中小企業中央会。
金ヒソン（2020）『政策研究 20-23　中小企業家業承継活性化のための租税制度の改善策』中小企業研究院。
国税庁編（2022）『中小・中堅企業経営者のための家業承継支援制度案内』国税庁，韓国政府。

索　引

事　項

人　名

著者紹介

竇　少杰（トウ・ショウケツ）

立命館大学経営学部講師。博士（産業関係学）（同志社大学）。
2009年同志社大学大学院社会学研究科産業関係学専攻博士後期課程修了。同志社大学技術・企業・国際競争力研究センター特別研究員（PD），北京大学政府管理学院客員研究員，立命館大学経営学部助教を経て，2019年から現職。
主な業績に『中国企業の人的資源管理』（単著，中央経済社，2013年），『現代中国の経済と社会』（共編著，中央経済社，2022年），『"新常態"中国の生産管理と労使関係：実態調査からみえる生産現場の苦悩と工夫』（単著，ミネルヴァ書房，2022年）など。

河口 充勇（かわぐち・みつお）

帝塚山大学文学部教授。博士（社会学）（同志社大学）。
2004年同志社大学大学院文学研究科社会学専攻博士後期課程修了。同志社大学技術・企業・国際競争力研究センター特別研究員（PD），東京女学館大学国際教養学部専任講師，帝塚山大学文学部准教授などを経て，2018年から現職。
主な業績に『産業集積地の継続と革新―京都伏見酒造業への社会学的接近』（共著，文眞堂，2010年），『アジア企業の経営理念―生成・伝播・継承のダイナミズム』（共著，文眞堂，2013年），『覚醒される人と土地の記憶―「台湾シリコンバレー」のルーツ探し』（単著，風響社，2019年）など。

洪　性奉（ホン・ソンボン）

就実大学経営学部講師。博士（商学）（同志社大学）。
2015年同志社大学大学院商学研究科博士後期課程修了。同志社大学大学院商学研究科助手，同志社大学商学部助教を経て，2019年から現職。
主な業績には *Cultural Translation of Management Philosophy in Asian Companies: Its Emergence, Transmission, and Diffusion in the Global Era*（共著，Springer, 2019），「国際ビジネスにおける航空宇宙産業のサプライチェーンマネジメント―開発・生産分担方式の変貌とリスク」（『国際商取引学会年報』第21号，2019年），「インド家電市場の構造変化と韓国家電メーカーの現地化戦略の再考察―LGEILの事例研究」（『アジア市場経済学会年報』第25巻，2022年）など。

東アジアの家族企業と事業承継
――その共通性と多様性――

2023年2月28日　初版第1刷発行　検印省略

著　者　竇　少杰
河口充勇
洪　性奉

発行者　前野　隆
発行所　株式会社 文眞堂
東京都新宿区早稲田鶴巻町533
電　話　03(3202)8480
FAX　03(3203)2638
http://www.bunshin-do.co.jp/
〒162-0041 振替00120-2-96437

印刷・モリモト印刷／製本・高地製本所

定価はカバー裏に表示してあります
ISBN978-4-8309-5203-6　C3034